W0044949

Na

Modick · Milder Rausch

Klaus Modick
Milder Rausch

Essays und Portraits

Eichborn.

Autor und Verlag danken der Niedersachsen-Stiftung
für die finanzielle Förderung dieses Buchs

© Eichborn Verlag AG, Frankfurt am Main, Dezember 1999
Umschlaggestaltung: Moni Port
unter Verwendung einer Fotografie von Hartmuth Schröder
Druck und Bindung: Fuldaer Verlagsagentur, 36037 Fulda
ISBN 3-8218-0841-1

Verlagsverzeichnis schickt gern:
Eichborn Verlag, Kaiserstraße 66, 60329 Frankfurt
www.eichborn.de

Inhalt

»Diese besonders glücklichen Augenblicke«

Robert Musil in seinen Tagebüchern

Leben im Sinne der maximalen Forderung,
. . . ich habe es immer auf das Schreiben angewandt.
Robert Musil

I.

»Er hatte ein merkwürdiges, nach innen gewandtes Bauerngesicht, mit kleinen, leicht mißtrauischen, äußerst klugen Augen – seine Seele war so spürbar in jedem seiner Worte, daß er den Blick ganz aufs Reale einstellen konnte, nichts Seelenhaftes im Blick zu haften brauchte, und mit diesen scharfen Tagesaugen, diesem messenden, überlegenden, äußerst Wachen seines Sehens betrachtete er große und ferne innere Vorgänge, als betrachte er Stempel und Staubfäden, oder als schaue er durch das Mikroskop auf präzise und äußerste Wachheit und Verstandesraschheit erfordernde Vorgänge.«

So hat ihn Carl Jacob Burckhardt um 1940 im Schweizer Exil gesehen. Die knappe Skizze liefert nicht nur das äußere Porträt; vielmehr erscheint in diesen Zügen die geistige Physiognomie, im Ausdruck eines Augenblicks gebündelt wie in einem Brennglas. Die Essenz einer künstlerischen und intellektuellen Anstrengung, die seine Existenz als Schriftsteller mehr als vierzig Jahre lang materiell und geistig bis zum Zerreißen gespannt hat, ist ihm buchstäblich ins Gesicht geschrieben – Robert Musil. Jener von Burckhardt diagnostizierte Blick wie durch ein Mikroskop ist in der Tat die Perspektive, mit der Musil die Vorgänge seines eigenen Inneren beobachtete, um das unsichtbare Geflecht freizulegen, mit dem Persönlichkeit und Welt verwoben sind, um den Beziehungsreichtum aufzuschlüsseln, der die Vorstellungen und Phantasien des Individuums mit der Gewalt sogenannter Tatsachen verbindet.

»Was alles aus seinem Schlaf erwacht, ist verschieden – bei den Leuten da drüben mögen es ja recht triviale Instinkte und Seelenregungen sein, eine Freude am behaglichen Heim oder eine durch eine schlechte Weinsorte genährte Sinnlichkeit. Bei mir ist es die Wonne, mit mir selbst allein zu sein, ganz allein. Die Gelegenheit, mein eigener Historiker sein zu können, oder der Gelehrte zu sein, der seinen eigenen Organismus unter das Mikroskop setzt und sich freut, sobald er etwas Neues findet.« Es ist eine Winternacht kurz vor der Jahrhundertwende, in der Robert Musil diese Sätze zu Papier bringt; Sätze, die bis zu seinem plötzlichen Tod Teil eines künstlerischen Programms bleiben, das im Lauf dieses schreibenden Lebens aus dem Ästhetischen immer stärker ins Ethische drängen wird. Und auch die Atmosphäre dieser nächtlichen Stunde, die den Achtzehn- oder Neunzehnjährigen dazu bewegt, mit dem Führen eines Tagebuchs zu beginnen, wird in Zukunft, vielfältig variiert, immer wieder umkreist und modifiziert, ein Fluchtpunkt seiner Produktion werden: In Musils Wahrnehmung verschränken sich nämlich das Innere seines Zimmers mit dem Äußeren der verschneiten, schlafenden Stadt zu einer Synthese, die später unter dem Begriff des »anderen Zustands« zum utopischen Erfahrungsmodus Musils wird.

»Ich will nun mein Tagebuch schreiben … und ich werde diese Aufgabe dann als gelöst betrachten, wenn kein Wort des Ganzen mich in der schönen Einheitlichkeit meiner Empfindung stört.« Einheitlichkeit der Empfindung, das ist das Stichwort, die Stimmgabel für den großen Grundakkord des »anderen Zustands«; aber, das weiß schon der kaum 20jährige, im sentimentalen Handstreich, in romantischer Stimmungsseligkeit, wird diese Einheitlichkeit krisensicher nicht zu haben sein. Der Ingenieurs-Student Robert Musil konstruiert sich ein Medium, in dem er die Worte seines Tagebuchs mit jener schönen Einheitlichkeit zur Deckung bringen will: »Neulich habe ich für mich einen sehr schönen Namen gefunden: monsieur le vivisecteur – ich! Mein Leben: – Die Abenteuer und Irrfahrten eines seelischen Vivisectors zu Beginn des zwanzigsten Jahrhunderts! Was ist monsieur le vivisecteur? Vielleicht der Typus des kommenden Gehirnmenschen – vielleicht? – Allein alle Worte haben soviel Nebensinn, Doppelsinn, Nebenempfindung, Doppelempfindung, daß man gut tut, sich von ihnen fern zu halten.«

Der junge Musil in seinem nächtlichen Arbeitszimmer, beflügelt vom Entschluß, sein Leben zum Gegenstand einer radikalen Analyse zu machen, zugleich von tiefer Sprachskepsis durchdrungen und durchaus nicht frei von elitären Affekten gegenüber der Trivialität einer ungeistigen Existenz – deutlich steht er unter dem Einfluß Nietzsches. Hier, aber auch nur hier, im überschwenglichen Moment der Initialzündung seines Tagebuchs, läßt sich eine Attitüde merken: Es ist die Pose von Ästhetizismus und Dekadenz der Jahrhundertwende, die Pose auch des jungen Autors, der selbstbewußt sein Talent entdeckt hat. Aber Talent ist Schminke, und unter dieser Schminke beginnen sich bereits die tiefen Falten abzuzeichnen, die später das Werk ausmachen werden. Nur in diesem allerersten Ansatz haben Musils Aufzeichnungen auch einen Anflug von Koketterie, als blinzelten sie zur Nachwelt, zum potentiellen Publikum der Mitwelt zumindest, und es wirkt fast, als wolle sich der Autor diesen Seitenblick sogleich verbieten, wenn er dem Tagebuch jeden Kunstcharakter abspricht: »Tagebücher? Ein Zeichen der Zeit. So viele Tagebücher werden veröffentlicht. Es ist die bequemste, zuchtloseste Form. Gut. Vielleicht wird man überhaupt nur Tagebücher schreiben, da man alles andere unerträglich findet. Es ist die Analyse selbst; – nicht mehr und nicht weniger. Es ist nicht Kunst. Es solls nicht sein.«

Als Medium seelischer Vivisektion, die Nietzsche zur zentralen Aufgabe der Moderne erklärt hatte, will Musil also seine Tagebuchaufzeichnungen funktionalisieren. Kunst sollen sie nicht sein, aber der Rohstoff seiner kommenden Werke wird in den Tagebüchern in Form von Beobachtungen und Reflexionen gehäuft und katalogisiert. Diese Aufzeichnungen sind auch nur im geringsten Maß Ergebnisse Musilscher Selbst-Vivisektion, sind keine subjektive Nabelschau des Autors. Einige Jahre später, als sich in Musil bereits die Konturen seines Romandebüts *Die Verwirrungen des Zöglings Törleß* herausbilden, weist er dem Tagebuch dann auch eine modifizierte Funktion zu – es soll jene Linie geistiger Entwicklung markieren, die Musil für die seine hält: »Persönliches werde ich mir selten notieren und nur, wenn ich glaube, daß es mir einst von geistigem Interesse sein wird, an das Betreffende erinnert zu werden.«

Damit ist der Charakter des Arbeitsjournals definiert, zu dem Musils Tagebücher vor und neben allem anderen wurden. Mehr als zwei Dutzend Hefte fanden sich in seinem Nachlaß; Hefte, die er ausgehend von jener Winternacht der Jahrhundertwende bis in die letzten Wochen vor seinem Tod führt – und zwar nicht in chronologischer Folge eins nach dem anderen, sondern durchweg parallel. Nicht selten nimmt er am gleichen Tag Eintragungen in verschiedenen Heften vor. Um den Überblick nicht zu verlieren, legt er sich ein Registerheft an, so daß alle Notizen, Überlegungen und Einfälle zu Teilen eines durchdachten Systems werden. Innerhalb einzelner Hefte finden sich stets zahlreiche Rück- und Querverweise auf andere Hefte, Wegweiser durch ein immer weiter ausuferndes Labyrinth aus Denk- und Diagnoseergebnissen, aus Arbeitsentwürfen, Aphorismen und Zynismen, aus Impressionen und Beobachtungen, aus Exzerpten und Zitaten, aus Meldungen und Kommentaren. Musils Tagebücher sind Lagerschuppen und Archiv, Ideensammelplatz und Datenbank, Versuchsfeld und Laboratorium. Nicht nur seine Methode der Materialbeschaffung und Materialanalyse wird hier erkennbar, erkennbar wird auch der skrupulöse, bis zur fixen Idee peinlich akribische, ebenso manische wie depressive Arbeitsprozeß dieses Autors, aber auch der Prozeß der auf die Arbeit einstimmenden Reflexion, der unablässigen Vorbereitung, die wiederum fließend in die Arbeit selbst übergeht.

Erkennbar wird die konzentrierte Geduld, erkennbar werden auch die wachsenden Selbstzweifel in Musils Auseinandersetzung mit dem einen Großwerk, das mehr und mehr sein Leben bestimmt. In den Tagebüchern beobachtet Musil seine eigene Arbeit, beobachtet sich selbst, befragt sich, kontrolliert sich, sieht sich gewissermaßen beim Schreiben über die eigene Schulter. Musil macht nicht nur seine Existenz zum Bestandteil seines Werks, wie es wohl jeder Autor, gewissermaßen als Vampir seiner selbst, machen muß; vielmehr wird das Leben hier zu einer Funktion der Literatur – einer Literatur, die paradoxerweise erzieherische Funktion für ein geistiges Leben haben soll.

Adolf Frisé, der es mit bewundernswerter Zähigkeit auf sich genommen hat, nach dem *Mann ohne Eigenschaften* auch die Tagebücher zu edieren und zu kommentieren, weist darauf hin, wie tiefgehend diese scheinbar undurchdringlichen Notizen mit Musils Werk, wie untrennbar sie aber auch mit seiner Existenz verknüpft waren: »Dabei entwickelte sich, selbstredend nicht beabsichtigt, aber, wie wir es heute sehen, unausweichlich, aus den unzähligen kleinen Schritten, die an die Arbeit heranführten, aber auch wieder von ihr Abstand nehmen ließen, aus dem Experiment mit sich selbst, das nicht nur Systematik, Beharrlichkeit, auch Augenblicksimpuls, auch Spiel diktierten, aus gezielten wie anscheinend beiläufigen Notizen, aus Stichworten, um den Titel eines Buchs, einen Namen, ein Datum festzuhalten, ein organisch fragmentarisches, als solches beinahe autonom, Werk neben dem Werk, das in anderer Weise, aber – fern aller Romantik tragischen Scheiterns – nicht minder organisch, Fragment blieb. Das Tagebuch war, mit einem Wort, Teil der Existenz dieses Autors, der der Umwelt nur selten die Einschätzung seiner Existenz, ihrer Bedingungen verriet; aber da auch dies zu den Fragen gehörte, die er sich im Tagebuch zu beantworten bemüht war, die Selbstbewertung, das Eigentümliche seiner Existenz, sah er die Aufzeichnungen nicht, er konnte sie nicht so sehen, als ein eines Tages abtrennbares, gar als ein abschließbares literarisches Produkt. Es war wie mit dem Roman; der für ihn wie für das Tagebuch, sofern er denkbar wäre, gemeinsame Nenner: das Schreiben ist wichtiger als das Werk, das Schreiben ist das Werk.«

2.

Als 1930 der erste Band des Romans *Der Mann ohne Eigenschaften* erscheint, bekommt das Werk über 200 Kritiken, die es in seiner überragenden Bedeutung zumeist erkennen und würdigen; gleichwohl ist das Buch ein ökonomischer Mißerfolg – nur knapp 1000 Exemplare können verkauft werden. Im Tagebuch setzt nun eine quälende Selbstkritik Musils ein, die gegen das Buch zu wenden vielleicht allzu billig wäre, die aber dennoch manches enthält, was den Mißerfolg des Buchs erklären könnte: »Ich will zuviel auf einmal! Es entstand daraus etwas Verkrampftes. Beim Törleß habe ich noch gewußt, daß man auslassen können muß. Gestern habe ich im ii. Band Mann ohne Eigenschaften ausführlich suchen müssen und war abends unglücklich über meine verpfuschte Kunst, was davon kommt, daß ich die Manuskripte nicht ausgären lassen kann, aber im Effekt, in der Welthinterlassenschaft eben jeder Entschuldigung unzugänglich ist. Weil ich nicht gewußt habe, wie es kommen wird, rede ich um jede Bewegung zwischen Ulrich und Agathe das gleiche herum, und das gleicht einem sehr sorgfältig aufgestrichenem Brei, mag er auch an jeder Stelle etwas anders zusammengesetzt sein. Einzige Hoffnung: etwas unwillkürlich Episches entstand dadurch, es gleicht vielleicht wirklich auch dem gesprächsweisen Vortasten im Leben. Aber wäre es nur ungedruckt und noch zu schnüren und zu beschneiden. ... Mit 200 kleinen Ganzheiten wäre ich ganz anders berühmt.«

Und? Wollte Musil denn berühmt sein? Seine Invektiven und Ausfälle gegen den Publikumserfolg, gegen jede Erfolgsschriftstellerei sind berüchtigt, und in seinen Tagebüchern nimmt er erst recht kein Blatt vor den Mund. Im literarischen Massenerfolg vermißt er die intellektuelle Spannung; erfolgreiche Literatur ist für Musil eine Art Gefühlsmassage für eine Leserschaft, die ohne Arbeit »das Große« durch die Kunst eingeflößt bekommen möchte. In seinen letzten Lebensjahren wird Musil in dieser Hinsicht immer verbitterter; die Isolation im Schweizer Exil verstellt ihm den Blick und verleitet ihn zu furchtbaren Pauschalierungen: »Der Auswurf der Demokratie. Man kann nicht gegen Emil Ludwig, Stefan Zweig und Feuchtwanger einzeln polemisieren, es wird Tagesgezänk, aber alle drei zusammen, diese Nutznießer der Emigration, die erst recht Weltlieblinge geworden sind, während sich gute Schriftsteller kaum vor dem Untergang bewahren können, alle drei zusammen sind sie ein ungeheures Symbol der Zeit. Das Glück, von dem der Nationalsozialismus begünstigt ist, hat ihn diese Leute entfernen lassen.«

Gegenüber dieser Infamie, die ein ästhetisches Urteil ins geradezu Denunziatorische umbiegt, sind andere Äußerungen fast schon wieder harmlos, wenn Musil beispielsweise Hermann Broch des Plagiats verdächtigt oder andere Autoren mit zynischen Bemerkungen abserviert: »Thomas Mann: Er ist schon was! Aber er ist nicht wer! – Hermann Hesse: Großschriftsteller ohne die schriftstellerische Größe.«

Bei aller Selbstkritik zweifelt Musil nur selten an seiner eigenen schriftstellerischen Größe, und er sehnt sich wohl auch nach dem Massenerfolg, den er finanziell bitter nötig gehabt hätte. Das Tagebuch beklagt in immer neuen Wendungen Musils katastrophale ökonomische Lage: »Ein Fleischhauer mietet ein Zimmer, das ich mir nicht leisten kann. Ich mache mir nichts daraus. Plötzlich fällt mir auf: Die ungeheure Geduld, mit der wir uns gefallen lassen, aus einer geistigen Oberschicht zu Parias herabgedrückt zu werden. – Stell dir dein Problem so: daß du nicht berühmt bist, ist natürlich; daß du aber nicht genug Leser undsoweiter zum Leben hast, ist schändlich.«

Schändlich ist es in der Tat, aber Musils Gleichsetzung von literarischem Erfolg und ästhetischer Minderwertigkeit ist ebenfalls schändlich; seine Anwürfe richten sich ja nicht zuletzt im Fall Hermann Broch und insbesondere Thomas Mann gegen solche Autoren, die sich rückhaltlos für ihn einsetzten – von ihrer künstlerischen Integrität zu schweigen. Musil hat deshalb gelegentlich Anflüge eines schlechten Gewissens, verdeckt aber solche Skrupel gern mit einem ans Anmaßende grenzenden Alleinvertretungsanspruch in Sachen künstlerischer Wahrheit: »Ich habe von Jugend an das Ästhetische als Ethik betrachtet. Die Dinge sind anders, weil meine Einstellung zu ihnen eine andere ist. Es handelt sich weniger darum, daß ich andere Seiten an ihnen wahrnehme, ... sondern ethisch eingestellt bin. Nicht: was ist das, sondern: wie verhalte ich mich dazu.« Dieser ethische Entwurf der Kunst hat nun aber insofern auch etwas Diktatorisches, weil er ins offene System des Romans Normen einziehen will, denen sich alle anbequemen müssen, wollen sie nicht Musils scharfen Verdikten anheimfallen: »Mein Begriff der Literatur, mein Eintreten für sie als Ganzes, ist wohl das Gegengewicht zu meiner Aggression gegen die einzelnen Dichter. Gewiß anerkenne ich vorbehaltlos, wo ich es tue, aber ich werde viel öfter abgestoßen als angezogen. Ich mache mir darum einen utopischen Begriff der Literatur. Immer der Literatur geben, was ich dem Einzelnen abspreche!«

Aber dieser utopische Entwurf ist auch Musils großes Dilemma. Es treibt den *Mann ohne Eigenschaften* in immer größere, intellektuelle Höhen, in dünne und eisige Luft, und es produziert auch die Unvollendbarkeit des Romans. Es gehört zu den unauflösbaren Widersprüchen im Werk dieses Autors, daß er sich gelegentlich wider Willen von der erzählerischen Konkretheit solcher Autoren hinreißen läßt, die ihm sonst als minderwertig gelten. So schwärmt er von Emil Ludwigs unbekümmert einfachem Stil, zeigt sich von einem Fortsetzungsroman der Colette gefesselt und lobt an der heute völlig vergessenen Nobelpreisträgerin Sigrid Undset die Mühelosigkeit und Plastik ihres Erzählens: »Sie hat die seltene Gabe, Landschaften und Menschen so zu beschreiben, daß man sie wirklich sieht. Sie schindet nicht Detail, sondern erzählt gewöhnlich in epischem Tempo. Man hat abends vor dem Einschlafen Gestalten, Bilder, Begebnisse, wenn man sie gelesen hat. Sie sieht das Leben.«

Das Leben sehen und als unendlich vielfältig vermittelte Einheit zur Darstellung bringen – nichts anderes wollte auch Musil. Das wird zum Beispiel dann besonders deutlich, wenn er in Tagebuchnotizen, die einem neuen Begriff der Literaturkritik gelten, die Forderung aufstellt, Romangestalten müßten wie lebendige Menschen kritisiert, müßten als ethisch handelnde Subjekte ethisch bewertet werden. Das in diesem Sinn vollendete Kunstwerk hätte also seinen ästhetischen Rahmen zu sprengen, würde sich gewissermaßen auflösen als Kunst. Die wahre Kunst, könnte man, Musil aphoristisch zuspitzend, formulieren, zerstört ihre Idee, bekommt Vorbildcharakter, wird zur Handlungsanweisung für ein besseres, bewußteres Leben.

Musil scheint freilich sehr genau gewußt zu haben, daß nicht nur sein utopischer Entwurf, sondern auch sein theoretisierendes Denken, das ihn immer wieder in den Essay treibt, die Anschaulichkeit des Romans auflöst. Schon 1911 ermahnt er sich im Tagebuch: »Immer vom Konkreten ausgehen! Vom zwanglosen sich Einfallenlassen! Nie von der Idee! Sonst bremst man sich sofort. – Finde Sachen, die du erzählen kannst; das Spirituelle findet sich im Erzählen. Umgekehrt dagegen geht es sehr schwierig.«

Auf diesem Hintergrund weist Musil im Jahr 1930 seinen Tagebuchnotizen eine neue Funktion zu: In Auseinandersetzung mit der eigenen Person soll eine Art Übungsfeld für sinnlich-anschauliches Erzählen eröffnet werden – monsieur le vivisecteur feiert eine späte und modifizierte Wiedergeburt: »Ich will seit Beginn des Jahres Aufzeichnungen führen. Zweck: Festzuhalten, wie mein 50. Lebensjahr aussieht! Aber auch: zwecklos Tatsachen festzuhalten. Ich bin zu abstrakt geworden und würde mich gerne auch durch dieses Mittel zum Erzählen zurück erziehen, daß ich den täglichen Umständen Achtung erweise.« Denn »ich stelle in jeder Hinsicht unanschaulich vor, etwa in Sachverhalten. Ich merke mir auch selten Einzelheiten, sondern immer nur irgend einen Sinn der Sache«.

Aber schon nach wenigen Monaten bricht Musil den Versuch wieder ab. Es scheint, als ob die uferlose Konzeption des großen

Romans wie ein Schwamm alles aufsaugt, als ob sich *Der Mann ohne Eigenschaften* verselbständigt hätte und nun den Autor Musil lenkt: »Das Gefühl, meine persönlichen Angelegenheiten in solchen Notizen nicht persönlich auszudrücken, hindert mich an den Tagebucheintragungen. Noch dazu finde ich keine Zeit, weil ich mit dem, was ich vorhabe, nie fertig werde.«

Der Roman entwickelt sich unter der Hand zu einer Art selbstschöpferischen Ordnung, die den Rahmen der Konzeption weiter auseinandertreibt, je dichter Musil an ihn heranzukommen glaubt. Schon im sprachlichen Detail öffnet sich hier eine Schere, die nie zuschnappen wird, nie zuschnappen kann: »Solange man in Sätzen mit Endpunkt denkt, lassen sich gewisse Dinge nicht sagen, höchstens vage fühlen.« *Der Mann ohne Eigenschaften* stellt ja unter anderem den Versuch dar, jedes noch so vage Gefühl analytisch zu durchdringen, zugleich aber den analytischen Sprachgebrauch darauf zu untersuchen, wie er mit Gefühl durchsetzt ist. Musil steht zwar in der klassischen Dualität des Idealismus, zwischen Verstand und Gefühl, Denken und Empfinden, Rationalität und Mystik – aber er zerlegt die beiden Pole beständig in ihr Gegenteil: Sein Verfahren ist Spaltung und Synthese in einem, Zersetzung und Konstruktion. »Rationalität und Mystik, das sind die Pole der Zeit. Bruchstücke einer Erkenntnis, die nie Theorie wurde. Verstand ist nicht das einzige Orientierungsmittel, es gibt ältere. Sympathie gehört in diese Verwandtschaft. Manchmal schlägt die ältere Form durch. Das sind mystische Augenblicke.«

Die scheinbare Einheitslosigkeit des Lebens, und zwar sowohl der Existenz einzelner Menschen als auch einer gesamten Epoche, soll im Roman zu einem zweiten, so synthetischen wie harmonischen Leben zusammenfließen. Aber schon während der ersten tastenden Entwürfe, die im Tagebuch auftauchen, ahnt Musil, daß er sich auf einen Weg machen wird, der kein Ziel findet: »Es erscheint mir nicht ausgeschlossen, daß ein voll-kommen adäquates Register der Gedanken eines ganzen Lebens, scheinbar einheitslos wie es ist, von erschütternder Kunstwir-kung wäre. Aber es ist eine physische Unmöglichkeit, es ist eben etwas, das man nie wirklich versuchen kann.« Indem Musil es dennoch versucht, experimentiert er mit der Quadratur des Krei-ses. Im Bewußtsein der prinzipiellen Unvollendbarkeit seines Experiments wendet er sich in seinen letzten Lebensjahren einer Idee zu, die vom absoluten Gegenpol des Epischen her das Un-mögliche möglich machen soll – in einer sprachlichen Massen-verdichtung: Er plant eine Aphorismensammlung mit dem Titel »Unvollendbares«!

3.

Adolf Frisé hat darauf hingewiesen, daß gerade auf der Folie des Unvollendbaren die Verknüpfung des Romanfragments mit den Tagebuchnotizen enorme Schwierigkeiten aufwirft: »Es wäre Selbsttäuschung, sich vorzumachen, es sei anhaltend das bare Vergnügen, der Vielzahl der Verästelungen, jedem Nebenweg in dem Notizenlabyrinth akribisch nachzugehen, jeden Vermerk, sei es ein Buchtitel, sei es eine Zeitungsnachricht, ein Zitat, ein sich über Seiten hinziehendes und nicht in jedem Fall als solches gekennzeichnetes Exzerpt, zu lokalisieren.« Aber »nichts ist in dem dicht geschlossenen Ring der wechselseitigen Bezüge, auch der Wechselwirkungen, je bloß von ungefähr angemerkt, auch nicht das simpelste Vorkommnis«. Hier übertreibt Frisé, dessen lebenslange, an Selbstaufgabe grenzende Hingabe ans Werk Mu-sils gelegentlich dazu neigt, noch die zufälligste Notiz, noch den unbewußtesten Verschreiber, zum mächtig bedeutungsvollen In-diz Musilscher Systematik aufzublasen. Daß die Tagebücher der

Steinbruch des von wahnhaften Zügen nicht freien Systematikers Musil waren, bleibt gleichwohl unumstritten.

Schon der gigantische Torso des Romans ist alles andere als ein simples Lesevergnügen; er ist aber eine Herausforderung, eine produktive Zumutung an fortgeschrittene Leser, und die Tagebücher bieten Schlüssel, die im Labyrinth des Romans so manche bislang verschlossene oder versteckte Tür öffnen können. Es macht allerdings Arbeit, dies Arbeitsjournal zu lesen, und obwohl es viele sogenannte schöne Stellen enthält, Aphorismen, Impressionen, poetische Wendungen, scharfe Detailbeobachtungen, merkt man doch rasch, daß es um schöne Stellen hier nicht geht, nicht gehen kann.

Was also hat man davon? Immerhin handelt es sich um beträchtliche Textmassen, über 1 000 Seiten Tagebuch, dazu fast 1 500 Seiten Kommentar und Anmerkungen Adolf Frisés, ohne die diese Aufzeichnungen nur ein Haufen loser Enden blieben. Mit einhundertsechzig DM Ladenpreis ist das Ganze zudem kein ganz billiges Vergnügen; und außerdem würde ich empfehlen, sich das opulente Buch Karl Corinos, *Robert Musil – Leben und Werk in Bildern und Texten*, neben die Tagebücher zu legen: das oft allzu Abstrakte der Aufzeichnungen wird durch diesen Band anschaulicher, der große Unbekannte Musil bekommt eine physische Präsenz.

Und wozu der Aufwand? Kann man nicht den *Mann ohne Eigenschaften* lesen, immerhin keine kleine Lektüreleistung, und es dabei bewenden lassen? Gewiß, aber es kann sein, daß diese einsame Lektüre unbefriedigend bleibt und nur noch das Vorurteil des Unlesbaren zementiert, das dem Riesenwerk vorausgeht. Ich jedenfalls habe erst über den langwierigen Umweg dieser Tagebücher einen Zugang zu dem Jahrhundertbuch bekommen; einen Zugang, der mein bislang respektvolles, aber, ich gestehe es, auch gelangweiltes und gewissermaßen literaturgeschichtlich-pflichtschuldiges Interesse am *Mann ohne Eigenschaften* in jene gespannte Erregung verwandelte, ohne die keine Lektüre fruchtbar wird.

Man kann sich die Differenz zwischen Entstehung eines Werks und seiner Lektüre vielleicht in folgendem Bild vergegenwärtigen: Der Autor trägt, scheinbar unsystematisch, Scheit um Scheit einen großen Holzstoß zusammen und zündet ihn mit der Hitze einer konzeptionellen Idee. Das Material verbrennt – was der Leser sieht, ist der Feuerschein, nicht mehr das einzelne Scheit.

Musil hat die Problematik im Tagebuch selbst analysiert, wohl auch auf dem Hintergrund der Erfolglosigkeit des Romans: »Dichten ist keine Tätigkeit, sondern ein Zustand. Darum kann man nicht, wenn man eine Stellung und einen freien halben Tag hat, die Arbeit wieder aufnehmen. – Lesen ist Übermittlung dieses Zustands.« Aber »das Kunstwerk wird aufgenommen in wenigen Stunden und erzeugt in vielen Wochen. Schon dies schließt ein adäquates Erfassen aus. Das Kunstwerk ist nicht wie eine geschwungene Linie, sondern wie eine mit immer erneutem Ansetzen gezogene. Es ist nicht stetig, sondern enthält Sprünge, die unter der Schwelle der Beobachtung bleiben.« Die Lektüre von Musils Tagebüchern ermöglicht es nun, das ständig neue Ansetzen zu verfolgen, die Sprünge zu beobachten. Das Werk wird, wenn auch nicht lückenlos, in seiner Entstehung sichtbar. Sehen wir den *Mann ohne Eigenschaften* und die anderen Werke Musils, die alle mehr oder weniger konsequent auf das gigantische Fragment verweisen, als einen, wenn auch unvollendeten, riesigen Teppich, so bildet das Tagebuch dessen Rückseite. Hier erscheinen die Kombinationen, die noch nicht glatt gestrichenen Fäden, die Verknüpfungen im Rohzustand.

Wenn Musil notierte, Dichten sei keine Tätigkeit, sondern ein Zustand, dann verweist dieser Gedanke bis in die Wortwahl hinein darauf, daß Musil im Prozeß des Schreibens eine Realisierung jener utopisch-mystischen Erfahrung erhoffte, die unter dem Begriff des anderen Zustands das Kraftzentrum seines gesamten Werks bildet. Gemeint ist die Verbindung von Rationalität und Mystik, die Durchgeistigung der Sinnlichkeit, das Denken des Undenkbaren, das Darstellen dessen, was in Definitionen nicht aufgeht: »Das Beglückende dieser Aktivität besteht in der Sprengung oder Auflösung der intellektualisierten, voluntarisierten Normalbeziehung zwischen Ich und physischer, sozialer Welt. – Es handelt sich nicht darum, den anderen Zustand zum Träger des Gesellschaftslebens zu machen. Er ist viel zu flüchtig. Aber er läßt Spuren in allen Ideologien, in der Liebe zur Kunst undsoweiter, und in diesen Abformen das Bewußtsein von ihm zu wecken, das gilt es, denn darin beruht das Leben dieser Erscheinungen, die im Erstarren begriffen sind. Der andere Zustand als Grundzustand der Ethik.«

Dieser andere Zustand ist aber nun auch der Grundzustand dichterischer Tätigkeit, und Musil versucht in immer neuen Wendungen und Ansätzen, den irrationalen Begriff der Intuition rational zu erhellen, versucht, die Augenblicke der Inspiration zu genießen, indem er sie analysiert. »Überhaupt kann etwas Psychologie der Sehnsucht ein wertvolles Erkenntnismittel für jene Lyriker werden, die nicht wie die Nachtigallen schlagen, sondern vorerst wissen wollen, was sie dann tun.« Es geht Musil also nicht nur ums »Dichten«, sondern um ein Wissen, was einem geschieht, wenn er dichtet. Das ist das große, nicht selten mit schizophrenen Zügen verdüsterte Selbstgespräch Musils. Er bezeichnet sich einmal als einen Genauigkeitsmann mit dem Bewußtsein, daß Genauigkeit nicht selig macht. »Das Geheimnisvolle ist nur etwas wert, wenn es trotz Präzisionsatmosphäre eines Ingenieurs sich ergibt. – Ich habe von der Wissenschaft die Gewohnheit des regelmäßigen Arbeitens, von der Dichtung her die, auf das Überströmtwerden zu warten; das ist eine der Ursachen meiner Schwierigkeiten. Nun glaube ich heute, daß man sich den Gedanken an die Inspiration ausreden soll, weil er nur ein Mittel ist, um sie zu hindern; aber was bedeuten diese besonders glücklichen Augenblicke trotzdem?«

Diese besonders glücklichen Augenblicke! Musil will nicht nur ihre Bedeutung entschlüsseln, er will sie auch beherrschen, will sie zum dauerhaften Modus seiner Arbeit machen – und er weiß zugleich, daß diese Augenblicke nicht beherrschbar sind, sondern nur aus der Arbeit selbst sich ergeben, »wenn aus einer Leitidee Gedanken hervorgehen, die man unmöglich wissen konnte. Die Ausführung hat für mich unaufhörlich Neues und Wesentliches hinzugefügt, ja gerade das ist ihr Gesetz gewesen.« Denn »während der Mühe, das Schwerverständliche zu durchdringen und den Gedankengang zusammenzuhalten, fühlt man, wie die Fähigkeit zu ergründen, zu erinnern und selbst zu denken wächst«.

Zwar betont Musil immer wieder, daß ihm ein kaltes, gleichgültiges Gefühl beim Schreiben besonders günstig sei und daß er nie zu seinem Vergnügen geschrieben habe: »Man darf sich nicht hinsetzen und auf eine besondere, schwer ausdrückbare Stimmung warten, man muß Sachen schreiben, mit dem Verstand, wie man sie in jedem Augenblick schreiben kann. – Ich schreibe ganze Absätze bloß aus Gewissenhaftigkeit, und diese Ausführlichkeit wird mir ja niemand danken. Ich schreibe nicht gern, wiewohl leidenschaftlich. Es fehlt mir immer der Schwung und Rausch, die Überzeugung, daß es sein muß. Das hat viel Gutes gehabt; aber wäre es nicht Zeit für eine Synthese?«

Synthese – eins von Musils großen Zauberworten! Dieser kalten, fast buchhalterischen Haltung bloßer Gewissenhaftigkeit stehen nämlich durchaus andere Schreiberfahrungen gegenüber: die besonders glücklichen Augenblicke eben, die Musil mit einer Wendung des von ihm sehr geschätzten Maurice Maeterlinck als den »Anfang der völligen Entdeckung unseres Wesens« bezeichnet. Und diese Entdeckung ist am ehesten noch dem Zustand der Liebe vergleichbar: »Schönheit ist gar nichts anderes als der Ausdruck davon, daß etwas geliebt worden ist. Nur so wäre es zu definieren. Und Schönheit hinge mit dem anderen Zustand zusammen. Jede Berauschung echter Zärtlichkeit gibt dieselbe Unendlichkeitsahnung wie der Rausch des Gedankens vor einer großen Wahrheit. – Als ich an diesem Tag viel herum mußte, dachte ich fortwährend daran, daß ich dieses Buch zu Hause liegen habe und am Abend kehrte ich zurück wie zu einer Geliebten. Ich konnte an diesem Tag nichts Unausgeglichenes tun – eine Geliebte muß so wirken wie dieses Buch.« Aber das Buch ist eine spröde Geliebte und Musil ein schwieriger Liebhaber; wenn ihm die Arbeit ausnahmsweise leichtfällt, hegt er gegen sich sogleich Kolportageverdacht: »Die Arbeit ist mir angenehm und geht leicht vonstatten, aber manchmal wie mir scheint zu leicht; ich weiß nicht, ob es nicht minderwertig werden wird.«

Deprimiert von schweren Arbeitshemmungen, die er durch eine analytische Behandlung zu überwinden hofft, versucht Musil, seinen Zigarettenkonsum während der Arbeit zu reduzieren beziehungsweise diese Sucht umzufunktionieren: »Arbeite statt zu Rauchen: Du verschaffst dir also einen Genuß, den größten dir möglichen.« In dieser Direktheit liegt wohl auch die Wahrheit darüber, welches Verhältnis Musil zu seiner Arbeit hatte, egal wie sauer sie ihm wurde: Sie war der größte ihm mögliche Genuß! Und er hat die Widersprüchlichkeit dieses Genusses, der auch eine Sucht war, immer wieder in poetischen Bildern präzisiert: »Literatur ist ein kühner, logischer kombiniertes Leben. Sie ist bis auf die Knochen abmagern machende Inbrunst für ein intellektuell emotionales Ziel. Oder sie ist ein Licht, das im Zimmer entsteht, ein Gefühl in der Haut, wenn man an sonst gleichgültig oder verworren bleibende Erlebnisse zurückdenkt.« Aber »ich bin nicht redselig und auch nicht unmittelbar schreibselig: welche Paradoxie für einen Dichter! – Ich gleiche einem Hund, der seinen Knochen beiseite trägt, indem ich das im Lauf der Konzeption oder Aufnahme Überdachte ›sich setzen‹ lasse, oft auf Nimmerwieder, manchmal bis ein neuer Einfall davon Gebrauch macht. Man könnte das zum Teil wohl auch Phantasiemensch nennen. Aber es gibt eine versenkte Phantasie und eine geschäftige. Die versenkte Phantasie des stillen Kindes, durchkreuzt von einer gewissen Anlage zum Geschichtenausdenken, ist meine gewesen.«

Wer sich in seine Tagebücher vertieft, der wird die versenkte Phantasie des stillen Kindes Robert Musil besser verstehen; und er wird die Widersprüchlichkeit ahnen, aus deren Spannungen einer der größten Romane des zwanzigsten Jahrhunderts entstand. Ausgerechnet Thomas Mann, in dem Musil die Inkarnation des verhaßten Großschriftstellers sah, hat mit Respekt und Bewunderung diesem Werk gegenüber die angemessenen Worte gefunden: »Ich habe mir um diesen außerordentlichen Mann und sein unschätzbares Werk längst Sorge gemacht und atme auf, da ich sehe, daß die Welt sich der Notwendigkeit bewußt wird, hier einzugreifen und eine Zeit zu korrigieren, die es an Stolz auf ihre geistigen Meister und an Verantwortungsgefühl für das Schicksal ihrer Großen so fehlen läßt. Es drängt mich, Ihnen zu sagen, wie hoch ich von dem Werke Musils denke ... In keinem Falle zeitgenössisch deutscher Produktion fühle ich mich des Urteils der Nachwelt so sicher wie in diesem. Der *Mann ohne Eigenschaften* ist ohne jeden Zweifel größte Prosa, die mit dem Vornehmsten rangiert, was unsere Epoche überhaupt zu bieten hatte, ein Buch, das die Jahrzehnte überdauern und von der Zukunft in hohen Ehren gehalten werden wird. Beim Erscheinen des zweiten Bandes nannte ich den Roman ›ein dichterisches

Unternehmen, dessen Außerordentlichkeit, dessen einschnei-
dende Bedeutung für die Entwicklung, Erhöhung, Vergeistigung
des deutschen Romans außer Zweifel steht‹. ... Ein Werk bild-
nerischer Geistigkeit wie dieses bedeutet nicht mehr und nicht
weniger als eine Ehrenrettung unserer vor der Geschichte sonst
reichlich kompromittierten Epoche.«

Arche und Archiv

Walter Benjamins *Gesammelte Schriften*

Anfang und Ende der Herausgabe von Walter Benjamins *Gesammelten Schriften*, in der die »unerwartete und größte posthume Rezeption eines zeitgenössischen Denkers« (Siegfried Unseld) dieses Jahrhunderts eine beispiellos seriöse Basis bekommen hat, waren von schrillen Mißtönen begleitet.

Ende der sechziger Jahre kam es im Vorfeld der Editionsarbeiten zu einer Kontroverse zwischen den Herausgebern und der Zeitschrift *alternative*. Die Vorwürfe der Redaktion betrafen Arbeiten Benjamins, die Theodor W. Adorno aus den von ihm und Gershom Scholem verwalteten Nachlässen herausgegeben hatte: Die Nichtaufnahme von Texten einerseits, Auslassungen in anderen Texten andererseits würden der Strategie gehorchen, das Werk Benjamins politisch zu entschärfen und einem Denksystem der »ironischen Gewißheit von der Vergeblichkeit allen Handelns« – so eine Formulierung Adornos – zu integrieren. Querelen mit den Verwaltern der in der DDR liegenden Nachlaßteile, so die Kritiker damals, seien lediglich vorgeschoben, um die marxistische Dimension des späten Benjamin auszublenden. Vor allem aber sei es Adorno darum zu tun gewesen, das Abhängigkeitsverhältnis zu verschleiern, das zwischen ihm und Horkheimer, also dem »Institut für Sozialforschung«, und dessen locker assoziierten Mitarbeiter Benjamin bestanden habe.

Und kaum, daß der nach Adornos Tod federführende Herausgeber Rolf Tiedemann die beiden Teilbände mit Nachträgen

eingereicht hatte, die jetzt die Ausgabe beschließen, warf Tiedemann dem Suhrkamp Verlag gleich den Fehdehandschuh hinter-
her: Benjamins Erben seien systematisch um Honorare betrogen
worden. Über diesen Streit befinden die Gerichte – dem alten
Streit ist durch die philologische Seriosität der Edition längst
jegliche Energie entzogen.

Wer angesichts der *Gesammelten Schriften*, die zumindest im
Hinblick auf die *abgeschlossenen* Arbeiten Benjamins einer hi-
storisch-kritischen Edition sehr nahe kommen, immer noch von
ideologisch motivierten Textkorruptionen redete, machte sich
lächerlich (zumal die *Nachträge* nun auch den bislang fehlenden
Nachlaßteil aus der DDR liefern). Inzwischen läßt sich auf
Grundlage der Texte, vor allem auch anhand der von Tiedemann mit notwendiger Deutlichkeit in den Anmerkungen
publizierten Dokumente, das Verhältnis Adorno-Benjamin präziser bestimmen.

Unbestreitbar ist, daß Benjamin ohne Adornos treue Be-
mühungen heute ein weitgehend vergessener Autor wäre; unbestreitbar, daß manche Arbeiten Benjamins durch Adornos
Vorschläge erst zu ihrer genialen Komplexität fanden – ein Vergleich etwa der ersten Fassung des großen Baudelaire-Aufsatzes
mit dem unter Adornos Redaktion entstandenen *Über einige
Motive bei Baudelaire* macht dies deutlich. Unbestreitbar allerdings auch, daß Adorno, der seinerseits von Horkheimer abhängig war, Benjamin zu Wendungen zwang, die dieser nur zäh-
neknirschend ausführte. Und unbestreitbar schließlich, daß
Adorno Benjamin mehr verdankte als umgekehrt: Die Spuren,
die Benjamins Denken in Adornos Werk hinterlassen hat, sind
diesem Werk konstitutiv – und sei es nur, daß Adorno bestimmte Theoreme Benjamins auf den Kopf stellte, um dagegen
eine eigene Position aufzubauen. Adornos Kritik der Kultur-
industrie läßt sich insofern als eine nach innen gedrehte Ver-

sion der offensiven Überlegungen Benjamins zur Massenkultur lesen.

*

»Für jemanden, dessen Schriften so zerstreut sind wie meine und dem die Zeitumstände die Illusion nicht mehr gestatten, sie eines Tages gesammelt zu sehen, ist es eine wahre Bestätigung, hier oder dort einen Leser zu wissen, der in meinen verzettelten Arbeiten sich auf irgendeine Art heimisch zu machen gewußt hat.« Benjamins resignierte Worte aus dem Jahr 1934 deuten an, welche technischen Schwierigkeiten auf Grund der Nachlaß-situation von Tiedemann und den anderen Herausgebern zu bewältigen waren.

Zwar belegt die *Bibliographie der zu Lebzeiten gedruckten Arbeiten*, daß Benjamin, zumal während der relativ stabilen zwanziger Jahre, als Kritiker und Essayist durchaus öffentlich präsent war; gleichwohl ist es die verblüffende und bewundernswerte Leistung der Edition der *Gesammelten Schriften*, den Autor Walter Benjamin in seiner komplexen und widersprüchlichen Kontur überhaupt erst zur Erscheinung gebracht zu haben. Die Rekonstruktion dieser geistigen und intellektuellen Physiognomie aus dem heillos zersplitterten Nachlaß läßt sich mit Büchner, Kleist oder Novalis vergleichen, die ohne posthume Nachlaß-editionen zu marginalen Figuren der Literaturgeschichte geworden wären.

Dennoch, so Tiedemann in seiner selbstbescheidenen Note *Zum Abschluß der Ausgabe*, lassen sich die zerschlagenen Werke »so wenig kitten, wie die ungeschriebenen nachträglich doch noch geschrieben werden können; Wiedergutmachung, die den Namen verdiente, gibt es nicht. Was es gibt, ist Erinnerung, das Benjaminsche *Eingedenken*, und eine ihrer Formen mag das Archivieren sein. Adornos Verdikt, daß ›alle Kultur nach Auschwitz, samt der dringlichen Kritik daran, Müll‹ sei, wollte nicht von der Dringlichkeit der Aufgabe ablenken, nach dem Ende der Kultur deren zersprengte Bruchstücke einzusammeln und aufzubewahren. Die *Gesammelten Schriften* Benjamins stellen […] ein solches Archiv dar. Ist das wenig genug, so ist es doch nicht Nichts. Eine eigene Edition – die der *Deutschen Menschen* – hat Benjamin […] eine *nach jüdischem Vorbild erbaute Arche* genannt; auch wenn Arche und Archiv sprachlich kaum verwandt sein dürften, sachlich sind sie es um so enger. Und wie Benjamin mit seinem Briefbuch den Geist der Aufklärung zur Zeit seiner tiefsten Verfinsterung zu retten unternahm, so hoffen die Herausgeber der *Gesammelten Schriften*, in ihnen von Benjamins Werk immerhin gerettet zu haben, was zu retten war.«

Eine Arche aber muß schwimmen; und ein Archiv nützt nichts, wenn es nicht genutzt wird. Wäre Benjamins Werk nur noch von historischem Interesse, wären die zwanzig Jahre Editionsarbeit ein musealer Akt geblieben. Die breite Rezeption jedoch, bei verschiedenen Disziplinen im akademischen Bereich wie im außerakademischen Geistesleben, hat längst bewiesen, daß Benjamin als Literaturkritiker, Medientheoretiker, Philosoph und Prosaautor ungebrochene Faszination ausstrahlt. Sein Werk ist nach wie vor aktuell und wird es noch lange bleiben.

*

Als Benjamins Habilitationsgesuch 1925 von der Philosophischen Fakultät der Universität Frankfurt am Main abgelehnt wurde, verfaßte der Professor Hans Cornelius ein Gutachten über die eingereichte Arbeit *Ursprung des deutschen Trauerspiels*. Da Cornelius die »beabsichtigte kunstwissenschaftliche Leistung nicht zu erkennen vermochte«, legte er das Exposé der Abhandlung seinen Assistenten vor. Beide erklärten, daß sie die Arbeit »nicht zu verstehen vermöchten«.

Daß Benjamins Genialität von der neukantianischen Schulphilosophie verkannt und ausgegrenzt wurde, ist hinlänglich bekannt. Als 1985 der vi. Band der *Gesammelten Schriften* (Fragmente und Autobiographisches) erschien, machten die Herausgeber allerdings auf einen Sachverhalt aufmerksam, der bislang nicht bekannt war und den sie selbst als »einigermaßen irritierend« empfanden: Einer jener Assistenten war Dr. Max Horkheimer, der später – mündlich – präzisierte, Benjamins Exposé des Trauerspiel-Buchs sei weniger »unverständlich« als vielmehr »eine Frechheit« gewesen – eine Frechheit freilich nur, wenn man die tiefsinnige Provokation, die diese Arbeit für den verkrusteten Wissenschaftsbetrieb darstellte, als so unstatthaft skandalös ansah, wie Horkheimer es offenbar getan hatte. Das Exposé läßt sich im Anmerkungsteil des i. Bandes der Ausgabe nachlesen, um sicherzustellen, auf wessen Seite die Frechheit war ...

Die Tatsache, daß Horkheimer am Scheitern der Benjaminschen Habilitation unmittelbar beteiligt war, wirft jedenfalls nachträglich Licht auf die Spannungen, die später das Verhältnis zwischen den beiden bestimmten. In diesem Zusammenhang ist es dann auch durchaus bemerkenswert, daß die für verschollen geltende zweite Fassung des *Kunstwerks im Zeitalter seiner technischen Reproduzierbarkeit*, die an Radikalität im politischen Gehalt die bekannten Versionen überbietet, »vor einigen Jahren unter den Materialien des Max-Horkheimer-Archivs« aufgefunden wurde und jetzt in den »Nachträgen« zum Druck kam. Bemerkenswert, weil der Verdacht nicht von der Hand zu weisen ist, daß Horkheimer unter Verschluß hielt, was ihm an Benjamin am meisten mißfiel.

Das Scheitern einer akademischen Karriere führte dazu, daß Benjamin als freier Autor auf den Markt ging und sich zum be-

deutendsten deutschen Literaturkritiker dieses Jahrhunderts entwickelte. Einen so emphatischen Begriff von Kritik als »Morti-
fikation der Werke«, in denen das Wissen anzusiedeln sei, das aus
den Werken unmittelbar nicht spricht, aber in ihnen schläft, hat
es seit Benjamin in Deutschland nicht mehr gegeben – theoretisch nicht und praktisch erst recht nicht.

Indem er Positionen der Romantik materialistisch, geschichts-
philosophisch und erfahrungstheoretisch auflud, gab Benjamin
der Literaturkritik eine neue Dimension. Er sah sie nicht als Ele-
ment des Literaturbetriebs, sondern als dessen kritisches Regula-
tiv; und er nutzte sie weniger als ästhetisches Wertungsinstru-
ment, sondern vielmehr als Medium, durch das Funktion, Rolle
und Selbstverständnis der literarischen Intelligenz zu bestimmen
ist. Benjamins Kritik der Kritik galt jener »Atomisierung«, die ein
Buch »außerhalb der Zusammenhänge der Zeit, des Autors, der
Strömungen« stellt. In diese Leerstelle aus mangelnder Orientie-
rung und fehlender informierter Entschlossenheit trete »der persönliche Geschmack« als subjektive Wertungskategorie. Benjamin wandte sich gegen diesen »schrecklichen Irrglauben, daß das
wesentlich zum Kritiker Befähigende die ›eigene Meinung‹ sei. Es
sagt überhaupt nichts, die Meinung von jemandem, von dem
man nicht weiß, wer er ist, über irgend etwas zu erfahren. [...] Ein
großer Kritiker ermöglicht vielmehr anderen, eine Meinung über
das Werk auf Grund seiner Kritik zu fassen, als daß er selbst eine
gäbe. Diese Bestimmtheit, welche die Figur des Kritikers hat, soll
aber möglichst keine private, sondern eine sachlich-strategische
sein. Man soll vom Kritiker wissen: wofür steht der Mann.«

Als im III. Band der *Gesammelten Schriften* die Rezensionen
und Kritiken vorgelegt wurden, hat Marcel Reich-Ranicki moniert, Benjamin habe die »repräsentativen und charakteristi-
schen Werke« der Epoche ignoriert, weshalb er als Kritiker
gleichfalls nicht repräsentativ sein könne. Dieser Vorwurf ver-

kennt Benjamins kritische Strategie, die ja gerade das Repräsentative im Abgelegenen und das Charakteristische im Verborgenen suchte und ans Licht hob. Allerdings war auch er überzeugt, »daß die erkenntnismäßige Verwertung von Büchern mit ihrer literarischen ›Wertung‹ identisch würde, – dieses seltene Optimum der Kritik setzt nicht nur den vollkommenen Kritiker voraus; selbst er kann nur zu diesem Ziel gelangen, wo das große Werk sein Gegenstand ist«. Seine Kritiken und Essays über Kafka, Döblin, Proust oder Kraus können als Exempel dieses seltenen Optimums gelesen werden.

Die repräsentativen Werke, das zeigt die jetzt in die *Nachträge* aufgenommene Leseliste Benjamins, hat er sehr wohl zur Kenntnis genommen. Merkwürdig ist, daß einige der von ihm rezensierten Bücher in der Liste nicht auftauchen. Daß er etwa nicht gelesen hätte, was er kritisierte, ist auszuschließen. Hat er vielleicht zwischen einfachem Lesen und einem Lesen geschieden, das der Kritik Material »erkenntnismäßiger Verwertung« zuführt?

*

»benjamin ist hier. er schreibt an einem essay über baudelaire. [...] das ist nützlich zu lesen. merkwürdigerweise ermöglicht ein spleen benjamin, das zu schreiben. er geht von etwas aus, was er aura nennt. [...] diese soll in der letzten zeit im zerfall sein, zusammen mit dem kultischen. [...] alles mystik, bei einer haltung gegen mystik.« Obwohl aus dieser Notiz Brechts, den Benjamin 1938 im dänischen Exil besuchte, eine fast aggressive Ratlosigkeit gegenüber einem Zentralbegriff der Benjaminschen Ästhetik spricht, trifft die Bemerkung doch präzis die tiefe Widersprüchlichkeit vieler Theoreme Benjamins. Denn die Vermittlung jüdisch-theologischer Traditionen und mystischer Erfahrungspotentiale mit Aufklärung und einem politisch-operativen

Literaturbegriff macht einen entscheidenden Impuls in Benjamins Denken aus.

Seine Abhandlung über *Das Kunstwerk im Zeitalter seiner technischen Reproduzierbarkeit* dürfte die mit Abstand folgenreichste Schrift Benjamins sein. Die Überlegungen, mit welchen Strategien der faschistischen Ästhetisierung der Politik zu begegnen wären, mögen heute historisch geworden sein; aktueller denn je sind jedoch die Thesen, die, auf der Folie des Aura-Begriffs und des Zerfalls der Aura, im Kontext einer durchtechnisierten Medienwelt Entwicklungstendenzen von Medien und ihren Einfluß auf Produktion und Wahrnehmung von Kunst reflektieren. Der Kunstwerk-Aufsatz hat in kunstwissenschaftlichen Disziplinen besondere Wirkung gezeigt; es gibt kaum eine gegenwärtige Analyse von Film, Fernsehen und Medienentwicklung, die sich nicht in der einen oder anderen Weise an dem epochalen Essay abarbeitet.

Die großen literarisch-philosophischen Abhandlungen über den *Begriff der Kunstkritik in der deutschen Romantik*, *Goethes Wahlverwandtschaften* oder das Trauerspiel-Buch haben inzwischen wohl Wirkung erzielt – aber kaum Schule gemacht. Sie stehen singulär und hermetisch im Feld geisteswissenschaftlichen Schrifttums, sind Gegenstand vielfältiger Interpretationen, bieten aber nur selten Handhabe, ihre Positionen weiterzudenken. Ganz anders verhält es sich mit dem medientheoretischen Komplex seiner Werke, deren Spitze der Kunstwerk-Aufsatz bildet. Hier hat Benjamin zahlreiche Anknüpfungspunkte geliefert: Seine Prognosen etwa über die Entwicklung der Schriftkultur entfalten erst heute, in der sich formierenden telematischen Gesellschaft, ihre volle Bedeutung und Schlagkraft.

Benjamin war nicht nur Medientheoretiker, sondern als Rundfunkautor, -sprecher und -regisseur auch Praktiker im Umgang mit einem damals noch neuen Massenmedium. Die jetzt in den Nachträgen gedruckten *Rundfunkgeschichten für Kinder* entwickeln in der Vereinfachung der sprachlichen Mittel eine ganz eigene Form.

Man hat bislang Benjamins Tendenz, in seiner späteren, »marxistischen« Phase im Ausdruck unzweideutiger, in der Syntax schlichter zu werden, als einen von Brecht angeregten, quasi pädagogisch-ideologischen Impuls verstanden. Die Änderung der Tonlage seiner Schriften dürfte jedoch auch ursächlich mit seiner Rundfunkpraxis um 1930 zusammenhängen. Zwar hat Benjamin gegenüber Scholem diese Tätigkeit als Brotarbeit und »windige Rundfunkgeschichten« bezeichnet, aber es steht zu vermuten, daß die andere Hälfte seines Janusgesichts, Brecht zugewandt, in den Funkarbeiten einen auch stilistischen Fortschritt sah.

Im übrigen geben diese Texte gedanklich nichts von dem preis, was auch Benjamins »seriöse« Schriften kennzeichnet. Im Gegenteil: Auch hier ist er, wie immer im scheinbar Marginalen, extrem dicht bei der Sache. Man kann seine Kindergeschichten durchaus als zeitgemäße Umsetzung seiner Theorie des Erzählens und Erzählers lesen. Und immer blitzen, wie vexierte Selbstportraits, Aussagen in eigener Sache auf. Erzählt er von den Grabungen in Pompeji, dann bezeichnet er damit zugleich in nuce sein eigenes, text-archäologisches Verfahren, mit dem er im *Passagen-Werk* das Paris des 19. Jahrhunderts aus der erstarrten Lava der Überlieferungsmassen graben wollte. Über E. T. A. Hoffmann sagt er, daß dieser Autor »das Außerordentliche nicht irgendwo frei im Raume schwebend, sondern an ganz bestimmten Menschen, Dingen, Häusern, Gegenständen, Straßen und so weiter gesehen hat«.

Genau dies ist der Blick, mit dem auch Benjamin die Welt sah.

*

»Es gibt ein Bild von Klee, das Angelus Novus heißt. Ein Engel ist darauf dargestellt, der aussieht, als wäre er im Begriff, sich von etwas zu entfernen, worauf er starrt. Seine Augen sind aufgerissen, sein Mund steht offen und seine Flügel sind ausgespannt. Der Engel der Geschichte muß so aussehen. Er hat das Antlitz der Vergangenheit zugewendet. Wo eine Kette von Begebenheiten vor *uns* erscheint, da sieht *er* eine einzige Katastrophe, die unablässig Trümmer auf Trümmer häuft und sie ihm vor die Füße schleudert. Er möchte wohl verweilen, die Toten wecken und das Zerschlagene zusammenfügen. Aber ein Sturm weht vom Paradiese her, der sich in seinen Flügeln verfangen hat und so stark ist, daß der Engel sie nicht mehr schließen kann. Dieser Sturm treibt ihn unaufhaltsam in die Zukunft, der er den Rücken kehrt, während der Trümmerhaufen vor ihm zum Himmel wächst. Das, was wir den Fortschritt nennen, ist *dieser* Sturm.«

Die berühmte IX. These *Über den Begriff der Geschichte*, Benjamins letzte Arbeit, verdichtet drei zentrale Motive seines Denkens zum Bild: Geschichte als katastrophales Trümmerfeld, der sogenannte Fortschritt als blindwütige Kraft und, als Chiffre für den unwiederbringlichen Ort krisensicherer Erfahrung, das Paradies.

Benjamins fortschrittskritische Geschichtsphilosophie, die im Torso gebliebenen *Passagen-Werk* ausführlich hätte entfaltet werden sollen, ist nicht regressiv. Sie trauert über das Verschwinden von Natur und Erfahrung, sieht im Verlust aber die Chance, aus wenigem neu zu bauen: daher sein Interesse an moderner Architektur, daher auch seine Versuche, die sich entwickelnde Technik in den Dienst des Menschen zu stellen.

Besonders im *Passagen-Werk* und in den geschichtsphilosophischen Thesen, die in mancher Hinsicht wieder an die frühen metaphysisch-spekulativen Texte anknüpfen, liegt auch eine Lesart Benjamins, die bislang kaum in den Blick geraten ist. Man könnte sie als einen spekulativen Ökologismus bezeichnen: Denn neben der barbarischen Vergewaltigung von Mensch und Natur durch den Faschismus kritisiert er auch den vulgärmarxistischen Begriff von Naturbeherrschung, der auf die rücksichtslose Ausbeutung der Natur hinausläuft. Dagegen hält er das Konzept einer Arbeit, »die, weit entfernt die Natur auszubeuten, von den Schöpfungen sie zu entbinden imstande ist, die als mögliche in ihrem Schoße schlummern«.

Baudelaire und Proust, die er übersetzte und denen er große Abhandlungen widmete, hatten für Benjamin deshalb überragende Bedeutung, weil die Grundfigur beider Werke auch die Grundfigur der Schriften Benjamins darstellt: In immer neuen Konfigurationen gehen sie der Frage nach, ob und wie im Zustand denaturierter Massenexistenz und aussageloser Informations-Inflation noch authentische Erfahrung möglich ist. Erfahrung im strikten Sinn, in der Vorzeit kultisch und magisch verfügbar, ist für Benjamin die (willkürlich-bewußt nicht abrufbare) Wiederbelebung eines mimetischen Vermögens, wie es in jeder Kindheit gegeben – und wie es im gelungenen Kunstwerk thesauriert ist. Deshalb blieben die Erfahrungen, die er als »wohlgeborenes Bürgerkind« im Berlin der Jahrhundertwende machte, der geheime Fluchtpunkt all seiner Denkbewegungen.

Die Ausgabe der *Gesammelten Schriften* schließt mit dem als Schlußpunkt denkbar schönsten und würdigsten Text, der Fassung letzter Hand der *Berliner Kindheit um Neunzehnhundert*. Was an Benjamins Werken oft schwer verständlich ist, daß er, mit Hannah Arendts Worten, ohne Dichter zu sein, dichterisch dachte und schrieb, ist in der Denkprosa der *Berliner Kindheit* zu unerhörter Präzision und unvergleichlicher Schönheit verdichtet. Benjamins Fähigkeit, im Denkbild aus Erinnerung, Analyse und poetischer Projektion Wahrheit aufscheinen zu lassen, den Mechanismus kindlicher Wahrnehmung zu zeigen, ohne ihm zu

verfallen, und zugleich den Prozeß des Erinnerns und Wahrnehmens zu reflektieren, macht ihn als Prosa-Autoren zu einem der
größten Stilisten deutscher Sprache.

Was er über Gide sagt, gilt sehr weitgehend für ihn selbst: »Es
ist das Seltene an seiner Künstlerschaft, daß sie die höchste sinn-
liche Konkretion hat ohne die Fülle des sinnlich Genießbaren,
Lustvollen mitzunehmen, daher der Adel seiner Schriften, in
dem er kaum mit einem der Lebenden zu vergleichen ist.«

Vernarbte Wunden
oder »Was wir an ihm problematisch finden«
Über Lion Feuchtwanger

Zu Feuchtwanger, meinte ich, fällt mir allemal noch was ein – kein Problem… Kein Problem? Während ich mich erneut mit den Romanen befaßte, mit dem Moskau-Buch, das ja eine Art autobiographisch-journalistisches Seitenstück zur *Wartesaal*-Trilogie bildet (jedenfalls zum *Exil*-Roman), sowie mit der Forschungs- und biographischen Literatur, stellte ich zu meiner Überraschung fest, daß mir zu Feuchtwanger eigentlich nichts mehr einfällt; zumindest nichts eindeutig Positives oder bedingungslos Zustimmendes mehr, was nicht schon anderswo vermerkt worden wäre – sei es von anderen, sei es von mir selbst.

Der Versuch, Feuchtwanger noch einmal produktiv zu lesen, ihm literarisch, weltanschaulich, politisch Momente abzugewinnen, die, in wie entfernter Konstellation auch immer, mit meiner gegenwärtigen Bewußtseins- und Interessenlage zu wirklich frischen Einsichten hätten zusammengeschlossen werden können, schlug ziemlich weitgehend fehl. Es gibt Autoren oder einzelne Bücher, zu denen man ein – wenn man so sagen kann – erotisches Verhältnis hat. In den Beziehungen zwischen ihnen und uns bleiben, wie oft wir auch zu diesen Büchern zurückkehren, Spannungen, Ambiguitäten, ungeklärte Reste. Und immer, wenn wir lesend an diese Beziehungen anknüpfen, entdecken wir Neues, bislang Unbekanntes – Motive, Stimmungen, Bilder, manchmal vielleicht nur einen einzelnen Satz oder ein Wort, das wir heute anders verstehen als zu der Zeit, da wir es zuerst lasen.

Feuchtwanger gegenüber empfinde ich diese texterotische Spannung nicht; ich glaube, ich habe sie nie empfunden. Mein Interesse an ihm war immer – ja, Interesse, nicht weniger, aber auch nicht mehr – etwas eigentümlich Karges, Sachliches, vielleicht am ehesten als Informationsbedürfnis zu bezeichnen, als eine Art Nachhilfeunterricht über geschichtliche Zusammenhänge, über die ich nur sehr mangelhaft unterrichtet war. Und Feuchtwanger ist ein sehr guter Nachhilfelehrer, denn er *erzählt* uns seinen Stoff und sorgt mit wohldosierten Prisen Spannung und (zumeist) ausgezeichneter Dramaturgie dafür, daß man der Lektion bis zum Ende folgt. Aber wer *liebt* schon seine Nachhilfelehrer?

Wer die Bücher Feuchtwangers einmal liest, der kennt diese Bücher auch. Sie sagen in der Tat, wie Feuchtwanger selbst sagen würde, »was ist«; aber sie lösen wenig aus, setzen kaum etwas in Bewegung, das nach Beendigung der Lektüre virulent bliebe. Sie haben so gut wie keine Leerstellen, die den Leser fordern oder seine Phantasie aktivieren. Feuchtwangers Leerstellen, seine Schnitt- und Rafftechnik, will Lektüre immer eindimensional erleichtern, doch diese planvolle Deutlichkeit führt dazu, daß die subjektive Schwingungsbreite, die von seinen Werken ausgelöst wird, gering bleibt. Man könnte sagen, daß mein Problem mit Feuchtwanger heute darin besteht, kein Problem mit ihm zu haben. Ich kenne die Texte, und wenn ich sie wiederlese, erkenne ich das darin wieder, was ich schon bei der ersten Lektüre darin erkannte. Gewiß, inzwischen haben sich Kontexte aufgebaut und wechselseitig erhellt, Querverbindungen sich eingestellt, das einzelne Buch wird in seinem Stellenwert im Gesamtwerk sichtbar und das Gesamtwerk in seinen Verspannungen zur damaligen und auch zu unserer gegenwärtigen Literatur. Aber Entdeckerglück will sich nicht wieder einstellen.

Ich blättere, lese, nicke, blättere, lese, will wieder nicken, doch auf einmal schüttele ich den Kopf und weiß, ohne noch recht zu wissen warum, daß da doch vieles strenger und enger gesehen werden müßte, was wir in den vergangenen 15 Jahren aus gewissermaßen strategischen Gründen durchgehen ließen. Auf der Suche nach »linken« Vätern und Großvätern stießen wir auch auf Feuchtwanger; wir betrieben seine Wiedereinbürgerung ins literaturgeschichtliche Bewußtsein und leisteten unseren Beitrag dazu, daß er wieder gelesen wird. Und indem wir uns mit seiner untadelig antifaschistischen, demokratischen Tradition identifizierten, mußten wir zugleich jene Abwertungsstrategien bekämpfen, die Feuchtwangers angeblich zweifelhaften literarischen Wert kritisierten, in letzter Konsequenz jedoch auf seine politische Haltung und Meinung abzielten. Wir müssen uns aber darüber im klaren sein, daß politisch guter Wille, »besseres Bewußtsein« und Zivilcourage nicht automatisch Belege entsprechend hochstehender literarischer Qualität sind. Politik und Kunst sind in Feuchtwangers Werk kaum auseinanderzudividieren, aber die Politik hat dem »kleinen Meister«, wie ihn Thomas Mann gar nicht hämisch nannte, persönlich böse mitgespielt. Und die Spuren dieses zerrissenen Lebens sind eben auch seinen Werken eingeprägt. In seinem Moskau-Buch, ich werde noch darauf zurückkommen, zitiert Feuchtwanger Goethe: »Ein Bedeutendes weiß uns immer für sich einzunehmen, und wenn wir seine Vorzüge anerkennen, so lassen wir das, was wir an ihm problematisch finden, auf sich beruhen.« Für sich eingenommen hat Feuchtwanger uns nachhaltig; seine Vorzüge haben wir anerkannt und ausführlich dargestellt. Das, was wir an ihm problematisch finden, und ich finde inzwischen vieles problematisch, sollten wir aber keinesfalls auf sich beruhen lassen. Das Goethe-Zitat will uns zu einem faulen Frieden verführen, zu einer erpreßten Versöhnung. Ich denke, daß die bedeutenden Vorzüge des Feuchtwangerschen Werks so stabil sind, daß sie es aushalten, wenn wir das Problematische *nicht* auf sich beruhen lassen.

Erfolg, den Roman, den ich am besten kenne, besitze ich in der einbändigen Volksausgabe von 1931; ein zerlesener, stockfleckiger Band, der aus der Bindung bricht: Ein Buch, dessen äußere Erscheinung der Autor noch gekannt hat, ein Buch, mit dem gearbeitet wurde, ein Buch, das mir immer noch gefällt. Ich blättere darin. Hier und da erfreutes Wiedersehen mit gelungenen Gestalten und Situationen, auch ein paar Stil-Stichproben im Detail noch immer durchaus überzeugend (sieht man von einigen Unarten ab, die Feuchtwanger offensichtlich für stilbildend hielt und wider besseres Wissen kultivierte, wie etwa seine trotzig-penetrante Vertauschung von »obwohl« mit »trotzdem«). *Erfolg* ist variantenreich geschrieben, mit Mut zum Risiko, und auf einer ganz ausgezeichneten Dramaturgie aufgebaut – die gegeneinanderlaufenden Spannungsbögen innerhalb der 5 Teile verraten den ausgefuchsten Theaterautor; das Buch ist experimentierfreudig, komisch-satirisch, informativ und, wie sich inzwischen wohl allgemein herumgesprochen hat, politisch »hellsichtig«. Nach wie vor und unumstößlich: Feuchtwangers beste Leistung, die auch Vergleiche mit anderen großen Romanen des 20. Jahrhunderts aushält.

Unter literarischen Gesichtspunkten ist Feuchtwangers Entwicklung bis *Erfolg* eine Entwicklung zu dieser Höhe, ab *Erfolg* eine Kette von Rückschritten und Mißgriffen, die sich im Alterswerk dann auf einem soliden, aber langweiligen Niveau einpendelte. Nichts drastischer als der unmittelbare Übergang in der Lektüre von *Erfolg* zu *Die Geschwister Oppermann*! Ein Absturz, der durch die ungünstigen äußeren Entstehungsbedingungen wohl verständlich und erklärbar ist, der aber weder durch diese noch durch die (nicht nur von Feuchtwanger selbst) überstrapazierte Rede von der »Bedarfssache« Literatur und ihrem »Gebrauchswert« in seiner ästhetischen Dürftigkeit veredelt werden darf. Zu deutlich merkt man dem Text an, daß er als Filmskript konzipiert war, notdürftig zum Roman ausstaffiert wie eine flüchtig bekleidete Schaufensterpuppe, überhastet, wie wider Willen niedergeschrieben oder diktiert. Auch inhaltlich wimmelt der Roman von politischen Fehleinschätzungen, Widersprüchen zum Gesellschaftsbild, das *Erfolg* entworfen hatte, und von naivem Wunschdenken hinsichtlich der Widerstandsbereitschaft des deutschen Volkes. Als Filmskript erwies sich das Buch freilich als sehr brauchbar: Egon Monks Fernsehverfilmung hat in ihrer gelungenen, weil nicht sklavischen Werktreue ästhetisch *und* politisch manche Schwäche der *Geschwister Oppermann* ausgebügelt und richtiggestellt und, wenn man so will, wieder einmal die These bewiesen, daß sich aus schwachen Büchern oft starke Filme machen lassen – umgekehrt jedoch nie. Warum? Weil die Bildproduktion literarisch dichter Bücher eine aus dem Innern der Sprache selbst ist, die sich ins andere, optische Medium nur um den Preis ihrer flachen Veräußerlichung überführen läßt. Wo aber die Sprache selbst nicht bilderschaffend ist, wo sie wie im Fall Feuchtwanger lediglich bezeichnet, statt Wirklichkeit zu konstruieren, da kann die Kamera sich freier entfalten und dem Stoff jene Sinnlichkeit erschließen, die der Vorlage fehlt. Und in der Tat ist der Text *Die Geschwister Oppermann* merkwürdig atmosphärelos, anämisch, abstrakt ausgedacht, nicht wirklich empfunden – obwohl doch Feuchtwangers Situation zur Zeit der Niederschrift sich von der seines Protagonisten Gustav Oppermann kaum unterschied. Der Zwang zur Botschaft überwuchert die Gestaltung, ein Problem, das seitdem in fast allen Werken des Autors auftauchen wird.

Gerd Ueding hat *Erfolg* einmal als politischen Kolportageroman bezeichnet – ein krasses Fehlurteil. Auf *Die Geschwister Oppermann* und auch auf weite Teile von *Exil* bezogen, erscheint mir das böse Wort heute aber nicht mehr so ganz unangemessen. Einmal abgesehen davon, daß *Exil* zu lang, daß die Komposition für die Erzählfabel zu weit gespannt ist, trägt dieser Roman mehr kolportagehafte Züge, als seine zweifellos auch vorhandenen Stärken aufzuwiegen vermögen. Die Kolportage in *Exil* bewirkt fatalerweise nicht nur, daß der Leser bei der Stange gehalten wird, weil er wissen will, ob die schöne Lea sich doch noch auf den stiernackigen Nazi einläßt oder ob der elegant-zwielichtige Erich Wiesener am Ende über das Häuflein der aufrechten Exilanten triumphieren darf. Es ist, nebenbei bemerkt, merk-würdig, wie gerade in den zeitgeschichtlichen Romanen Feuchtwangers die Negativ-Figuren, die Träger des »falschen Bewußtseins«, ja noch die Faschisten viel überzeugender gezeichnet sind als die »Helden«. Das hat gewiß den Vorteil, daß wir somit einiges über das Innenleben, die Psychologie des Faschismus aus diesen Romanen erfahren – es hat aber den Nachteil, daß die positiven Figuren seltsam blaß und schabloniert bleiben, als ob die Vitalität des politischen Gegners ihnen das Blut aus den Adern gesaugt hätte. Es fällt schwer, sich mit diesen Helden zu identifizieren; die Verhaltens- und Handlungsvorschläge, die Feuchtwanger durch sie macht, laufen in einer abstrakten Horizontlinie aus. Woran liegt das? Liegt es unter Umständen daran, daß Feuchtwanger »Wahrheit« und Humanität für so aussagekräftig hielt, daß sie keiner weiteren Gestaltung bedurften; daß er demgegenüber »die Lüge« und Barbarei auch ästhetisch ernst nahm, und zwar nicht nur der Gerechtigkeit halber, sondern weil er sich hier an Psychologien und Charaktere wagen mußte, die er nicht einfach aus sich herausstellen konnte, sondern die literarisch zu schaffen, zu konstruieren waren, an die er nicht nur Recherche, sondern auch Phantasie wenden mußte?

Die Kolportage-Elemente des *Exil*-Romans bewirken jedenfalls auch, daß Feuchtwangers Absicht, das Elend des Exils in seiner ganzen Breite zu zeigen, sabotiert wird. Wo's so spannend hergeht, wo die Schauplätze so bunt, abwechselnd mondän und dann wieder malerisch erbärmlich sind, wo schöne, kluge Frauen mit gelackten Diplomaten Seitensprünge absolvieren, wo Literaten und Musiker nächtelang debattieren und Strategiediskussionen durchfechten, da kann's – könnte man zynisch sagen – so schlimm doch nicht gewesen sein. Die siebenteilige TV-Version des Romans (von Egon Günther), mit der 1981 Feuchtwanger auch für eine breite Öffentlichkeit aus Verdrängung und Versenkung gezaubert wurde, hat zwar die Kolportage des Romans erst richtig hochgekitzelt – man denke an die maßlos abgeschmackte Szene, in der Ilse Benjamin halluziniert, ihr entführter Fritz, abgemagert und geschunden in KZ-Kleidung, beschlafe sie. Hochkitzeln konnte die Verfilmung diese Dimensionen aber nur deshalb, weil der Roman sie durchaus anbietet, nicht gar so kraß, nicht gar so telegen – aber immerhin. Es gibt eine wünschenswert ehrliche und, wie ich finde, fast entlarvende Äußerung Feuchtwangers über die Absichten, die er bei der Niederschrift des Romans verfolgte. Am 24. November 1937 schreibt er an Arnold Zweig: »... ich stecke schon wieder tief in meinem Emigrantenroman; es war leichter, wieder hineinzukommen, als ich gedacht hatte. An die wirklichen Emigranten, die mir in Paris über den Weg liefen, darf man freilich nicht denken; sonst würde der Roman statt einer schauerlichen Tragikomödie ein erbärmlicher Flohzirkus.« Eine schauerliche Tragikomödie, die den Gedanken an die »wirklichen Emigranten« verdrängen soll! Das klingt, ich kann mir nicht helfen, nach Seifenoper; und *Exil* ist in der Tat eine Art politisch sehr, sehr gut gemeinte Seifenoper. Aber Benns Satz, in der Kunst sei gut gemeint das Gegenteil von gut, erweist sich, bezogen auf nicht kleine Teile des Feuchtwangerschen Werks, nachdrücklich als richtig. Gewiß, *Exil* ist ein sehr viel besser komponiertes, dramaturgisch ausgewogeneres, sauberer recherchiertes Buch als *Die Geschwister Oppermann*, mit Geduld konzipiert und mit langem, vielleicht etwas zu langem Atem abgefaßt. Passagenweise ist es nicht zuletzt überzeugend, weil Feuchtwanger einige Anknüpfungsversuche an bestimmte romantechnische Errungenschaften aus *Erfolg* übernahm. Das Unterbrechen des betulichen Es-war-einmal-Erzählens durch die chronikalen Überblicke etwa – doch diese Versuche, ästhetisch auf der Höhe zu bleiben, werden immer wieder von etwas überdeckt, was man Feuchtwangers sich hier erstmals ankündigenden Altersstil nennen könnte: Ein Stil, der überall auf Nummer Sicher geht, risikolos, routiniert, etwas behäbig, eindeutig und also leicht übersetzbar, politisch jedoch von untadeliger Gesinnung und, wie gesagt, sehr gut gemeint.

Feuchtwanger selbst hielt bekanntlich *Exil* für den gelungensten der drei Romane, die er im nachhinein zur *Wartesaal*-Trilogie erklärte; er tat dies im Nachwort zu *Exil*, eine Einschätzung *pro domo* mithin, die verständlich ist, vergegenwärtigt man sich, daß Autoren zu ihren eben abgeschlossenen Werken gemeinhin die geringste Distanz haben – eine Art berufsnotorische Betriebsblindheit. Mir scheint jedoch, daß Feuchtwanger, von Ausnahmen abgesehen, zu seinen eigenen Arbeiten eigentlich nie die rechte Distanz bekam, obwohl doch »Distanz« jenes Zauberwort war, mit dem er seine Stoffe zu objektivieren hoffte. Er ist in dieser Hinsicht tatsächlich der Jacques Tüverlin aus *Erfolg*, der in einer sympathischen Borniertheit seine Werke allesamt und ausnahmslos für besonders gelungen hält und Einwände mit reichlich triumphalen Gesten vom Tisch wischt. Nun war Feuchtwanger mit Sicherheit kein überheblicher Mensch; ich denke, er war ein bescheidener, hilfsbereiter, kluger und sehr kritischer Mann. Leider, und dies ist fast kurios, bezog sich die Bescheidenheit, Klugheit und Kritikfähigkeit nur selten auf das eigene Schaffen. Was ihm fehlte, war eine – und wäre sie noch so ironisch gebrochen – Fähigkeit zur Selbstkritik, die bekanntlich das erste und beste Lektorat ist. Schon die nachgeschobene Bündelung der drei Romane ins Pathos der Trilogie kommt mir heute wie der Versuch vor, noch das Mißglückte in einem größeren Zusammenhang aufzuheben und damit aufzuwerten. Es ist darüber hinaus der Versuch, eine Fiktion des Planvollen herzustellen, die gerade der *Wartesaal* nicht hat und nicht haben kann, haben ihn doch die Verhältnisse gewissermaßen erzwungen: Eine Prätention des Planvollen, die den Autor als ständigen Mitwisser des Weltgeistes ausweisen soll. Die mangelnde Selbstkritik wird immer dann eklatant, wenn Feuchtwanger in den zahlreichen Vor- und Nachworten, Erklärungen und Selbstinterpretationen zu seinen Werken Stellung nimmt (wodurch er deren Eindeutigkeit noch verstärkte). Das liest sich nicht selten wie schlechte Klappentextprosa und schwelgt gelegentlich in einer schwer erträglichen Begeisterung über das eigene Schaffen.

Der große ökonomische Erfolg dieses Autors hat mich nie gestört; im Gegenteil, wenn Leistung und Erfolg zusammentreten, ist das immer erfreulich. Seine Geschäftstüchtigkeit im Umgang mit Verlagen sollte heute noch modellhaft für Schriftsteller sein! Und ich bin der Letzte, der behaupten würde, Massenerfolg und literarische Qualität schlössen einander aus. Aber Feuchtwanger glaubte felsenfest, sein Massenerfolg sei *Indiz*, ja *Beweis* seiner exzeptionellen, literarischen Qualitäten. Und das ist schlichter Blödsinn. Im Briefwechsel läßt sich nachlesen, mit welch geradezu beleidigender Selbstgerechtigkeit Feuchtwanger die skrupulöse, genaue und überaus berechtigte Kritik Arnold Zweigs am Roman *Der falsche Nero* abkanzelte – als sei Zweig ein etwas begriffsstutziger Gymnasiast, der nicht verstanden habe, was der Autor ihm und aller Welt habe sagen wollen. Und gerade *Der falsche Nero* gehört doch neben *Die Geschwister Oppermann* und dem noch mäßigeren *Die Brüder Lautensack* zu den schwächsten

Arbeiten Feuchtwangers – sie bilden neben der *Wartesaal*-Trilogie, der *Revolutions*-Trilogie und der *Josephus*-Trilogie (der einzig echten Trilogie im Sinn eines planvollen Konzepts und Aufbaus über drei Romane hin) die »Murks & Schluder«-Trilogie. Bedenkt man, daß der penetrant von sich selbst begeisterte Feuchtwanger einmal eine zaghafte Bemerkung machte, daß *Die Brüder Lautensack* vielleicht doch ein stofflicher Fehlgriff gewesen sein könnten, läßt sich schon von außen ermessen, durch welche nicht bloß stofflichen Niederungen der wohlmeinende Leser sich hier zu schlagen hat. Ich hab's mir angetan, und ich schweige von den Qualen ...

Ich sagte, unter ästhetischen Gesichtspunkten sei Feuchtwangers Entwicklung bis hin zu *Erfolg* eine ansteigende Linie. Sein Frühwerk, die kleinen Dramen und der Roman *Der tönerne Gott*, besteht aus ziemlich gezierten Talentproben eines intellektuellen Bohemiens. Sein Ästhetizismus ist bereits epigonal, kümmerliche letzte Blüten am verwelkenden Geranke von Jugendstil und *decadence*. Hätte Feuchtwanger *nur* dieses Frühwerk hinterlassen, er wäre heute nichts als eine Randfigur der Literaturgeschichte. Die Arbeiten, die er bis zum Ersten Weltkrieg ablieferte, stehen nicht für sich, wie ja sonst Frühwerke durchaus Hoch- bis Höchstleistungen sein können – man denke an Hofmannsthal, an Thomas Mann, aber auch an den jungen Brecht, von dem noch die Rede sein wird. Andererseits ist nun aber gerade dies matte Frühwerk für Feuchtwangers weitere Entwicklung bedeutsam, notwendig und fruchtbar, kann er es doch als Kontrastfolie zu seinen sich während der 20er Jahre herausbildenden weltanschaulichen Positionen und ästhetischen Fortschritten umfunktionieren und nutzen. Die zum Teil vehemente Kritik an Ästhetizismus und *l'art pour l'art*, die Feuchtwanger entweder direkt im Stilumbruch seiner neusachlichen Phase artikuliert oder indirekt in *Erfolg* diskutiert, wenn er Tüverlin sich sukzessive von solchen Produktionen verabschieden läßt – diese Kritik ist immer wesentlich Feuchtwangers Selbstkritik. *Hier* war Selbstkritik ihm möglich, weil das Frühwerk ästhetisch instabil war und weil er ohne Kritik an diesen früheren Positionen seinen gesellschaftskritischen Realismus gar nicht hätte konstituieren können. Er konnte also die Selbstkritik zum Bestandteil seiner laufenden Produktion machen, die ihm dann freilich, je erfolgreicher sie wurde, immer stärker über jeden Zweifel erhaben schien.

Der Umbruch, zugleich der Aufbruch zu *Erfolg*, wird durch drei Daten markiert: Das weltpolitische des Krieges, des gesellschaftlichen Zusammenbruchs; das der Revolution und der Einsicht, ein demokratisches Selbstverständnis zu entwickeln und zu befördern; das private, für seine Produktion mindestens ebenso folgenreiche der Freundschaft mit Brecht. Die Konstellation, in der diese Beziehung entsteht, ist für beide Seiten ideal: Brecht, der den Kopf voller Ideen hat, benötigt einflußreiche Promotion, um diese Ideen zu organisieren und an die Öffentlichkeit zu bringen. Feuchtwanger ist seinerseits inzwischen ein in München bekannter, über München hinaus nicht unbekannter, jedenfalls arrivierter Autor und Kritiker mit den besten Beziehungen zur Theaterszene. Mit seinem dramatischen Roman *Thomas Wendt*, an dem er arbeitet, als Brecht bei ihm auftaucht, wird er zum Geburtshelfer von dessen epischem Theater: Brecht stellte das Prinzip im Grunde nur auf den Kopf.

Gerade in der Beziehung zu Brecht wird aber auch evident, daß der hochgebildete Feuchtwanger in seiner Funktion als Vermittler, Anreger und Kritiker manches geleistet hat, was möglicherweise sein eigenes Niveau als Schriftsteller überstieg. Ein Blick in seine zahlreichen Essays und Artikel, mit denen er sich während der Weimarer Republik wie in den Jahren des Exils an politischen und literarischen Debatten beteiligte, beweist, wie sehr er sich der Traditionen als auch der vielfältigen kulturellen Strömungen seiner Gegenwart bewußt war. Diese rege publizistische Tätigkeit ist, auch in ihren Verknüpfungen zu Feuchtwangers Werken, bislang nicht recht aufgearbeitet und böte wohl Stoff für eine Dissertation.

Wenn Brecht später erklärte, Feuchtwanger habe ihm gezeigt, welche ästhetischen Regeln er, Brecht, verletzt habe, dann klingt aus dieser Aussage zwar Respekt heraus, doch implizit auch die Feststellung, daß Feuchtwanger selbst bestimmte Gesetze und Regeln einhielt, statt sie provokativ und produktiv zu durchbrechen. Die unmittelbare Zusammenarbeit der beiden, ihre gemeinsam verfaßten Stücke, sind in dieser Freundschaft nicht das Entscheidende. Für Brecht war Feuchtwanger das Sprungbrett zum Erfolg, ein neidloser Mentor, und für Feuchtwanger war Brecht eins der Sprungbretter, die ihn zur Höhe des Romans *Erfolg* katapultieren sollten. Die Diskussion, in welcher Weise die Literatur sich gesellschaftskritisch, »eingreifend« zu äußern habe und inwieweit dazu marxistische Theoreme anwendbar seien, die in *Erfolg* ja geführt wird, ist sicherlich von Brecht angefeuert worden. Ich vermute aber, daß Brechts immanenter Anteil an *Erfolg* viel stärker literaturtechnisch als ideologisch ist: Die Lust am »Basteln«, am Erproben neuer Formen, an der Montage. Die Entwicklung nach links, hin zu einem organisierten Kommunismus, wird für Feuchtwanger erst während der 30er Jahre zu einem wirklichen Problem. In den 20er Jahren glaubt er an die Demokratie und steht in kritischer Solidarität zum Parlamentarismus. Er wäre heute wahrscheinlich grundsätzlich mit dem politischen System Bundesrepublik einverstanden bzw. mit dem der »westlichen Demokratie«; einverstanden auf eine skeptische Art und Weise, in der auch ein Heinrich Böll einverstanden war. Überhaupt hat Feuchtwanger in seiner Integrationskraft, in seiner kritischen Solidarität zur Demokratie, in

seiner Vermittlerrolle, manche Ähnlichkeit mit Böll – nicht zuletzt auch darin, daß es beiden um politische Botschaften ging,
die sie literarisch präsentierten.

Seitdem er Brecht kennt, experimentiert Feuchtwanger. *Die
Petroleuminseln* verbinden das klassische Drama mit Musical-Ele-
menten, und die *Pep*-Gedichte sind, obwohl eher »mit der linken Hand« geschrieben, eins der Bücher, in denen Feuchtwanger eine wirklich eigene Handschrift erkennen läßt. Mit dem
Jud Süß erschließt er sich den Roman, dieser Erstling gehört zu
seinen wirklich guten Leistungen. Die leicht manierierten Ex-
pressionismen, in denen Döblins Einfluß sichtbar wird, sind der
Versuch, das Dargestellte mit der Darstellung kurzzuschließen;
ein Versuch, der dann aber schon im Nachfolger, der Auftragsar-
beit *Die häßliche Herzogin*, wieder zurückgenommen wird. Neben
der Freundschaft mit Brecht und der demokratischen Orientie-
rung innerhalb der Republik war der ungeheure Erfolg des *Jud
Süß*, der Feuchtwanger über Nacht Weltruhm einbrachte, das
dritte Moment, das ihm *Erfolg* ermöglichte. Denn mit dem *Jud
Süß* hatte er sich nicht nur epische Techniken angeeignet, sondern seine wirtschaftliche Situation war nun so stabil, daß er es
sich leisten konnte, den Roman drei Jahre lang ausreifen zu lassen. Es muß betont werden, daß *Erfolg* zwischen 1926 und 1929
unter materiell wie geistig extrem günstigen Bedingungen entstand – Bedingungen, wie sie Feuchtwanger zuvor nicht vorge-
funden hatte und wie er sie später nie wieder vorfinden sollte:
Als Autor war er »gemacht«, und die (scheinbare) Stabilität der
politischen Verhältnisse jener Jahre sowie die anregende Atmosphäre des urbanen Berlins taten das ihrige, um Feuchtwanger
das Werk schreiben zu lassen, dessen Niveau er vorher und nach-
her nie wieder erreichen konnte.

Vor 1933 schrieb und veröffentlichte er zwar noch den ersten
Teil der *Josephus*-Trilogie, die er dann, allen Widrigkeiten des

Exils zum Trotz, Anfang der 40er Jahre abschloß. Doch der ambitionierte Plan dieser drei Romane wird bereits durchlöchert von dem, wozu ihn das Exil immer wieder zwingt: zu unbedachten und unfertigen Produktionen. Unfertig *Die Geschwister Oppermann* wie *Die Brüder Lautensack*, unbedacht bis zur Selbstverleugnung der Reisebericht *Moskau 1937*. Daß Feuchtwanger sich zur Sowjetunion als Gegenkraft wider den Nationalsozialismus bekannte, ist einsehbar, notwendig und konsequent; daß er ein rosarotes Bild dieses Landes malte, das mit der Wirklichkeit wenig gemein hatte, ist verständlich, bringt man in Anschlag, daß sein Bericht ein gezieltes Dementi der Ansichten André Gides sein sollte (zudem hatte Feuchtwanger in der UdSSR einen seiner wichtigsten Märkte, und mit diesen Lizenznehmern, deren Abrechnungen oft zu Feuchtwangers Ungunsten ausfielen, gleichwohl sehr einträglich waren, wollte er es sich verständlicherweise nicht verderben); sein hymnischer Kotau vor Stalin freilich, der in dem Bericht zu einer Art Heiland des Kommunismus verklärt wird, gekommen, die Welt zu erlösen, erreicht bereits die Schmerzgrenze; überschritten wird diese dann in Feuchtwangers mehr als windiger Apologie der Trotzkistenprozesse: Man muß sich vor Augen halten, daß Feuchtwanger in der berühmten, weil später inkriminierten Passage aus *Erfolg*, in der er den historischen Materialismus kritisiert, Trotzki mit guten Gründen zum fähigsten Kopf des Marxismus erklärt. Und nun diese, man muß schon sagen: gnadenlose Distanzierung, hinter der zugleich eine erschreckend naive Distanzlosigkeit Stalin gegenüber – seiner Person und seiner Politik – zum Vorschein kommt. Zum Schluß seines Berichts zitiert Feuchtwanger, einen mehr als generösen Schlußstrich unter all die Ungereimtheiten ziehend, Goethe: »Ein Bedeutendes weiß uns immer für sich einzunehmen, und wenn wir seine Vorzüge anerkennen, so lassen wir das, was wir an ihm problematisch finden, auf sich beruhen.« Angesichts rollender Köpfe ist die Art und Weise, in der Feuchtwanger dies Zitat in Funktion setzt, hochgradig abgeschmackt. Zum Glück hat er sich nie wieder in dieser platten Eindeutigkeit zum Stalinismus geäußert; die Zeitläufe ließen das auch kaum mehr zu. *Moskau 1937* ist ein tiefer, aber einmaliger Absturz, für den sein Autor schwer hat büßen müssen. Das Etikett »Stalinist« haftete ihm seither an und wurde ihm immer aufs neue angeheftet, eine bequeme Strategie, sich die Unbequemlichkeiten dieses Autors vom Leib zu halten. Literarisch ist das Moskau-Buch wertlos; es macht aber das politische Identifikationspotential, das Feuchtwanger heute noch bietet, nicht eben unkomplizierter. Auf unsere Gegenwart sind seine politischen Strategien sowieso nicht mehr unmittelbar anwendbar; und auch seine Fortschrittsgläubigkeit bedürfte heute einiger Korrektur: Feuchtwangers Aufklärung arbeitet dualistisch, nicht dialektisch.

Der Moskaureise folgt der *Exil*-Roman, in dessen Hoffnungsperspektive, festgemacht an der Entwicklung Hans Trautweins, sich noch deutlich Illusionen eingenistet haben, die auf das Moskau-Buch zurückgehen. Es folgt die Internierung in Frankreich, die abenteuerliche Flucht in die USA und der noch in New York verfaßte Erlebnisbericht *Unholdes Frankreich*, der 1954 in der DDR unter dem Titel *Der Teufel in Frankreich* erschien. Warum Feuchtwanger den Titel änderte, ist unbekannt; ich halte es aber nicht für ausgeschlossen, daß er damit auf Friedrich Sieburgs Buch *Gott in Frankreich* anspielen wollte, hatte Sieburg doch in wichtigen Zügen (unfreiwillig) Modell für die Figur des Erich Wiesener in *Exil* gestanden. Wenn *Moskau 1937* der Tiefpunkt jener Texte ist, in denen sich Feuchtwanger autobiographisch äußerte, dann ist *Der Teufel in Frankreich* deren Höhepunkt. Der Bericht ist biographisch schon deshalb interessant, weil Feuchtwanger mit autobiographischen Äußerungen zurückhaltend war. Wie ihn in der Geschichte »das Feuer und nicht die Asche« interessierte, interessierte ihn an sich selbst weniger »der Friedhof meiner Vergangenheit« als vielmehr die produktive Bewältigung seiner Gegenwart. *Der Teufel in Frankreich* zeigt nun sehr anschaulich, wie der historisch-distanzierende Blick, den der Romancier Feuchtwanger auf seine Stoffe warf, sich auch für den Privatmann Feuchtwanger lebenspraktisch bewährte. Vielleicht überlebte er, trotz seiner physisch schwachen Konstitution, die grauenhaften Monate in Les Milles nur deshalb, weil er zu solchen Distanzierungen fähig war, die dem Bericht übrigens einen eigentümlich objektivierenden Klang geben. In den Romanen führt diese Distanziertheit häufig zu dem, was ich oben als mangelnde Erotik des Textes bezeichnet habe; im autobiographischen Bericht führt sie Feuchtwanger zu einer sympathisch-unegozentrischen Perspektive. Man wünschte sich, daß er diese Distanz auch im Moskau-Buch aufgebracht hätte ...

Nachdem Feuchtwanger in Pacific Palisades zu einer, für Exilverhältnisse vergleichsweise stabilen, äußeren Ruhe gekommen ist, beginnt jene Schaffensperiode, von der ich oben sagte, sie habe sich auf einem sehr soliden, gleichwohl recht langweiligen Niveau eingependelt. Innerhalb seines umfangreichen Alterswerks macht Feuchtwanger im Grunde keine bemerkenswerten literarischen Entwicklungen mehr. Unter den späten Romanen halte ich *Goya* für den gelungensten: Man merkt dem Buch an, daß sein Autor sich jahrzehntelang mit dem Gegenstand beschäftigte; der Stoff hat den Autor gewissermaßen durchdrungen und wird nicht, wie sonst bei Feuchtwanger häufig, als gut recherchierte Materialmasse in Handlung gepfercht. Dagegen wirken *Narrenweisheit, Die Füchse im Weinberg/Waffen für Amerika* oder *Die Jüdin von Toledo*, als schiebe ihr Autor immer nur neue, ziemlich »altmeisterlich« ausgemalte Kulissen aus dem Fundus der Weltgeschichte durch ein gleichbleibendes Raster von Geschichtsphilosophie, bevölkert von bis zum Klischee typisierten Trägern sich widersprechender Ansichten.

Diese Romane sind nicht lebendig. Es sind nun allerdings auch keine Professorenromane wie *Ein Kampf um Rom*, doch Feuchtwangers Zugriff auf große und größte Stoffe, aufs Ganze des Welttheaters, schadet diesen Romanen mehr, als er ihnen nützt. Weniger wäre hier vielleicht mehr gewesen. Zwar weiß Feuchtwanger immer besser mit einem großen Figurenarsenal umzugehen, zwar hören wir aus den Münden der agierenden Personen immer wieder die Botschaft von Humanität, Vernunft und Demokratie – doch will sich bei Lektüre dieser papierenen Appelle nur schwerlich der Glaube einstellen, daß hier Erfahrung als gelebtes Leben zu uns spricht. Seltsam: An Erfahrungen war Feuchtwanger nun doch weiß Gott nicht arm! Er hat behauptet, das Exil sei trotz aller Widrigkeiten für den Schriftsteller ein produktiver Zustand; auch die Konfrontation mit einem fremden Sprachkontext sei fruchtbar – bloßes Wunschdenken, Pfeifen im dunklen Keller. Mal angenommen, man stieße im Fragebogen einer in Frankfurt erscheinenden Tageszeitung für Deutschland auf die Frage, welchen Lieblingshelden/heldin man in der Literatur habe? Würde man eine Figur aus Feuchtwangers Werken nennen? Gewiß, es wimmelt dort von sympathischen Menschen und von prachtvoll unsympathischen, die man mag, weil sie gut getroffen sind – aber ans Herz gewachsen ist mir keiner, nicht der geistreiche Schwadroneur Tüverlin, nicht der zwielichtige Kollaborateur Wiesener und schon gar nicht ein Mitglied der Familie Oppermann, die einem Wachsfigurenkabinett entsprungen zu sein scheinen. Feuchtwangers Figuren sind oft lediglich Sprachrohre, Träger von Haltungen, Meinungen, weltanschaulichen Positionen – Puppen. Es fehlt ihnen etwas, was sich schwer beschreiben läßt. Und vielleicht fehlt es ihnen, *weil* es sich so schwer beschreiben läßt.

Für seinen letzten Roman *Jefta und seine Tochter* habe ich nun aber wieder eine Schwäche. Nicht, daß ich ihn für sensationell gut hielte, aber Feuchtwanger hat hier die Routineschiene, auf der er sich durch die letzten 15 Jahre seines Lebens schrieb, verlassen. War das sprachliche Experiment des *Jud Süß* sein milder Expressionismus, so ist das sprachliche Experiment des letzten Werks der Versuch, bestimmte alttestamentarische Diktionen mit zeitgenössischer Sprache zusammenzuschließen. Der Roman wirkt nicht geschlossen, doch resultiert seine Gebrochenheit aus einer späten Lust zum Risiko, einer Lust, die seit *Erfolg* aus Feuchtwangers Schaffen immer weiter geschwunden war.

Das Bedeutende an Feuchtwanger weiß noch immer, mich für ihn einzunehmen. Ich glaube daher, daß wir seine Vorzüge nur anerkennen können, wenn wir das, was wir an ihm problematisch finden, auch problematisch nennen und nicht auf sich beruhen lassen. Es bringt uns nicht weiter, die großen Stärken des kleinen Meisters pflichtschuldig zu beklatschen. Zu einem gerechten und differenzierten Bild von Feuchtwanger gehört auch ein Blick auf seine Schwächen; sein Werk hält diesen Blick leicht aus. Die Schwächen dieses Werks lassen sich als vernarbte Wunden lesen, die ein mörderisches Zeitalter diesem Werk geschlagen hat.

Ein Weltbürger aus Osnabrück

Über Erich Maria Remarque

I.

»Ich dachte immer, jeder Mensch sei gegen den Krieg, bis ich herausfand, daß es welche gibt, die dafür sind, besonders die, die nicht hineingehen müssen.« Diese ebenso schlichte wie unwiderlegbare Einsicht hat er in seinen zwischen gesellschaftskritischer Analyse und mondäner Kolportage schwankenden Werken beständig wiederholt: Erich Maria Remarque, einer der erfolgreichsten deutschsprachigen Schriftsteller aller Zeiten.

Mit dem Sensationserfolg des Anti-Kriegsromans *Im Westen nichts Neues* quasi über Nacht in den Weltruhm gestolpert, schrieb er als extrem gutbezahlte Auftragsarbeiten für eine amerikanische Illustrierte sechs Erzählungen: Bislang nie in Deutschland erschienen, kommen diese Prosastudien unter dem Titel *Der Feind* aus dem Dunkel von Remarques Nachlaß jetzt endlich ans Licht.

Wer den Autor nicht kennt oder ihn wiederentdecken will, bekommt hier wie in einem Brennglas alle Stärken und Schwächen Remarques geliefert: Ein in den Materialschlachten des Ersten Weltkriegs geborener, radikaler Pazifismus, literarisch aufbereitet in der auch für seine Romane typischen Mischung aus journalistischem Scharfblick und einer effektvollen, tief ins Sentimentale reichenden, gelegentlich den Kitsch streifenden Erzählhaltung. Thema dieser lakonischen und eben deshalb merkwürdig anrührenden Geschichten sind Erinnerungen ehemaliger Kriegsteilnehmer, Konfrontationen mit dem Grauen der Schlachtfelder, über die das Gras zu wachsen beginnt, individuelle Versuche, das kollektive Trauma des Ersten Weltkriegs zu verarbeiten.

Remarques Gesinnung war tadellos, seine Werke wurden fast alle zu Bestsellern; seine literarische Reputation blieb freilich bis heute umstritten. »Irgend etwas fehlt mir an seinem gesicht, wahrscheinlich ein monokel«, ätzte Bertolt Brecht 1941 im kalifornischen Exil. Im Berlin der »Goldenen Zwanziger Jahre« hatte sich Erich Paul Remark noch eins ins Auge gezwängt, seinen Namen in Erich Maria Remarque veredelt und mit unrechtmäßig getragenen Weltkriegsorden, gekauftem Adelstitel, Melone, Schirm und dandyhaftem Charme, dem schöne Frauen reihenweise erlagen, in der Rolle eines Bohemiens von Welt posiert.

Die Neigung zu solch harmlosen Hochstapeleien waren wohl Versuche, seine kleinbürgerliche Herkunft zu kaschieren: 1898 als Sohn eines Buchbinders in der provinziellen Stickigkeit Osnabrücks geboren, bezieht er nach Absolvierung der Volksschule ein katholisches Lehrerseminar, um selbst Lehrer zu werden, wird aber Ende 1916, erst 18jährig, eingezogen. In den Grabenschlachten der Westfront leistet sein Bataillon Schanzdienst; Remarque wird durch Granatsplitter verwundet und erlebt das Ende des Kriegs in Lazaretten. Wieder in Osnabrück legt er sein Examen ab und wird widerstrebend, weil inzwischen von literarischen Ambitionen umgetrieben, Aushilfslehrer in Dörfern der Umgebung.

1920 publiziert er sein erstes Buch, den romantisierenden Künstlerroman *Die Traumbude*, ein ebenso wirres wie zeittypisches Gebräu aus Lebensphilosophie, Dekadenzattitüde und verspätetem Jugendstil. Da er sich inzwischen als Künstler und Bürgerschreck versteht, der sich in Osnabrück unter anderem dadurch unbeliebt macht, daß er seinen Hund Noske tauft

und ihn auf offener Straße mit »Noske, du Hund!« herumkom-
mandiert, überläßt er seine Dorfschüler lieber pädagogisch mo-
tivierteren Kollegen und schlägt sich mit Gelegenheitsjobs
durch: Kaufmännischer Angestellter, Buchhalter, Grabsteinver-
käufer, Klavierlehrer, Organist und Theaterkritiker für Osna-
brücker Zeitungen.

1922 verläßt er Osnabrück und wird Werbetexter und Re-
dakteur der Hauszeitschrift der Continental-Gummiwerke in
Hannover. Der Autonarr Remarque stellt nun seine dichterische
Energie voll in den Dienst des Reifenabsatzes und wird laut
Selbstaussage zu einer »Autorität in Gummi«, indem er etwa
reimt:

> Die Reservereifen sausen
> Lassohaft mit grausem Brausen,
> Fritz und Franz zur höchsten Lust,
> Andern Leuten um die Brust. (...)
> Dieses wird kein Unglück geben,
> Kostet auch kein Menschenleben,
> Denn die beiden Knaben dort
> Fahren ja auf **Conticord**.

Mit dieser Tätigkeit, erinnerte Remarque sich in den 50er Jahren, »lernte ich das Redaktionshandwerk. Außerdem brachte
es Geld, nahm mir meinen Dichterfimmel und schadete niemand.«

Zugleich publiziert er in Zeitungen und Zeitschriften Artikel,
Glossen und aparte Traktate wie *Leitfaden der Decadence* (»Ver-
nunft ist mißratener Instinkt, der Instinkt geht immer richtig«)
oder »Über das Mixen kostbarer Schnäpse«, bis ihm 1925 der
Sprung nach Berlin gelingt, wo er als Redakteur der Gazette
Sport im Bild schnell zum Autofachmann dieses »Blatts für die

gute Gesellschaft« avanciert. Auch sein »Dichterfimmel« regt sich wieder, und er beglückt die Leserschaft von *Sport im Bild* mit dem Fortsetzungsroman *Station am Horizont*, einer trivialen Schmonzette voll vornehmer Autokühler und schöner Frauen – beziehungsweise umgekehrt.

Eine »schmale, sehr schöne, dekorativ wirkende Dame«, die ehemalige Tänzerin Ilse Zambona, wird vom inzwischen monokel-bewehrten Remarque erfolgreich umworben und geheiratet. Er ließ sich 1930 von ihr scheiden, heiratete sie aber 1938 pro forma erneut, um ihr, übrigens erfolglos, die Einwanderung aus Mexiko in die USA zu ermöglichen. Noch in Berlin soll sich Remarque gelegentlich von Gesellschaften mit der Andeutung zurückgezogen haben: »Ich hab da noch was Angefangenes liegen, kümmert euch doch mal um meine Frau.«

Das »Angefangene« ist nichts Geringeres als die Bleistiftniederschrift des Weltkrieg-Romans *Im Westen nichts Neues*, der sich mit einer Gesamtauflage weltweit von inzwischen über 25 Millionen Exemplaren zum größten Erfolg eines Romans im europäischen Raum entwickeln sollte.

Im August 1928 nimmt Ullsteins Propyläen-Verlag das Manuskript an und bereitet den sensationellen Erfolg des Buchs mit einer beispiellosen Medien-Kampagne vor. *Im Westen nichts Neues* erscheint zunächst mit großer Resonanz als Vorabdruck in der *Vossischen Zeitung*. Im Monat vor Erscheinen des Buchs (am 31. Januar 1929) klebt dann an allen Litfaßsäulen jede Woche an gleicher Stelle ein neues Plakat:

1. Woche: »Er kommt!« 2. Woche: »Der große Kriegsroman« 3. Woche »Im Westen nichts Neues« 4. Woche: »Von Erich Maria Remarque«.

Innerhalb von sechs Monaten erreicht der Roman eine Auflage von einer halben Million, im Sommer 1930 die erste Million. Ullstein verkauft die Filmrechte an die Universal Pictures, die noch im selben Jahr unter der Regie Lewis Milestones den gleichnamigen Film herausbringen. Remarque erhält allein für die Filmrechte die für damalige Verhältnisse astronomische Summe von 100 000 Dollar.

Freilich erklärt das geschickte Marketing des Verlags den durchschlagenden Erfolg nicht allein. Aus Anlaß des 500. Tausends plaziert Ullstein Zeitungsanzeigen, in denen es heißt, dieser Erfolg, »den noch nie ein deutsches Buch zu verzeichnen hatte«, sei nur so erklärbar: »Daß die Wahrhaftigkeit des Werkes uns alle unser größtes Erlebnis noch einmal erleben ließ . . .« *Unser größtes Erlebnis* – in dieser Formulierung liegt in der Tat der Schlüssel zum Erfolg des Buchs, aber auch zu seinem schriftstellerischen Rezept.

»Dieses Buch«, heißt es in der Vorbemerkung des Autors, »soll weder Anklage noch ein Bekenntnis sein. Es soll nur den Versuch machen, über eine Generation zu berichten, die vom Kriege zerstört wurde – auch wenn sie seinen Granaten entkam.« Aber es erzählt vor allem vom typischen, in der Erinnerung anekdotenhaft verklärten, zum Genrebild zusammengeschnurrten Kriegserlebnis des einfachen Soldaten. Im Gegensatz zu den schneidig-heroischen, von der »Dolchstoßlegende« umflorten Kriegserinnerungen des Offizierskorps schildert Remarque nämlich das traumatische Kollektiverlebnis des Ersten Weltkriegs als den Krieg des kleinen Mannes.

Im Westen nichts Neues ästhetisiert das Grauen der Materialschlachten durchaus nicht, aber hält sich auch von jeder Schuldzuweisung fern: »Das Buch«, sagte Remarque lapidar und treffend, »ist unpolitisch«; vor allem aber zeigt es mit einer gewissermaßen kleinbürgerlich-pedantischen Sachlichkeit, wie mitten in der europäischen Selbstzerfleischung deutsche Sentimentalität und Idyllen-Sehnsucht blühten, eine fast gemütliche Langeweile und pfadfinderhafte Kumpanei im Angesicht des millionenfachen Sterbens: Da wird Skat gekloppt und der Küchenbulle übertölpelt, da brutzelt man sich trotz feindlichen Feuers Kartoffelpuffer wie bei Muttern, besucht offizielle und inoffizielle Puffs und wehrt sich sogar erfolgreich gegen den wahren Feind des deutschen Soldaten, den schikanösen Schleifer. Insofern ist der Roman tatsächlich »wahrhaftig«, und eben deshalb bot er sich als Wiedererkennungsmedium für Millionen an, die dabeigewesen waren.

2.

»Ich habe den Krieg für eine literarische Arbeit gebraucht«, bekannte Remarque später freimütig und übersiedelt 1932 in die Schweiz, wo er in Porto Ronco bei Ascona die luxuriöse Villa des Malers Böcklin erwarb. Dort widmet er sich weiter seinen Leidenschaften, schönen Frauen, Alkohol und Antiquitäten, und schreibt in bedächtiger Folge weitere Erfolgsromane, *Der Weg zurück* (1931), *Drei Kameraden* (1936), die aber, wie seine späteren Werke auch, nie mehr die exorbitante Auflagen-Dimension von *Im Westen nichts Neues* erreichen.

Remarque führt nun tatsächlich das mondäne Leben, das er zuvor nur simuliert hat. Robert Neumann spricht in seiner Autobiographie *Ein leichtes Leben* treffend von Remarques »filmstarähnlicher Glanzexistenz am Rand der Literatur, von der nicht hinlänglich ernst genommen worden zu sein er durch lange Zeit schwer verschmerzen konnte – so sehr er versucht sein mochte, das als ein Komplott des Ressentiments zu deuten: man neide ihm einfach seinen Aufstieg. In Wirklichkeit hatte die Lawine seines ersten Erfolges ihm die literarische Laufbahn verschüttet. Da war immer wieder ein solider realistischer Hintergrund, aber immer wieder wurde diese Leistung kompromittiert durch Knalleffekte, die gar nicht für den Roman, die schon fürs Kintopp geschrieben waren – ein Verlust an literarischer Integrität, der um so kurioser war, als Remarques persönliche Integrität und Redlichkeit von all dem unberührt blieben.«

Remarques Feindschaft gegen den Nazismus war die eines pazifistisch und demokratisch gesinnten Individualisten gegen Terror und Massenhysterie; vergeblich schickt Goebbels Emissäre in die Schweiz, die den ebenso weltberühmten wie »rassisch« einwandfreien Autor »heim ins Reich« komplimentieren sollen. Gleichwohl läßt sich Remarque auf keinen Ismus festnageln, tritt keiner Partei bei und hält äußerste Distanz zur Sowjetunion Stalins, auch als diese als Kriegsgegner Hitlers anderen Autoren des deutschen Exils willkommen wird.

Mitte der 30er Jahre lernt Remarque in Venedig Marlene Dietrich kennen und verliebt sich in sie; es bleibt zu seinem Kummer eine recht einseitige Leidenschaft, doch als Remarque 1938 aus dem Deutschen Reich ausgebürgert wird, folgt er der Dietrich 1939 in die USA, wo er sich zuerst in Los Angeles niederläßt und zu einer gern gesehenen Größe der Hollywood-Schickeria wird.

Die literarische Elite Deutschlands um Thomas Mann und Bertolt Brecht hält vornehme Distanz zu ihm; seine Erfolgsschriftstellerei erscheint allzu trivial – und skandalös erfolgreich. Zu Lion Feuchtwanger ergibt sich immerhin eine distanzierte Freundschaft; beide sind sich, trotz politischer Divergenzen, darin ähnlich, ihre aufklärerischen Romane mit beträchtlichen Mengen effektvoller Kolportage international erfolgreich und verfilmbar zu machen. Mit den Emigranten-Epen *Arc de Triomphe* und *Die Nacht von Lissabon* gelingen Remarque nach dem Zweiten Weltkrieg dann auch in der Tat noch Welterfolge.

Als sich Marlene Dietrich 1943 endgültig von ihm trennt,

tröstet Remarque sich mit wechselnden Favoritinnen, bis er 1958 Paulette Goddard heiratet, Charlie Chaplins Ex-Gattin. Remarque ist inzwischen in die Schweiz zurückgekehrt und wohnt bis zu seinem Tod 1970 alternierend in Porto Ronco und in einer Mietwohnung in New York, schließlich, als sein Gesundheitszustand sich verschlechtert, auch in Rom.

Der Erfolg bleibt ihm auch in der Bundesrepublik treu, obwohl er neben einem hemmungslos mißglückten Kolportageroman wie *Der Himmel kennt keine Günstlinge* (draufgängerischer Autorennfahrer liebt Schwindsüchtige), der 1959 in Fortsetzungen in der Illustrierten *Kristall* erscheint, heikle Themen aufgreift, die für das Publikum Nachkriegsdeutschlands alles andere als bequem sind: *Der Funke Leben* (1952) wagt sich an die Beschreibung eines KZS, *Der schwarze Obelisk* (1956) ist eine bitterböse Chronik seiner Heimatstadt Osnabrück in den 20er Jahren, *Zeit zu leben und Zeit zu sterben* (1954) hat die Schrecken der Ostfront und die Trümmerwüsten deutscher Städte zum Thema – Bücher gegen das Verdrängen und Vergessen.

3.

Doch Remarques Werke blieben »Halbtriumphe der Literatur«, auch wenn ihre Gesinnung über jeden Zweifel erhaben war. Vergleichbar den Romanen eines Johannes Mario Simmel gelten die Werke des, laut Selbsteinschätzung, »Direktschreibers« (im Gegensatz zum »Umgehungsschreiber« Thomas Mann) immer noch als allzu gut gemeinte Aufklärung in Kolportageform. Die Literaturwissenschaft hat lange Zeit auf Abstand gehalten, und selbst das Deutsche Literaturarchiv in Marbach lehnte dankend und dünkelhaft ab, als Paulette Goddard Remarques Nachlaß nach seinem Tod *schenken* wollte. Das umfangreiche Material gelangte so an die New York University, wo es heute noch mehr oder minder unbetreut lagert.

Hier Abhilfe zu schaffen ist unter anderem Aufgabe und Ehrgeiz des Remarque-Archivs in Osnabrück. Dessen Leiter, Tilman Westphalen, bezeichnenderweise kein Germanist, sondern gelernter Anglist, kümmert sich nicht nur darum, daß Remarques Romane wieder als Neuausgaben erscheinen können; vielmehr plant er unter Mitarbeit von Thomas Schneider eine auf 16 Bände konzipierte, kommentierte Gesamtausgabe. Möglicherweise wird dann ein anderer Remarque zu entdecken sein, nicht nur der süffige Erfolgsautor, sondern auch der politische Publizist und vor allem ein Zeitzeuge ersten Ranges.

Eine Vorahnung liefern die Nachkriegs-Prosastücke Remarques. Es handelt sich um zwischen Erzählung und Reportage changierende Skizzen, die Remarque für die amerikanische Illustrierte *Collier's* schrieb, wo sie 1930 und 1931 erstmals abgedruckt wurden. Diese völlig in Vergessenheit geratenen Erzählungen, deren Manuskripte verschollen sind, mußten aus der englischen Übersetzung ins Deutsche zurückübertragen werden. Sie bieten, so Herausgeber Thomas Schneider, »eine bedeutende Ergänzung zur bekannten und vieldiskutierten Schilderung des Ersten Weltkriegs und seiner Folgen« in den Romanen *Im Westen nichts Neues* und *Der Weg zurück*, mit denen sie »ein Panorama des Scheiterns an der Nachkriegsgesellschaft« bilden.

Die eigentlichen Knüller aber lagern noch in den Tiefen des Nachlasses: Der Briefwechsel zwischen Remarque und Marlene Dietrich sowie der mit seiner Frau Paulette Goddard.

Buchten aus Hirnrinde

Rausch und literarische Produktion
bei Ernst Jünger

I.

Mystische Erfahrung und die profanen Erleuchtungen des Rausches lassen sich, mit einer Wendung des tschechischen Philosophen Karel Kosik, als Ungeduld des Menschen beim Erkennen
der Wahrheit bezeichnen. Allerdings bliebe Wahrheit ohne neu-
gierig-ungeduldige Vorausblicke abstrakt, ein reiner Begriff; und
niemand brächte, bloß immer strebend bemüht, die Geduld auf,
etwas zu erfahren und für sich zu realisieren, von dem er keine
Vorstellung hat. In diesem Sinn sprach Ernst Bloch vom Vor-
schein-Charakter des halluzinatorischen Rauschs, Ernst Jünger
von dessen »Vor-Spiegelungen: Hinweise auf einen Reichtum,
der unerschöpflich ist«. Daß hier auch Gefahren lauern, wußte
Jünger sehr genau, sprach er doch aus profunder Erfahrung. Weil
diesen geistigen Abenteurer lebenslang die Gefahr faszinierte,
interessierten ihn auch die wogigen Regionen des Rausches und
der Halluzination. Deren Vorspiegelungen, schrieb er, deuten
nicht nur auf unerschöpflichen Reichtum hin, sondern zugleich
»auf etwas Schweres, das sich buchtet oder vorwölbt – das dunkle Tal, die Grenzmauer, das Große Barriere-Riff«.

Die Nüchternheit des normalen Wachbewußtseins als Zustand
alltäglicher Erfahrung zeigt nur den fürs Überleben notwendigen
Aspekt unseres weit tieferen Erfahrungs- und Bewußtseinspo-
tentials. Was uns unter der Oberfläche des zur Wirklichkeit er-

klärten Normalzustands erwarten kann, läßt sich ahnen, wenn bei unscheinbaren Anlässen wie einem Spaziergang oder bei intensiver Lektüre ein Gefühl in uns Raum greift, das mit dem Begriff des Außer-sich-Seins nur annähernd zu fassen ist. Denn in solchen ver-rückten Momenten sind wir zugleich intensiv in uns, bei uns. Dies milde Rauschgefühl kommt ungerufen. Es läßt sich mit Lichtenbergs Worten als »Zustand sanfter Empfindlichkeit« beschreiben, »in welchem jedem äußeren Eindruck neue, unaussprechliche Gedanken korrespondieren«.

Freilich wurden Rauscherfahrungen schon immer auch willentlich provoziert, durch kultische Verhaltensweisen wie Meditation und Tanz, aber auch durch die Intoxikation des Normalbewußtseins mit Drogen, wobei der Begriff »Droge« hier im weitesten Sinn gefaßt wird und insbesondere auch Alkohol mit einschließt. Daß die vormals kultische Funktion des Rausches heute gemeinhin zum Psycho-Kino heruntergekommen ist, daß die Kunst des Zechens zu besinnungslosen Ballermann-Besäufnissen verkommen ist, daß bestimmte Drogen wie psychisches Konfekt konsumiert werden, daß manche Leute zur »Erweiterung ihres Bewußtseins« willig sind, »bewußtseinserweiternde Drogen« bis zur totalen Bewußtlosigkeit zu schlucken, daß schließlich und endlich viele Drogen erhebliche Gesundheitsprobleme verursachen – all dies ändert nichts an der Tatsache, daß der Rausch ein menschliches Grundbedürfnis ist.

Max Horkheimer und Theodor W. Adorno haben in ihrer *Dialektik der Aufklärung* darauf hingewiesen, der Rausch sei »eine der ältesten gesellschaftlichen Veranstaltungen, die zwischen Selbsterhaltung und -vernichtung vermitteln, ein Versuch des Selbst, sich selbst zu überleben«. Ernst Jünger faßt den gleichen Gedanken mit der Bemerkung, der Rausch sei »eine symbolische Begehung der Todesbahn«. »Die Angst«, so Horkheimer/ Adorno weiter, »das Selbst zu verlieren und mit dem Selbst die Grenze zwischen sich und anderem Leben aufzuheben ... ist einem Glücksversprechen verschwistert, von dem in jedem Augenblick die Zivilisation bedroht war.«

So ist es dann auch nur konsequent, wenn unsere durchrationalisierte Zivilisation den Erfahrungs- und Erkenntniswert des Rausches ins pathologische und kriminelle Abseits drängt, wo Idioten und Künstlern dann mehr oder weniger fest eingezäunte Spielwiesen gestattet sind. Wenn, wie bei uns, das Leben sehr dürftig geworden ist, wenn Erfahrungsarmut zum Grundübel einer ganzen Gesellschaft wurde, dann bleibt der Rausch eine der letzten Möglichkeiten, über die verordnete Wirklichkeit hinauszuschauen: »Endogene Bilder sind«, laut Gottfried Benn, »die letzte uns gebliebene Erfahrbarkeit des Glücks.« Eine Gesellschaft, in der Traum, Rausch und künstlerische Arbeit unter permanentem Verdacht stehen, eben diese Gesellschaft zu destabilisieren, versucht ihrerseits, das Bedürfnis trivial zu kanalisieren (Konsumrausch, Fußball, TV), wenn sie es nicht sogar politisch mißbraucht – wie es die rauschhaften Züge am Faschismus schauerlich vorgeführt haben. Das Abenteuer eines entgrenzten Bewußtseins soll jedenfalls unter Kontrolle gehalten werden: Das Betäubungsmittelgesetz spricht in dieser Sache unfreiwillig Bände, stellt es doch auch die Verbreitung entsprechender Literatur unter Strafe. Würde dieser Index konsequent angewendet, fielen ihm beträchtliche Mengen Weltliteratur zum Opfer, darunter ein nicht unerheblicher Teil des Werks Ernst Jüngers.

2.

Das deutsche, übrigens kaum übersetzbare Wort »Rausch« (Jüngers Buch *Annäherungen. Drogen und Rausch* heißt auf englisch *Drugs and Ecstasy*) deckt einen Erfahrungsraum und einen

Wahrnehmungsmodus ab, der vom harmlosen Schwips bis zur Sucht, vom Verliebtsein bis zur sinnlichen Raserei, vom profanen »Kiffen« bis zur religiös-mystischen Ekstase, von der Begeisterung bis zum Amoklauf, von der sinnlichen Naturerfahrung bis zum pathologischen Zusammenbruch reicht. In seinem *Ersten Pariser Tagebuch / Strahlungen I* notierte Ernst Jünger: »Habe ich alle Meere des Rausches befahren, auf allen seinen Inseln gerastet, in all seinen Buchten, Archipelen und Zauberstädten geweilt, dann ist mir der große Kreis gelungen, die Reise um die Erde in tausend Nächten – ich habe mich einmal um den Äquator meines Bewußtseins bewegt. Das ist die große Tour, der Ausflug in den geistigen Kosmos, auf dem schon unzählige Abenteurer verschollen sind.«

Jünger, der den Rausch als Schlüssel zu Erfahrungswelten, die übers Individuelle, Empirische, vor allem auch Historische hinausgehen, sein Leben lang in verschiedenen Formen provoziert hat, publizierte 1970 mit dem Groß-Essay *Annäherungen. Drogen und Rausch* eine Art Atlas dieser großen Tour. Das Werk, eine Kombination aus Essay, erzählenden Passagen und autobiographischen Erinnerungen, knüpft in seiner literarischen Konstruktionsmethode an die beiden Fassungen von *Das abenteuerliche Herz* sowie an *Subtile Jagden* an. Man kann dies Verfahren mit dem eines Geologen vergleichen, der aus einer gigantischen, unübersichtlichen Geröllhalde Gesteinsproben entnimmt, um an ihren Rissen, Brüchen und Spalten den verlorenen Zusammenhang des Ganzen zu rekonstruieren. Stück für Stück betrachtet der Autor seine Funde, beschreibt, interpretiert, rückt ein anderes Stück ins Zentrum, verändert die Belichtungen, verschiebt die Perspektiven, baut aus den Einzelteilen eine neue Konstellation. So entsteht eine mehrfach gebrochene Vielperspektivität, die sich im geschmeidigen Wechsel unterschiedlicher Textsorten ausdrückt.

Rauscherfahrungen sind unter anderem dadurch charakterisiert, disparate, scheinbar nicht vermittelbare Wirklichkeitspar-
tikel im Bewußtsein zu kombinieren – Bewußtsein hier allerdings
begriffen als »innere Erfahrung«, die sich »zum Bewußtsein wie
die Masse eines Eisbergs zu seinem sichtbaren Teil« verhält
(*Annäherungen*). Man kann also von einem Mosaik- oder
Montagecharakter des berauschten Bewußtseins sprechen. Diese
Wahrnehmungsstruktur schlägt sich dann in den Texten über
den Rausch als literarische Form nieder. Die Wahrnehmungen
des Rausches (besonders bei Haschisch, LSD, Meskalin, also
nicht-narkotischen Halluzinogenen) vollziehen sich nicht in
kontinuierlicher Entwicklung; vielmehr ist das Typische ein
fortwährender Wechsel von traumhaften und wachen, von
phantastischen und realistischen, von eher ästhetischen und
eher diskursiven Elementen. Insofern kommt der Montage-
Essay des Typs Ernst Jünger dem Gegenstand mimetisch entgegen und reflektiert zugleich den Gegenstand, handelt es sich
doch um eine Denk-Prosa, »in der jähe Imagination und Akte
der Erkenntnis sich gegenseitig anfeuern« (Karl-Heinz Bohrer).

Jünger moniert, in der umfangreichen Literatur über den
Rausch fände sich wenig Wissen und sehr viel Wissenschaft, sehr
viel Analyse und wenig Intuition. Was aber »absichtslos aus der
ungesonderten Tiefe kommt, kann in seiner vollen Macht
auch nur in der absichtslosen Betrachtung erfaßt werden, nicht
im analysierenden Nacheinander, sondern in seiner genialen
Gleichzeitigkeit«. Der Fluchtpunkt von Jüngers Drogenexperi-
menten zielt auf einen Erfahrungsbereich, der begriffstranszen-
dent, gleichwohl wahrnehmbar ist, einen Bildraum, in dem mit
Walter Benjamins Worten »die Zeit ... nicht mehr die des Fortschritts ist«. Gegen die sinnlose Akkumulation kognitiven Fortschritts setzt Jünger also sein Konzept provozierter Evidenz.

In diesem Sinn sind die *Annäherungen* auch der groß angelegte Versuch, auf der Ebene kontrollierten Drogengebrauchs ein Hauptmotiv des Jüngerschen Gesamtwerks auszuloten: das Verhältnis von Dichtung und Erfahrung. In *Kaukasische Aufzeichnungen / Strahlungen 1* findet sich die grundsätzliche und für Jünger programmatische Bestimmung des Verhältnisses von Rausch und literarischer Produktion: »Obwohl sie sich zu gleicher Zeit ausschließen, sind sie doch aufeinander angewiesen wie Entdeckung und Beschreibung; wie Exploration und Geographie. Im Rausch dringt der Geist weiter und abenteuerlicher, unmittelbarer vor. Er sammelt Erfahrung im Grenzenlosen ein. Ohne solche Erfahrung ist keine Poesie.« Als konstituierende Grunderfahrung benötigt also die Literatur den Rausch. Ohne diesen Erfahrungs- und Bildraum, gleichgültig, mit welchen Mitteln er geöffnet wird, keine Kunst. »Damit es ... irgendein ästhetisches Tun und Schauen gibt«, schrieb Nietzsche, »ist eine physiologische Vorbedingung unumgänglich: der Rausch.« Und schon bei Novalis hieß es: »Ohne Ekstase – fesselndes, alles ersetzendes Bewußtsein – ist es mit der ganzen Philosophie nicht weit her.« Umgekehrt braucht jedoch auch der Rausch die Literatur. Denn als sprachliche Bewältigung des Begriffslosen, »als servile Nachahmung des Undefinierbaren« (Paul Valéry), ist Literatur ein Zeigen, ein Übersetzen des Begriffslosen. »Es gibt«, nach Wittgensteins Bemerkung, »allerdings Unaussprechliches. Dies zeigt sich, es ist das Mystische.« Was sich jedoch unausgesprochen zeigt, kann nicht unmittelbar beschrieben oder sachlich protokolliert, sondern nur ästhetisch organisiert nachgezeichnet und aufgezeigt werden. Noch einmal also, und sozusagen formelhaft: Ohne Rausch keine Literatur – und ohne Literatur keine Kenntnis des Rausches.

Im Jahre 1910 unternimmt der damals fünfzehnjährige Ernst Jünger mit seiner Wandervogel-Gruppe eine Wanderfahrt ins Weserbergland. Die zwölf Jungen geraten in eine Brauerei, bekommen die Erlaubnis, das Werk zu besichtigen, und lassen sich auch nicht lange bitten, als sie vom jovialen Direktor zu einem Umtrunk eingeladen werden, der sich unter Anleitung eines trinkfesten Braumeisters sukzessive zu einem gewaltigen Gelage entwickelt. Diese Form des Trinkens brachte »eine besondere Stimmung und einen andersartigen Durst« hervor, einen Durst nämlich, dessen Befriedigung nicht so sehr dem leiblichen Wohl als der geistigen Neugier dient. Und weil solche Neugier in diesem Leben nie vollständig befriedigt werden kann, überschreiten die jugendlichen und also ungeübten Zecher schnell jene Schwelle, die den Höhenflug vom Absturz trennt. Dem Gelage folgt der Kater. »Die erste Berührung mit dem Rausch«, erinnerte Jünger sich später resümierend, »macht uns mit seiner Licht- und Schattenwelt bekannt. Er gleicht der Flamme, die wärmt und leuchtet, doch auch blendet und brennt. Grenzfesten werden durch ihn aufgeschlossen und befremden; der Berauschte erinnert an die Breughelschen Bauern, die offenen Mundes in die Welt staunen. Die Dinge und Menschen werden einerseits dichter und schärfer gesehen, oft mehr, als gut ist, und andererseits durch neue Perspektiven in große Entfernung gerückt. Der Rausch führt an die Zeit heran – nicht nur in diese oder jene ihrer ephemeren Zellen, sondern an ihr Mysterium und damit hart an den Tod. Dort ruht die Gefahr, und jede physische Gefährdung gibt nur den Hinweis darauf. Wir können mit Calderon das Leben als Traum, doch treffender noch als Rausch bezeichnen, als eine der sublimen Dekompositionen der Materie.« Diese Bemerkungen Jüngers sind insofern auch poetologische

Selbstaussagen, als hier die Verbindung zwischen einem Erfahrungs- und Wahrnehmungsmodus des Rausches und solchen Darstellungsweisen und stilistischen bzw. ästhetischen Verfahren hergestellt wird, die für Jünger typisch sind. »Die Dinge und Menschen werden einerseits dichter und schärfer gesehen, oft mehr, als gut ist, und andererseits durch neue Perspektiven in große Entfernung gerückt.« Der Satz könnte als Motto über Ernst Jüngers Gesamtwerk stehen.

Der Gewaltexzeß, der internationale Blutrausch, in den sich Europa 1914 stürzte, ist von Ernst Jünger erstaunlich kaltblütig erlebt und mit vergleichsweise kühler Distanz beschrieben worden. Seine unter dem Titel *In Stahlgewittern* stark stilisierten Tagebücher aus den Grabenkämpfen des Ersten Weltkriegs, mit denen er literarisch debütierte, enthalten in ihrer ersten Fassung einen Abschnitt, den Jünger interessanterweise später gestrichen hat. Er lautet: »Man übermalte die Ruinen aller Art, von denen man umgeben war, mit den Farben des Humors und einer, wenn auch flüchtigen Geselligkeit und verlor sich zuletzt in jenem unbekümmerten Gefühl der Zeitlosigkeit, das über jedem Rausche liegt.« Gemeint sind hier die Alkoholgelage, die während des Krieges auf beiden Seiten der Front die Funktion als Stimulanz und zugleich Betäubungsmittel hatten; gemeint ist aber auch der Rausch des tödlichen Infernos. Die Gelassenheit, mit der Jünger diese verheerenden Erfahrungen ertrug, hängen zweifellos mit jenem transzendenten Erfahrungsmodus zusammen, den er, noch recht unspezifisch, als »unbekümmertes Gefühl der Zeitlosigkeit« beschrieb.

Drei Jahre nach jenem denkwürdigen Wandervogel-Gelage in der Brauerei und ein Jahr vor Kriegsausbruch kommt es zu einer der spektakulärsten und abenteuerlichsten Episoden in Jüngers Leben. Im November 1913 kauft sich der achtzehnjährige Schüler einen Revolver, das Buch *Die Geheimnisse des dunklen Erdteils* des Afrikaforschers Henry Morton Stanley und eine Eisenbahnfahrkarte nach Verdun, wo er sich bei der Fremdenlegion meldet, für diensttauglich erklärt und via Marseille in die Quartiere von Sid-Bel-Abbès in Nordafrika geschickt wird. Das reale Abenteuer war nur von kurzer Dauer; bereits nach einem Monat wurde auf Intervention des Vaters Jüngers Entlassung aus der Fremdenlegion verfügt. Doch hat Jünger später aus der Wirklichkeit dieses gescheiterten, wenn auch wohl nicht ganz ernstgemeinten Ausbruchs aus der bürgerlichen Saturiertheit seinen Roman *Afrikanische Spiele* gemacht, der 1936 erschien; unter den erzählenden Werken Jüngers mit Sicherheit eines der gelungensten, geschrieben mit vergleichsweise leichter Hand und nicht ohne Selbstironie.

Es ist kein Zufall, daß genau im Zentrum des Romans, und zwar im räumlichen und auch gedanklichen, die Geschichte des Legionärs Benoit steht, in der dieser von seinen Erfahrungen mit Opium erzählt. Etwas zugespitzt könnte man also sagen, daß die in *Afrikanische Spiele* erzählte Fabel als Rahmenhandlung für Benoits mündlichen Bericht dient. Das ist keine bloß literaturtechnische Beobachtung, sondern korrespondiert mit einem literaturpsychologischen Phänomen im Zusammenhang mit der ästhetischen Bewältigung von Rauscherfahrungen. Uns ist nämlich folgende mündliche Äußerung Walter Benjamins aus einem seiner Haschischprotokolle überliefert: Man könne »für weite Strecken des Rausches vom technischen Aufbau einer Rahmenerzählung sprechen: Zwei Glieder einer Vorstellung treten auseinander, um in ihrem Intervall die ganze Bilderfülle einer neuen Phase aufzunehmen. Man hat es gleichsam mit dem an die Vorstellung gerichteten ›Sesam, öffne dich‹ zu tun. Die Vorstellung selber tritt auseinander und gibt den Zugang zu neuen Bilderschätzen frei. In diesem dauernd wiederholten Mechanismus liegt eines der intensivsten Lustmomente des Haschischrausches.«

Diese ästhetische Grunderfahrung des Rausches hat sich nun in der Literatur über ihn wieder und wieder niedergeschlagen, indem fast alle Berichte oder Erzählungen über Räusche sich der Rahmenhandlung bedienen: Neben dem Essay ist sie die literarische Bewältigungsform des Rausches schlechthin. Das wieder nüchterne Normalbewußtsein des Autors formuliert wie in einem Echo eines freigesetzten, mimetischen Vermögens Strukturen und Formulierungen der Erfahrung selbst. Die Rahmen fassen das empirische Bewußtsein; der innere Bildraum, der aus dem Rahmen quillt, steht jedoch für die Erfahrungen einer sozusagten erlösten Anschauung, die sich freilich am harten Rahmen der Realität reibt. Beispiele für diese Technik sind neben Baudelaires Klassiker *Die künstlichen Paradiese* vor allem Benjamins *Myslowitz – Braunschweig – Marseille. Die Geschichte eines Haschisch-Rausches* sowie Ernst Jüngers *Besuch auf Godenholm* und eben auch *Afrikanische Spiele*.

Die Passage, in denen Benoit zu Wort kommt, bündelt im Brennglas der Rauscherfahrung Jüngers Weltbild und seine Ästhetik. Daß aus diesen, Benoit in den Mund gelegten Worten die Erfahrung des Autors selber spricht, hat Jünger in *Annäherungen* dargelegt, wenn er dort ausführlich über seine Opium-Experimente während der zwanziger Jahre berichtet. »Bald«, erzählt also Benoit, »sind mir wunderliche Gedanken zugeströmt. Man fängt dann an zu denken wie ein Mühlrad, das sich von selbst zu drehen beginnt, oder wie ein Schiff, das Wind in die Segel bekommt. (...) Dann habe ich mir Geschichten erdacht, schönere und wirklichere als in den Büchern stehen. In ganz Marseille gibt es nicht genug Papier für einen, der das aufschreiben will. Du darfst dir nicht denken, daß ich so einfach geträumt habe wie Kinder, die träumen (...). Zuletzt, gegen Morgen, wenn draußen schon die Pfauen schrien, habe ich nicht mehr gedacht. Dann sind Figuren gekommen. Dreiecke, Vierecke und Ringe, mancherlei Muster wie auf Muscheln und Schachbrettern, auch Farben, wie du sie in den Kelchen der Blüten erblickst. Das sind die Figuren gewesen, nach denen die Welt errichtet ist, ich habe sie selber gesehen. Es sind nur wenige, es ist vielleicht nur eine einzige. Du mußt sie dir vorstellen wie einen Ziegelstein. Er kommt aus einer Form, doch kannst du Häuser und Städte damit bauen. Dasselbe ist mit der Zeit. Sie ist geformtes Stückwerk der Ewigkeit. Die Ewigkeit ist kurz, sie ist nichts anderes als der angehaltene Atemzug. Ich bin oft genug drin gewesen, wenn mir die Lunge gelähmt war; es ist, als ob du in eine Seitenkapelle gehst. Das ist der Punkt, an dem die Wege zu Ende sind.«

Als höchstes transzendentales Stadium des Rausches erscheint hier also, in den schlichten und absichtsvoll naiven Worten des Legionärs Benoit ein Zustand, in dem in großer Klarheit der Weltenplan als Anordnung ewiger platonischer Urformen sichtbar wird. Gleichzeitig mit diesem Erfahrungsinhalt folgt für den Drogenerfahrenen, daß er nicht süchtig werden kann, denn er hat den Plan erblickt, sah sich in Einheit mit der Welt und wird nunmehr versuchen, diese Einheit auf seine eigene Weise krisenfest zu machen: Als Literatur nämlich.

4.

Anfang Februar 1951 besuchte Ernst Jünger den Schweizer Chemiker Albert Hofmann, der in der Absicht, ein Kreislaufstimulanz herzustellen, 1938 LSD synthetisiert und 1943 durch Zufall dessen psychoaktive Wirkung entdeckt hatte. Zusammen mit Hofmann und dem Arzt und Pharmakologen Heribert Konzett absolvierte Jünger seinen ersten LSD-Trip, dem weitere folgten. Versuche mit dem in der Wirkweise verwandten Meskalin hatte Jünger zu dem Zeitpunkt bereits durchgeführt. Über den ersten

Einstieg haben sowohl Jünger in *Annäherungen* als auch Hofmann in seinem autobiographischen Bericht *LSD – Mein Sorgenkind* berichtet. »Was mich vor allem beschäftigte«, so Jünger in einem Brief an Hofmann, »das war das Verhältnis dieser Stoffe zur Produktion«, ihre Bedeutung für »die Conzeption ... und Einblicke, wie sie sonst wohl nicht möglich sind«.

1952 publizierte Jünger dann die Erzählung *Besuch auf Godenholm*, ein Text, der in der zeitgenössischen Rezeption der fünfziger Jahre fast völlig unterging. »Daß das schmale Bändchen«, erinnert sich Jünger in *Annäherungen*, »weder Eindruck machen noch Erfolg haben würde, wußte ich von vorneherein; es tat mir leid, als ob es fröre, wenn ich es in den Schaufenstern sah.« Erst eine in den siebziger Jahren einsetzende, nicht mehr ausschließlich ideologiekritisch orientierte Rezeption Jüngers, die darüber hinaus die Anspielungen auf Drogengebrauch zu entschlüsseln wußte, konnte sich für das schmale Bändchen erwärmen. Mittlerweile ist bekannt, daß *Besuch auf Godenholm*, ohne direkt von LSD oder anderen Drogen zu sprechen, jene LSD-Erfahrung des Autors von 1951 verarbeitet hat, angereichert mit einem Besuch der keltischen Heuneburg in einer Winternacht und grundiert durch Eindrücke der Norwegen-Reise von 1935, über die Jünger im *Myrdun*-Tagebuch berichtet hatte.

War der LSD-Versuch mit Hofmann und Konzett gleichsam die Exploration Godenholms und also für »die Conzeption« von zentraler Bedeutung, so bildet *Besuch auf Godenholm* die Geographie – eine Geographie grenzüberschreitender Erfahrung, die im Medium einer symbolisch stark überhöhten, nordischen Ideal-Landschaft die bizarren Welten der Imagination, die Regionen der Halluzination beschreibt. Schon die erste Seite der Erzählung läßt anklingen, daß es hier wesentlich und radikal um eine Reise nach innen geht: »Mitunter hatte er den Eindruck, daß dieses Land mit seinen Tälern und geschlungenen Buchten aus grauer Hirnrinde geschnitten war.«

Godenholm wird als Insel von der Größe eines mittleren Parks beschrieben, auf die sich nach dem Zweiten Weltkrieg ein gewisser Schwarzenberg, Abkömmling einer baltischen Adelsfamilie mit einem abenteuerlichen Lebenshintergrund, zurückgezogen hat. Im Berlin der Weimarer Republik hat der mit prähistorischen Studien befaßte Archäologe Einar die Bekanntschaft Schwarzenbergs gemacht und besucht ihn nun in Begleitung seines Freundes Moltner, eines Psychotherapeuten, auf Godenholm. Obwohl Jünger keine Jahreszahlen nennt und auch Begriffe wie »Zweiter Weltkrieg« oder »Weimarer Republik« vermeidet – von »Bundesrepublik Deutschland« zu schweigen, ist die historische Situierung des Geschehens ganz deutlich. Einar und Moltner sind von den politischen Ereignissen verstört und auf der Suche nach Wirklichkeit, die politisch krisensicher ist. Schwarzenberg hat aus den Wirren der Zeit längst seine Konsequenz gezogen und sich als anarchischer Einsiedler abgesetzt. Insofern läßt sich Godenholm auch als der geistige Ort einer erneuten »inneren Emigration«, als endgültiger Abschied von der Politik verstehen und das stilisierte und symbolisch aufgeladene Rauscherlebnis als eine Art Legitimation gesellschaftlicher Absenz.

Bei mehreren Zusammenkünften der drei Männer kommt es zu »Begegnungen auf einer höheren wissenschaftlichen Ebene«, zu Gesprächen, die noch im gewohnten Erfahrungsbereich bleiben, von denen Moltner und Einar jedoch bereits den Eindruck haben, »daß ihre Zeichen und Begriffe stellvertretend wären für eine andere Wirklichkeit«, Vorahnungen von Einsichten, »die über alle Wissenschaft hinausgingen«. Als Moltner, der an seiner kritisch-positivistischen Intellektualität leidet und auf der Suche nach unmittelbaren Anschauungstechniken ist, die seine

»Kopflastigkeit« ausbalancieren könnten, von Schwarzenberg enttäuscht und hoch ungeduldig abreisen will, kommt es beim letzten Treffen doch noch zur großen Annäherung, jener Erfahrung, die auf Jüngers LSD-Experiment mit Hofmann zurückgeht.

Schwarzenberg führt mit nicht näher bestimmten Techniken, die durch seine Ausstrahlung in Funktion gesetzt werden, seine Gäste in Wahrnehmungsbereiche, in denen sie »aus der Persönlichkeit«, aus der Geschichte – ja aus der Zeit selbst entlassen sind. Es kommt zur Aufhebung der Subjekt-Objekt-Spaltung, für Moltner die Glückserfahrung schlechthin: »Man ahnte die Möglichkeit zu atmen, zu träumen, ja selbst zu denken wie dieser Fisch. Moltner ging ganz in der Erscheinung unter, er fühlte sich wunderbar berührt.« Ferne und Nähe durchdringen sich, frühe Kindheitserfahrungen und kollektivbewußte, pränatale Erfahrungen werden lebendig, und zwar nicht in Form gewöhnlichen Erinnerns, sondern als ein Wiedererleben, nicht als »réminiscence« sondern als »réviviscence« (Jean Delay): die »unwillkürliche Erinnerung« Prousts verläßt in dieser Konstruktion Jüngers das Subjekt und gleicht sich allem, was nicht dem Subjekt zugehört, an. Die Rauscherfahrung auf Godenholm ist auch eine große »Lehre vom Ähnlichen«, eine Wiedererweckung des »mimetischen Vermögens«. Schließlich erreichen die Reisenden »die goldene Stille, den großen Mittag, die unbewegte Macht. Sein und Bedeutung erkannten sich in höchster Identität.«

Obwohl Jünger es vermeidet, seinen Drogenerfahrungen eine tiefenpsychologische Dimension zu geben und aus ihnen therapeutische Konzepte abzuleiten, wird hier dennoch auf einige Aspekte zeitgenössischer Psychoanalyse und -therapie angespielt, insbesondere auf C. G. Jungs Archetypenlehre. Moltner ist nicht umsonst Psychologe. Doch Schwarzenberg als Leiter der Initiation weist die Adepten ausdrücklich darauf hin, daß sie nichts anderes zur Selbsterfahrung mitgebracht hätten als das, was sie im Gepäck führen. »Der Mensch«, so der letzte Satz der Erzählung, »trägt alles Nötige in sich.« Für Jünger sind Drogen also Vehikel der Selbsterfahrung und der Erweiterung der ästhetischen Anschauung, nicht jedoch deren Essenz.

Eingefaßt von Moltners und Einars Bootsfahrt zum letzten Treffen und ihrer Abreise am nächsten Tag entfaltet Ernst Jünger den Bildraum des Rausches. Es ist literaturtechnisch weder Willkür noch Zufall, daß auch *Besuch auf Godenholm* somit als lockere Rahmenhandlung komponiert ist. Man erinnere sich an Benjamins Äußerung, daß man im Hinblick auf den Erfahrungsmodus des Rausches vom technischen Aufbau einer Rahmenerzählung sprechen könne. Das bei der Niederschrift wieder nüchterne Normalbewußtsein des Autors formuliert und stilisiert in der Erinnerung an diese Erfahrung, gewissermaßen in der Geographie, jene Strukturen, die von der Exploration des Rauschs selbst präformiert wurden.

Daß die musische Bewältigung des Stoffes gleichwohl problematisch bleibt, liegt in der Natur des Rausches als einem Ineffabile. Die Geographie des Rausches im literarischen Werk ist stets mehr und weniger als die Erfahrung selbst: Weniger, weil Literatur vermittelte Erfahrung ist; mehr, weil Literatur die konstruktive Verarbeitung von Erfahrungsmassen leistet und diese ins Schöne setzt. Zum Text gerinnt nie die jeweils konkrete Einzelsituation, sondern atmosphärische Verdichtungen verschiedener Stimmungen und Momente, gewesener und vorgestellter. Das so vergegenwärtigte Bild stellt ein Mosaik aus Erfahrung und extrapolierter Erfahrungsmöglichkeit dar.

Für Jünger ist der Rausch die Antizipation eines metaphysischen Zustands im Jetzt; seine literarischen Konstruktionen sind Re-Konstruktionen dieser Antizipation, symbolische Hinweise auf die ständige Präsenz von Fülle in einer dürftigen Welt. Godenholm wird im Text als *phantasmagorisches Land* bezeichnet, als Land eines radikalen Innen. Aber Godenholm ist auch eine Art Laboratorium. Die Erzählung funktioniert in diesem Sinn als konstruierter Fall einer Offenbarung von Erfahrung jenseits des normalen bzw. normierten Alltags-Bewußtseins.

Katalysator dieser Erfahrung ist Schwarzenberg, der zwar auch als reale Figur gezeichnet wird, als spiritueller Lehrer, als Guru, der aber deutlich als geistiges Prinzip symbolisch angelegt ist – eine Art Statthalter der Wahrheit, das personifizierte Erfahrungswissen. Jünger hat dieses Prinzip aus verschiedenen Elementen zusammengesetzt. In der zweiten Fassung von *Das abenteuerliche Herz* taucht ein gewisser Nigromontanus auf, eine Grenzgestalt zwischen Wissenschaft, Kunst und Magie. Und Schwarzenberg ist lediglich die deutsche Form des lateinischen Nigromontanus. Als reale Figur hat Nigromontanus/Schwarzenberg Züge des Philosophiedozenten Hugo Fischer (1897-1975), den Jünger während seiner Studienzeit im Leipzig der zwanziger Jahre kennenlernte. Er reiste gemeinsam mit Fischer nach Sizilien und Norwegen. Im *Myrdun*-Tagebuch der Reise von 1935 erscheint Fischer als »der Magister.«

Schwarzenberg ist jedoch auch ein Kindheitsmuster Ernst Jüngers, verbrachte er doch als Heranwachsender mehrere Monate in dem Städtchen Schwarzenberg. »Diese Sehnsucht nach einer verschollenen Zeit«, heißt es in der ersten Fassung von *Das abenteuerliche Herz*, »nach den leuchtenden Farben, die schon so lange verblaßten, nach der reichen und unbegreiflichen Fülle eines Lebens, das unwiderruflich dahingegangen ist – sie ist weit schmerzlicher und unstillbarer als jene andere, die die Schilderung ferner Inseln und üppiger Länder in uns erweckt.« Als »réviviscence« stillt der Rausch diese Sehnsucht vorübergehend: Einars Erfahrung auf Godenholm knüpft daran an, wenn ihm »die Wiederkehr zahlloser Morgenstunden« der Kindheit in einem verdichteten Moment erscheint.

In seiner Eigenschaft als Pädagoge, Philosoph, vor allem aber als Geologe (auf Schwarzenbergs Tisch liegt bei Einars und Moltners Eintritt ein Geologenhammer), verweist das Prinzip Schwarzenberg/Nigromontanus auch auf eine literarische Tradition: auf die Gestalt des Montan aus Goethes *Wilhelm Meisters Wanderjahre*. Montan, der Jarno aus den *Lehrjahren*, erscheint dort im 3. Kapitel des Ersten Buchs. Genau wie Schwarzenberg hat er sich vom Weltgetriebe in Natureinsamkeit zurückgezogen. Die Stilisierung dieser Position bei Jünger, im höchsten, gewissermaßen idealen Norden, gleicht der Goethes. Wilhelm Meister und die ihn begleitenden Knaben treffen »auf eine Waldblöße und sahen einen steilen, hohen, nackten Felsen über alles hervorragen, die hohen Wälder selbst tief unter sich lassend. Auf dem Gipfel erblickten sie eine Person«. Man erklimmt den Berg und Montan »trat sogleich an eine schroffe Stelle, reichte seinem Freund die Hand und zog ihn aufwärts«.

Montan und Wilhelm führen nun ein hoch bedeutungsvolles Gespräch, in dem zwei Motive auftauchen, die Ernst Jüngers Gesamtwerk wie ein Generalbaß grundieren. Das erste ist das des Verhältnisses von Sprache zum natürlichen Phänomen: »Buchstaben mögen eine schöne Sache sein, und doch sind sie unzulänglich, die Töne auszudrücken: Töne können wir nicht entbehren, und doch sind sie bei weitem nicht hinreichend, den eigentlichen Sinn verlauten zu lassen.« Entsprechend wird man durchaus Ernst Jüngers Werk als immer neu einsetzenden Versuch lesen können, Hinweise auf »den eigentlichen Sinn« zu geben, gebrochen durch das Wissen der Uneigentlichkeit dieser Hinweise. Goethes Montan hält sich ans »Alphabet der Felsen und Zacken«, wie sich Jüngers Schwarzenberg/Nigromontanus ebenfalls an die Phänomene hält und alle Erklärungsversuche nur symbolisch gelten läßt: »Die Natur hat nur eine Schrift, und ich brauche mich nicht mit so vielen Kritzeleien herumzuschleppen.« Die Schrift der Literatur ist lediglich »die Rückseite des Gobelins«, wie Jünger es in *Zweimal Halley* ausdrückt.

Das zweite Motiv Jüngers, das Goethes Montan ausspricht, bezieht sich auf das Faszinosum der Gefahr und des Abenteuers: »Es ist nichts natürlicher, als daß uns vor einem großen Anblick schwindelt, vor dem wir uns unerwartet befinden, um zugleich unsere Kleinheit und unsere Größe zu fühlen. Aber es ist ja überhaupt kein echter Genuß als da, wo man erst schwindeln muß.«

Genau dies ist die Perspektive Jüngers auf die Wirklichkeit. Der Rausch ist ein Medium, den Schwindel zu provozieren; die Literatur bannt diesen Schwindel in Genuß.

Im Innern der Revolte

Bernward Vespers Romanessay *Die Reise*

Mit einem Lächeln, das zwischen Überheblichkeit und Ver-
quältheit schwankt, tritt er dem Betrachter entgegen. Vielleicht
tritt er auch bloß posierend auf der Stelle. Der Anzug ist korrekt
zugeknöpft, sitzt aber schlecht, er paßt ihm nicht und paßt nicht
zu ihm. Und die eng gebundene Krawatte unter dem weißen
Hemdkragen scheint den jungen Mann strangulieren zu wollen.
In der rechten Hand hält er, verkrampft, zugleich demonstrativ,
ein Buch.

Dies Foto, aufgenommen 1963 während einer Spanienreise
von seiner damaligen Freundin Gudrun Ensslin, dokumentiert
auf unheimlich unscheinbare Weise in einer unfreiwilligen, op-
tischen Antizipation die dramatische Widersprüchlichkeit des
Autors jenes Buches, das als radikalstes Dokument über Entwicklung und Bewußtseinslage der deutschen Nachkriegsjugend
zum »Nachlaß einer ganzen Generation« werden sollte.

Bernward Vesper, geboren 1938 als Sohn des Nazi-Dichters
Will Vesper, studierte nach dem Abitur und einer Lehre als Ver-
lagsbuchhändler seit 1961 in Tübingen, unter anderem bei Walter Jens. Während er noch, quasi im schlecht sitzenden Anzug
seiner repressiven, familiären Sozialisation peinlich uninspi-
rierte Lyrik voll Deutschtümelei und hohlem Pathos in konser-
vativen und rechtsextremen Blättern veröffentlichte, sich heimlich um die Herstellung und Verbreitung einer Werkausgabe der
unsäglichen Schriften seines Vaters mühte, um diesen vor der
Öffentlichkeit, vor allem aber vor sich, dem Sohn, zu rehabilitie-

ren, und während er sich »mit der Beflissenheit eines Kammer-
dieners in den Universitätsbetrieb stürzte« (Christian Schultz-
Gerstein), begann doch zugleich diese nachfaschistische, zumindest hoch autoritäre Konvention den ebenso begabten wie
neurotischen Vesper zu erdrosseln. Schon 1962 schrieb er einem
Freund: »Ich will endlich den Faustschlag in die Fresse der Gesellschaft. Der Betrieb der Wissenschaft beißt um sich; die Kategorien drohen mich zu verschlingen, zu fesseln, zu beschränken.
Ich gehe wie ein fremdes Tier durch die Gänge und möchte vor
jede Tür spucken. Mich ekelt diese Bestimmtheit, dies Wissen,
diese Anmaßung: *alles* ist so; daher weiß ich längst, es ist *nicht*
so; es scheint, es schwebt, es gleitet, es fluktuiert, es phosphores-
ziert, ist wahr und später gelogen usw.«Trotz des spätpubertär
überspannten Tons wirkt dieser Brief heute wie ein erster Hinweis auf jenes Buch, mit dem der krankhaft geltungssüchtige
Vesper später schlagartig berühmt werden sollte – doch als er
endlich berühmt war, war er bereits sechs Jahre tot...

Über eine Solidarisierung mit den nationalen Befreiungsbe-
wegungen in der Dritten Welt und die Ereignisse um 1968 fand
Vesper eine Heimat im radikal-systemoppositionellen Lager –
jedenfalls eine Teilheimat, denn er blieb, wie sein Nachlaß
zeigen sollte, bis zum Schluß seiner Herkunft verhaftet: Seine
Traditionen stammten nicht nur aus der radikal-demokrati-
schen Literatur, sondern auch von Hamsun, Ernst Jünger, Cé-
line. Vesper engagierte sich in der Anti-Atomtod-Bewegung
und im »Wahlkontor deutscher Schriftsteller«, arbeitete als
Verleger und Herausgeber der berühmten *Voltaire Flugschriften*
und *Voltaire Handbücher*. 1969 begann er mit der Niederschrift
eines umfangreichen autobiographischen Textes, der unvoll-
endet blieb: Anfang 1971 nahm sich Bernward Vesper, voll-
gepumpt mit verordneten Psychopharmaka, in der psychiatri-
schen Universitätsklinik in Hamburg-Eppendorf das Leben.

Über diesen Selbstmord ist viel spekuliert worden, und nicht selten hat man sich die Erklärung leicht gemacht, indem man die Ursache auf Vespers exzessiven Umgang mit halluzinogenen Drogen schob. Substantieller, und in den Kernbereich von Vespers Gespaltenheit vordringend, sind die Anmerkungen, die 1980 Michael Schneider machte: »Mir scheint, daß Vesper sozusagen in den Suizid ausgewichen ist – ausgewichen vor der ihm dämmernden, qualvollen Erkenntnis, daß er dem verhaßten Nazi-Vater, als dessen lebenslanges Opfer er sich doch zu begreifen wünschte, in signifikanten Punkten ähnlich war. Offenbar konnte er die eigenen Widersprüche zuletzt weder mehr verdrängen noch aushalten: sich einerseits als Universal-Opfer einer terroristischen Erziehung zu behaupten und sich doch zugleich auch als Täter, als aktiven Vollstrecker seines Lebens, als konjunktur- und karrierebewußten Intellektuellen sehen zu müssen, der um seines Größenwahns und seines Machthungers willen andere Menschen zu Objekten seiner Egomanie gemacht hatte.«

Sein nachgelassener Romanessay wurde dann 1977 als Fragment herausgegeben. Aber es zeigte sich, daß der beabsichtigte Schlag in die Fresse der Gesellschaft den Autor selbst getroffen hatte; der Gesellschaft tat er kaum weh. Im Gegenteil war die kritische Resonanz auf die ungeheure Provokation dieses Buchs, gerade und besonders in »bürgerlichen« Blättern, euphorisch. *Die Reise* wurde als einzigartiges, literarisches Dokument gefeiert, das beweise, »wieviel eher als alle Sozialwissenschaften ein Stück Literatur im Einzelfall Wirklichkeit zu fassen vermag«. Als »Buch von beängstigender Konsequenz« sei es »ein eigentliches Kunstwerk«, und der Germanist Wolfgang Frühwald meinte, »daß wir ein solches Buch, da es tatsächlich nicht mehr Empfindungen, sondern partiell hautnahe Erfahrungen – gleichsam Zustandsbeschreibungen aus dem Inneren des Bewußtseins und des

Unterbewußtseins eines Menschen – gibt, innerhalb der Literatur der letzten 150 Jahre vergeblich suchen.«

Die eigentliche Ironie dieser Rezeption bestand darin, daß als epochales Kunstwerk gefeiert wurde, was sich selbst gar nicht als Kunstwerk verstand. Im Gegenteil hatte Vesper im Text immer wieder die Distanz zum herkömmlichen Kunst- und Literaturbegriff betont, weil dieser Begriff im unmittelbaren Sinn für ihn der herrschende war: »Es ist sinnlos, die Wahrheit in einen Kampf mit Stil, Metapher usw. eintreten zu lassen. Es sei denn, man hörte auf, nachzuforschen und finge an, sich einer literarischen Ästhetik zu unterwerfen, wie sie Tausende von literarischen Produkten bestimmt.«

In seiner dezidierten Kunstfeindlichkeit ist *Die Reise* auch ein Werk, an dem exemplarisch die Literaturdebatten der Studentenbewegung abgelesen werden kann. Das Faszinosum der antiautoritären Bewegung war nämlich die Erfahrung, daß individuelle und kollektive Aktion, Privatheit und Öffentlichkeit, zur Deckung zu bringen sind. Der heiße Sommer der solidarischen, lustbetonten Aktionen schien die Utopie des Glücks im Hier und Jetzt einzulösen. Aber aus solcher Erfahrung ließ sich ästhetische Vermittlung im traditionellen Sinn nicht konstruieren, da diese Distanz verlangt und als Betrachtung vom politischen Handeln abschneiden würde. Deshalb wurden ästhetische Normen wie die des geschlossenen Kunstwerks verworfen; die kleine, spontane Form, exemplarisch das Flugblatt, bekam ästhetischen Wert als den Wert eingreifenden Engagements. Doch mit der Dogmatisierung eines Teils der Studentenbewegung einerseits, einer gesellschaftlichen Tendenzwende andererseits sowie einem Verfall utopischer Hoffnungen auf dem langen Marsch durch die Institutionen konstituierte sich in der Literatur der 70er Jahre das erfahrene Glück als ein abwesendes: Der heiße Sommer wurde zur verlorenen Zeit, die Bewegung von 1968 gerann zum Mythos. Die Resignation über das Abdrängen politischer Veränderungsmöglichkeit ins gesellschaftliche Abseits anarchistischen Sympathiesantentums wurde aufgefangen im letzten Reservat unentfremdeter Tätigkeit: der Produktion von Kunst und Literatur. Aber diese Produktion, in der das verlorene Glück rekonstruiert werden sollte, griff formal auf Positionen zurück, die 1968 als affirmativ be- und angegriffen worden waren. Die Revolte hatte sich keine neuen, literarischen Formen schaffen können. Die zahlreichen Romane über die Studentenbewegung, die dann in den 70er Jahren erschienen, Uwe Timm, Peter Schneider, Gerd Fuchs u.a., leben aus ihrem Sujet – nicht aus einer irgendwie revolutionierten Form.

Vespers *Die Reise* ist das einzige literarische Dokument jener Jahre, das auch formal experimentiert. Gerade deshalb konnte es als Kunstwerk verstanden werden. Man muß sich gleichwohl vor Augen halten, daß der Text erst 1977 erschien, zu einem Zeitpunkt also, da von APO und studentischer Kulturrevolution für die Gesellschaft der Bundesrepublik keine Verunsicherung mehr ausging: Der Gegenstand war historisch geworden – und als historischer konnte er ästhetisch goutiert werden. Peter Weiss hat in seinen Notizbüchern zur *Ästhetik des Widerstands* die gesellschaftspolitische Situation zum Zeitpunkt der Entstehung von Vespers *Die Reise* genau bezeichnet: Mit dem Buch war »der intellektuelle Höhepunkt der Bewegung des Jahrs 68 erreicht worden. Sein Selbstmord stand bereits unterm Zeichen des rapiden Niedergangs, der Verzweiflung. Die aufrührerische Generation geriet jetzt, z. gr. Teil, in die Lethargie und die Desperatesten gerieten in die Raserei.«

Zu den Desperatesten gehörte Gudrun Ensslin, Mutter von Vespers Sohn Felix. Vesper selbst hatte nie engere Kontakte zur terroristischen RAF-Szene. Markus Imhoofs Fernsehfilm nach Motiven des Buchs, der 1989 ausgestrahlt wurde, verschob die

Gewichte des Textes allerdings in diese Richtung, da der Film fast ausschließlich auf die politische Dimension des Werks abhob.

Daß *Die Reise* als intellektueller Höhepunkt der 68er-Bewegung, ja als »Kultbuch der APO« verstanden wurde, ist eine weitere, unfreiwillige Ironie der Rezeption. Denn die autobiographische Erzählebene, in der Vesper seine Entwicklung bis zu seiner gegenwärtigen Lebenswirklichkeit darstellen wollte, bricht 1961 mit dem Ende seiner Lehre ab. Insofern ist das Buch im engeren Sinn auch kein Dokument der politischen Ereignisse in der Bundesrepublik der ausgehenden 60er Jahre; es zeigt vielmehr die psychische Disposition derjenigen, die dann 1967/68 aufbegehrten. Und es zeigt eher ihre privaten als ihre politischen Motive – aber genau das macht die Überzeugungskraft des Buchs aus. Es hat tatsächlich am intimsten Einzelfall den allgemeinen Zustand transparent gemacht.

Erzähltechnisch ist *Die Reise* aus drei miteinander verflochtenen Ebenen gebaut. Die erste ist die der Schreibgegenwart des Autors, tagebuchartige, gelegentlich zum Essay drängende Notizen und Reflexionen, vermischt mit Zeitungsausschnitten und Briefzitaten. Diese collagierte Ebene bildet die selbstanalytische Chronik des Autors, aber auch eine Chronik der laufenden gesellschaftlichen Ereignisse und Bedingungen. Dieser Erzählstrang ist zwischen zwei unterschiedliche Vergangenheits- bzw. Erinnerungsebenen einmontiert: nämlich die Fahrt Vespers von Dubrovnik über München nach Tübingen, zentriert um das sogenannte Hofgartenerlebnis, eine LSD-Erfahrung in München, sowie den als *Einfacher Bericht* bezeichneten Erzählstrang, der im zweiten Teil des Buchs immer breiteren Raum einnimmt und in dem Vesper den Versuch unternimmt, die Erfahrungen seiner Kindheit aufzuarbeiten, zu begreifen, wie er wurde, was er als Schreibender ist.

Die Reise sollte unter anderem programmatisch die Drogenfrage in ihrem Verhältnis zu linker Theorie und revolutionärer Praxis klären. In seiner Doppeldeutigkeit weist der Titel des Buchs darauf hin – Reise eben auch als psychedelischer Trip –, wie zentral für Vesper diese Problematik war. Diese Dimension des Werks, im Text sehr ausführlich entfaltet, sowohl erzählend als auch reflektierend, wurde in der Rezeption weitgehend weggeblendet bzw. darauf reduziert, daß Vespers Ge- und Mißbrauch von Halluzinogenen seinen Zusammenbruch mitverschuldet, darüber hinaus literarische Defizite des ganzen Entwurfs verursacht habe. Es ist wohl auch nicht zu bestreiten, daß Vespers manisch-depressive Psychose durch seinen Drogengebrauch verstärkt worden ist. Gleichwohl gilt es festzuhalten, daß um diesen schrecklichen Preis mit *Die Reise* auch eins der ganz wenigen Bücher der deutschen Gegenwartsliteratur entstanden ist, das analytisch und erzählend den Wahrnehmungs- und Erkenntnisraum von Drogenerfahrungen auslotet. Frühwalds richtige Beobachtung, daß es sich nicht um die Beschreibung von Empfindlichkeiten, sondern von Erfahrungen im strikten Sinn handelt, ist dahingehend zu präzisieren, daß dieser Erfahrungsmodus ein durch LSD provozierter ist. Im Übrigen sind Vespers Drogenerfahrungen ganz unmittelbar mit der ästhetischen Struktur des Werks verknüpft. Der Text ist gerade in seinem radikalen Montagecharakter durch diese Erfahrungen nicht destabilisiert, sondern überhaupt erst konstituiert worden.

In seiner ersten, brieflichen Äußerung zu dem Projekt schrieb Vesper ausdrücklich: »Es ist die versuchsweise genaue Aufzeichnung eines 24stündigen LSD-Trips, und zwar sowohl in seinem äußeren wie in seinem inneren Ablauf.« Zu diesem inneren Ablauf gehört eben auch das, was später als *Einfacher Bericht*, als Erinnerungsarbeit, zum wichtigsten Thema des Buchs wurde. »Ich glaube bestimmt«, so Vesper weiter in jenem Brief, »daß gerade wir versuchen müssen, unsere Kreativität zu entfalten, und der

Antrieb wird eben durch unsere Kreativität erfolgen, wenn wir nicht politisch in eine – an der Revolution vorbeiführende – Gasse geraten wollen.« Vesper wollte also die Kräfte des Rausches für die Revolution fruchtbar machen. Allerdings ist sein Revolutionsbegriff kein marxistisch-leninistischer, sondern ein subjektiv-anarchistischer in der Tradition Bakunins. Die Revolution, von der Vesper träumt, kann erst entstehen, wenn der Einzelne sein gesamtes Erfahrungspotential freigelegt hat. Anders gesagt: Die Erfahrungen, von denen *Die Reise* handelt, werden nicht einfach einer revolutionären Theorie einverleibt, sondern sie konstituieren diese überhaupt erst. Programmatisch heißt es: »Der Aufstand geschieht gegen diejenigen, die mich zur Sau gemacht haben, es ist kein blinder Haß, kein Drang zurück ins Nirwana, vor der Geburt. Aber die Rebellion gegen die zwanzig Jahre im Elternhaus, gegen den Vater, die Manipulation, die Verführung, die Vergeudung der Jugend, der Begeisterung, des Elans, der Hoffnung – da ich begriffen habe, daß es einmalig, nicht wiederholbar ist. Ich weiß nicht, wann es dämmerte, aber ich weiß, daß es jetzt Tag ist und die Zeit der Klarstellung. Denn wie ich sind wir alle betrogen worden, um unsere Träume, um Liebe, Geist, Heiterkeit, ums Ficken, um Hasch und Trip (werden weiter alle betrogen).«

Sehr selbstbewußt hat Vesper, nicht nur an dieser Stelle, immer wieder den Anspruch formuliert, mit seinen persönlichen Erfahrungen und Frustrationen repräsentativ für eine ganze Generation zu stehen. Und tatsächlich wurzelte die Große Verweigerung der Studentenrevolte wesentlich in den persönlichen Konflikten der Studenten mit ihren Eltern – und weil das Verhältnis Vespers zu seinem unbelehrbar faschistischen Vater geradezu idealtypisch für diesen Konflikt war, konnten seine Erfahrungen als repräsentativ begriffen werden; jedenfalls hat niemand die Kritik an der Vergangenheit der Väter mit ihrem unheilvollen Einfluß auf die Gegenwart der Söhne so radikal und schonungslos formuliert wie er. Die nachgetragene Rebellion gegen den Vater ist die eigentliche Energiequelle dieses Buchs. Und sie ist deshalb so komplex, weil es sich nicht bloß um den quasi ewigen Generationskonflikt handelt, sondern um die politische und ideologische Auseinandersetzung mit einer katastrophalen Vergangenheit, die immer noch das private und öffentliche Leben der Republik verseuchte. Die Psychopathologie der bürgerlichen Familienstruktur nach 1945, wie Vesper sie beschrieb, entstand in den Kinderstuben des historischen Trümmerhaufens. Dort richtete sich die deutsche Kleinfamilie als Disziplinierungsanstalt ein, in der Pflicht, Ordnung und Sauberkeit, Verschwiegenheit, Bestrafung und Widerspruchslosigkeit ihr Regime führten. Die Väter, Vespers Vater ist der exemplarische Vater dieser Epoche, die noch einmal davon gekommen waren, retteten ihre nach außen zerstörte Autorität in die Familie; die politische Entmündigung schlug um in repressives Verhalten gegenüber den Kindern. Indirekt hat somit das kollektive Ich-Ideal der Nazi-Generation, Affektsperre und Charakterpanzerung, den Aufstand von 1968 produziert. Vespers Buch war in diesem Sinn der Vorläufer, und in seiner Radikalität auch das unerreichte Muster einer ganzen Reihe von Texten, in denen sich die um 1940 geborene Generation mit ihren Nazieltern auseinandersetzte, um eine eigene, andere Identität zu finden (Brigitte Schwaiger, Christoph Meckel u. a.).

Aus Vespers Romanessay erfährt man aber auch, »was diese Generation sich selbst verschwiegen hat: nämlich den eigenen biographischen Anteil an den Verhältnissen und Lebensformen, die sie anders vielleicht geduldiger, selbstbewußter eben bekämpft hätte.« (Schultz-Gerstein). Die Rezension, die Heinrich Böll über das Buch publizierte, hat unter Betonung dieses Aspekts darauf verwiesen, daß *Die Reise* nicht bloß der Nachlaß der APO-

Generation war, sondern daß dies fulminante Fragment auch zum Spiegel jener Generation hätte werden können, die es attackierte: »Inzwischen sind die Söhne ja schon Väter, und es wäre abzuwarten oder vielleicht schon herauszufinden, was die kommende Generation von ihren Vätern hält und erhalten hat. Nein, ›wohltuend‹ ist diese Lektüre nicht, notwendig ist sie. (...) Vesper gibt Auskunft über uns selbst, keine erfreuliche, in seiner Selbstentblößung entblößt er uns mit, und es könnte heilsam sein, sich als Vater, Zeitgenosse, Autor, Politiker einmal aller Würden, Verdienste dieses ganzen Wiederaufbau-Helden-Veteranentums entkleidet zu sehen.«

So frisch, so grau

Erinnerung an Helmut Salzinger

Der Zufall wollte es, daß zur gleichen Zeit, als ich als junger und heftig ahnungsloser Student in einem Seminar über Walter Benjamin an der Universität Hamburg saß, Helmut Salzingers *Swinging Benjamin* erschien. Vieles von dem, was ich über Benjamin, ohne ihn damals recht verstanden zu haben, immer schon zu ahnen glaubte, im Kontext eines akademisch-literaturwissenschaftlichen Seminars aber selbstverständlich nicht zu fragen und sagen wagte, war in diesem Buch intellektuell präzise, zugleich mit der gebotenen, rebellischen Frechheit ausgesprochen.

Der Autor war mir nicht unbekannt: Seit Ende der 60er, Anfang der 70er Jahre las ich regelmäßig die Jonas Überohr-Kolumnen in *Sounds* und hatte natürlich auch den großen Montage-Essay *Rock-Power* gelesen, stimmte mit Salzingers Meinungen und Wertungen nicht immer überein, war jedoch davon angetan, daß hier einer der Rock-Musik die intellektuelle Aufmerksamkeit zukommen ließ, die ihr als wesentlicher Träger jugendlichen Lebensgefühls jener Jahre zukam. Und mit bestimmten Denkmodellen Benjamins konnte man zweifellos einiges von der Bedeutung dieser Musik und dieses Lebensgefühls auf den Begriff bringen – als Leser war ich jedenfalls von Salzinger begeistert.

Er erschien dann auch einmal persönlich in diesem Seminar, eingeladen von einer Studentengruppe. Meine Erinnerung an diesen Auftritt, jedenfalls an das, was Salzinger dort sagte, ist merkwürdig dunkel, was vielleicht daran liegt, daß ich nicht zuhören wollte, weil er mir furchtbar arrogant vorkam und etwas zu »zeitgeistig« aussah: ganz in schwarz gekleidet, lange, bis zu den Schulterblättern reichende Haare, die wohl damals schon grau gesträhnt waren, randlose John-Lennon-Brille, über der Schulter eine dieser bunten, griechischen Hirtentäschchen. Aber was heißt schon »zeitgeistig«? So hatte man als radikaler Intellektueller bzw. intellektueller Radikaler – was er ja beides war und übrigens, im Gegensatz zu den Institutionsmarschierern, auch blieb – damals wohl auszusehen; vermutlich sah ich 1973 auch nicht »zeitloser« aus ...

Als ich ihn 1984, also mehr als zehn Jahre später, wiedersah und da eigentlich erst kennenlernte, hatte sich sein Äußeres so verändert, wie es dann bis zum Schluß immer blieb: Die Haare jetzt kürzer, dafür um so grauer, und das existentielle Radikalschwarz war einer grauen Zimmermannshose aus Cord gewichen, einem ungefärbten Schafswollpullover, darüber eine olivgrüne Armee-Arbeitsjacke. Er war äußerlich gewissermaßen unscheinbarer geworden, und seine Kleidung zeigte an, daß ihn kalkulierte Außenwirkung nicht mehr interessierte. Er hatte sich aufs Land zurückgezogen, war aus den eitlen Mühlen des Kulturbetriebs »ausgestiegen« – was mir bekannt war, hatte ich doch auch weiterhin seine schriftstellerische Arbeit mit Interesse, manchmal auch mit Kopfschütteln, verfolgt: mit Kopfschütteln sein *Langes Gedicht*, diese kuriose Mixtur aus spätexpressionistischem Pathos, kulturrevolutionärer Selbstüberschätzung und Rock'n'-Roll-Sentiment, mit Interesse seine kleineren, bescheideneren Gedichte, die in abseitigen Zeitschriften oder im Selbstverlag erschienen, Gedichte, in denen sich leise, aber deutlich ein Bewußtsein Bahn brach, daß angesichts der ökologischen Katastrophe nur noch ein ökologisches Denken (und Dichten) der Lage angemessen ist und alle anderen Fragen, auch die politische, zu Fragen zweiter Ordnung werden.

Ich hatte damals mit der Novelle *Moos* literarisch debütiert, ein durchaus ökologisch grundiertes Buch, in dem es unter anderem um das Spannungsverhältnis zwischen poetischer Sprache und wissenschaftlichem Denken geht. Als Leser Salzingers hatte ich das Gefühl, daß ihn dies Buch interessieren könnte; ich schickte es ihm also zu, vermutlich gar in der Hoffnung, er könne es rezensieren (er schrieb ja noch gelegentlich für die *taz*), aber daß es ihn dann derart interessierte, daß er mir postwendend schrieb, ich hätte »seine Geschichte erzählt«, und zwar nicht nur inhaltlich, sondern gewissermaßen auch geographisch, ahnte ich nicht.

Geographisch? Das Buch spielt im oldenburgischen Ammerland in einer Landschaft aus Feld, Wald und See, einer Landschaft, in der sich Städter Wochenend- und Ferienhäuser gebaut haben; das Ferienhaus meiner Familie (mein heutiges Wohnhaus) gehörte dazu und eben auch, wie ich nun erfuhr, das Wochenendhaus Helmut Salzingers, keine tausend Schritte von meinem entfernt. Zwar wußte ich, daß es in der Nachbarschaft Salzingers gab, aber das war ein altes Ehepaar, das gelegentlich nachbarschaftlich mit meinen Eltern verkehrte; eine Verbindung zu Überohr-Salzinger hatte ich nie hergestellt, zumal ich ihn in der Gegend nie gesehen hatte. Nach dem Tod seiner Eltern hatte er das Häuschen geerbt und verbrachte dort gelegentlich ein paar Tage, einmal sogar einen ganzen Winter. So waren wir also jahrelang über die gleichen, sandigen Wege gelaufen, durch die gleichen Felder, an den gleichen Bäumen vorbei, am gleichen Seeufer – und waren uns nie begegnet.

Mit einem Buch, das eine Geschichte erzählte, die auf unsere jeweils eigene Art seine und meine Geschichte war, fing also unsere Freundschaft an. Wir trafen uns, wir hatten uns viel zu sagen, wir pflegten einen umfangreichen Briefwechsel, wir mochten uns – wohl nicht zuletzt deshalb, weil wir unterschiedlich waren, manche Dinge anders sahen und, weil wir beide unsere Meinung gern polemisch zuspitzten, uns kräftig streiten konnten. Es ging dabei nie ums Recht haben oder Recht behalten, sondern wir erprobten gesprächsweise, wie weit bestimmte Haltungen tragen und durchzuhalten sind.

Eins unserer Dauerthemen war die Frage, ob für den Schriftsteller das Leben eine Funktion des Schreibens zu sein hat oder das Schreiben eine des Lebens. Helmut vertrat natürlich die zweite Position, theoretisch jedenfalls. Denn wenn er im Freien war, auf seinen langen Gängen durch Marsch und Moor oder bei der Arbeit im Garten, dachte er ans Schreiben; und wenn er in seinem geräumigen Arbeitszimmer saß, schrieb und aus dem großen Fenster in Richtung Garten, Marsch und Deich sah, dachte er ans Draußen. So wurden ihm dann die Bücher zum Garten seines Inneren und die Natur zum Stoff seiner Bücher.

Er war, wie jeder, der schreibt und dabei ernsthaft über Sinn und Unsinn dieses Tuns nachdenkt, zutiefst widersprüchlich, aber das Wissen um die eigene Widersprüchlichkeit ermöglichte ihm auch die Toleranz, die er anderen Lebens- und Schreibweisen entgegenbrachte. So wollte er beispielsweise mit dem offiziellen Literaturbetrieb, den er ja als Autor, vor allem aber auch als Kritiker, lange beliefert hatte, nichts mehr zu tun haben; und trotzdem litt er darunter, daß seine späteren Bücher von der Kritik der Großfeuilletons kaum beachtet wurden und er nur noch eine zahlenmäßig kleine Leserschaft fand. Daß sich in dieser Hinsicht ausgerechnet mit seinem letzten und besten Buch *Der Gärtner im Dschungel* eine Wende abzeichnete, ist eine traurige Ironie.

Ein Erzähler wäre er gern gewesen, aber da er sich nichts ausdenken, sondern immer nur von dem schreiben konnte, was er wußte, lebte, erlebte, sah, weil auch sein klarer, unsentimentaler Realismus die Phantasietätigkeit überlagerte, bildete er in seinen Gedichten den eigentümlich kargen Stil lyrischer Verknappungen und in seiner Prosa jene Mischung aus autobiografischem Bericht und essayistischer Abstraktion heraus (die in Deutschland unter den Zeitgenossen außer ihm, wenn auch selbstverständlich mit anderen Mitteln und Themen, nur noch Klaus Theweleit entwickelt hat).

Er schrieb also. Das heißt, er brachte Worte zu Papier, abstrahierte Sprache zu Zeichen. Sein Ehrgeiz bestand aber darin, und dies war meiner Meinung nach der Hauptwiderspruch seiner literarischen Produktion, im Geschriebenen das Gesprochene aufzubewahren, zu schreiben, wie »man« spricht. Denn die mündliche Überlieferung hat, so Helmuts Überzeugung, etwas Weiterwachsendes und zugleich Bewahrendes an sich und geht von einem Wirklichkeitsmodell aus, das in Gewohnheit und Tradition verwurzelt und dennoch offen ist für schöpferische Imaginationen. Sobald man geschriebene Sprache benutzt, erhält man durch die Projektion der Vorstellung, die Dinge seien fest, weil in Schrift gebannt, den Eindruck eines Reichs ewiger Formen und »Werte«. In unseren Diskussionen und Briefwechseln hielt ich dem entgegen, daß Schrift sich vermutlich aus Urformen mathematischer Zeichen und Zeichnungen, Kreis, Linie und dergleichen, die in den Sand gemalt wurden, entwickelte habe; aus solchen Zeichnungen erwuchs Schrift, die später in Stein geritzt, noch später zu Papier gebracht wurde. Es ist also denkbar, daß der Gedanke ewiger Formen, Gesetze und Normen *vor* dem Schreiben aufkam und daß das Schreiben lediglich eine Verfestigung solcher Ideen war. Das hieße, daß das Schreiben eine Entwicklung vom Unstofflichen zum Stofflichen, vom Abstrakten zum Konkreten beförderte. Und das, fand Helmut, sei nun auch wieder nicht falsch – und so schrieb er dann weiter an seinen Texten, aus denen die Sprache noch einmal laut und Laut werden sollte. Und wenn er nicht schrieb, machte er seine langen Gänge mit den Hunden und verwilderte systematisch seine Wiese hinterm Haus zu jenem Dschungel, der im weiteren Einzugsbereich der deutschen Nordseeküste wohl stets einmalig bleiben wird.

Wer von ihm erzählt, muß, wie gesagt, wie geschrieben, seiner Widersprüchlichkeit gedenken. Dazu gehört auch die Tatsache, daß er trotz seiner schweren Krankheit, mit der er sich seit Jahrzehnten plagte, die sein Leben reglementierte und zum Schluß in kleine und kleinste Einheiten zerhackte, daß er also trotz dieser körperlichen Hinfälligkeit immer merkwürdig alterslos wirkte; nicht eigentlich jugendlich, aber auch nie ganz erwachsen und selbst kurz vor seinem Tod weder alt noch, kurioserweise, schwer krank. Und deshalb hat sein Tod auch diejenigen so überrascht, die wußten, daß er nicht sehr alt werden würde. Als mich die Nachricht erreichte, schrieb ich in mein Tagebuch: Viele werden ihn nicht vermissen, die Wenigen aber sehr. Und die Wenigen werden mehr werden, weil in seinen Büchern etwas gesehen ist, was viele erst jetzt umrißhaft zu erkennen beginnen.

Ich glaube, so werde ich ihn in Erinnerung behalten, so grau und zugleich so frisch; so sprachskeptisch und zugleich von Sprache besessen; so müde und zugleich so munter; so pessimistisch düster, was seine Diagnose des Menschen und der Erde betraf, und zugleich so lebensfreudig und menschenfreundlich.

Wo bleibt das Negative, Herr Gernhardt?

Was liest du denn da? fragte mich neulich ein Freund, der mich
lesend auf der Terrasse antraf. Ich hielt ihm das Buch unter die
Nase: Robert Gernhardts *Lichte Gedichte*.

Ach so, Gedichte, sagte der Freund gedehnt, mit Lyrik kann
ich überhaupt nichts anfangen.

Ich mach uns einen Kaffee, sagte ich und verschwand im
Haus. Als ich wieder auf die Terrasse kam, blätterte mein Freund
angeregt im Buch. Kannst du mir das mal ausleihen? fragte er.

Ich denk, du kannst mit Lyrik nichts anfangen, sagte ich.

Ja, aber diese Gedichte sind irgendwie, wie soll ich sagen? Irgendwie, also zum Beispiel dies hier: »Ein Uhr und noch nichts
geschafft / Zwei Uhr und noch nichts gerafft / Drei Uhr und noch
nichts gemacht / Vier Uhr und noch nichts gedacht / Fünf Uhr
und noch nichts getan – / Und um sechs fängt doch schon das
Trinken an!« Also irgendwie, sagte mein Freund, sagt mir das
was. Wie spät ist es eigentlich?

Also irgendwie mögen alle Robert Gernhardt. Irgendwie sagt
er uns allen was. Ich habe mich umgehört unter Schriftsteller-
kollegen, unter Literaturkritikern und unter schlichten Lesern,
unter Lyrikfreunden wie Lyrikfeinden; und ich habe niemanden
gefunden, dem das, was Robert Gernhardt schreibt, nicht auf die
eine oder andere Weise gefällt. Aber warum? Warum wird er nie
verrissen? Warum ist er nicht zumindest »umstritten«? Warum
mögen eigentlich alle Robert Gernhardt?

Als Maler, Zeichner und Cartoonist, als Schriftsteller, der fast
alle literarischen Gattungen nutzt, ist er zweifellos ein begnadeter Alleskönner – und als solcher beneidenswert, aber weil er,

statt zu prahlen und zu blenden, seine Talente mit so viel Under-statement, Witz und Selbstironie vorzubringen weiß, neidet ihm niemand den Erfolg (oder wenn, dann spricht sich dieser Neid jedenfalls öffentlich nicht aus). Als Lyriker, das beweisen seine *Lichten Gedichte* nachdrücklich, ist Gernhardt ebenso traditions-bewußt wie zeitgemäß; er nutzt unbekümmert, aber mit durch-triebener Raffinesse, das Vokabular und den Formenfundus gro-ßer (und kleiner) Lyrik – was festzustellen wiederum manchen Kritikern Lustgewinn verschafft, die im Wiedererkennen ihre Beschlagenheit unter Beweis stellen können.

»Stapf nur, postmoderner Künstler, / durch das Grün der Kunstgeschichte. / Tritt die Halme mutig nieder / auf dem Weg ins Unwegsame.« So stapft Gernhardt auch durchs Grün der Literaturgeschichte. Wenn seine Gedichte den Benn-Sound nachsingen, Brecht beerben, Hölderlins gedenken, Wilhelm Busch, Christian Morgenstern und Ernst Jandl paraphrasieren, dann wird deutlich, daß hier zwar kein Wort-Erfinder am Werk ist, aber ein Wort-Erfrischer, dem es immer wieder gelingt, noch die verschnarchteste Tradition in putzmuntere Zeitgenossen-schaft zu verwandeln; daß ihm auch manchmal etwas beliebige, manchmal auch nur modische Gedichte unterlaufen, sei nicht verschwiegen. Allerdings treten seine Verse die Halme der Tradition keineswegs nieder. Er biegt sie, gelegentlich mit leise parodistischem Unterton, respekt- und liebevoll beiseite, um einen anderen, *seinen* Blick auf bestimmte Dinge frei zu bekom-men, so beispielsweise einmal im Rilketon: »Der heiße Tag. Das Summen wilder Bienen / geht in dem Wein so emsig ein und aus, / als wolle jede mit dem Hinweis dienen: / Wer jetzt ein Haus hat, gehe in dies Haus.«

Gernhardts Blick auf die Welt, auf Menschen und Dinge, ist optimistisch, versöhnlich, harmoniesüchtig fast. Das erste der *Lichten Gedichte*, das wie eine Stimmgabel den Ton des Ganzen anklingen läßt, spricht die Gewißheit aus: »Was immer ihr tut / es wird gut«, und es schließt mit der Ermunterung: »steigert das Leben und fördert das Lieben, / hindert das Meiden und mindert das Leiden.« Gernhardt war als Künstler immer ein freundlicher, auch verbindlicher Zeitgenosse, aber diese Verbindlichkeit erwies sich nicht selten als abgründig. Zynismen, Sarkasmen, Obszönitäten, Provokationen und bestens kalkulierte politische und andere Unkorrektheiten sorgten für allerlei Widerhaken, wie man sehr schön dem opulenten Band *Vom Schönen, Guten, Baren* entnehmen kann, der sämtliche Bildergeschichten und Bildgedichte des Autors versammelt.

Die geradezu unheimliche Heiterkeit der *Lichten Gedichte* ist natürlich weit davon entfernt, in »goldenem Humor« oder Erbaulichkeit zu verkommen, hat jedoch Züge von Altersmilde und allemal von »leben und leben lassen«. Diese Gedichte sind alles andere als selbstgefällig, aber sie zeugen von weitgehender Übereinstimmung ihres Autors mit den Verhältnissen, in denen er lebt. Da liegt es nahe, Erich Kästners berühmte, rhetorische Frage auf den Kopf zu stellen: Wo bleibt das Negative, Herr Gernhardt?

Er legt nämlich eine poetische Entschlossenheit an den Tag, noch in den absurdesten Entstellungen, noch in den banalsten, trivialsten und albernsten Alltagsphänomenen Schönes, Gutes, zumindest jedoch Komisches zu entdecken (»Ich will, daß nur ist, was ich sage«); und seine erstaunlich zwanglose, lässige, zugleich präzise Reimkunst, die oft wie aus dem Ärmel geschüttelt wirkt, bildet die formale Entsprechung bei dieser Versöhnung: »Abends zählt er seine Leiden, / tut sich an dem Vorrat weiden, / wählt eins aus, bedichtet es, / und das Dichten richtet es.« Literatur als Heilmittel gegen die Leiden des Dichters an Ich und Welt also; offenbar munden die gar nicht bitteren Versöhnungspillen aus Gernhardts lyrischer Hausapotheke den Lesern bestens. Diese Versöhnung fällt nun aber durchaus nicht Adornos berühmtem Verdikt anheim, erpreßt zu sein. Gernhardts Versöhnung ist vielmehr stets ironisch relativiert und artistisch erspielt: eine Art positive Dialektik in Gedichtform. Angesichts verlogener, politischer Euphemismen, stellt er fast erschrocken fest, »daß die Sprache aber / auch wirklich alles heil machen kann«. Jedenfalls speisen sich die Energien dieser Gedichte nicht aus einer Ästhetik des Mangels und des Leids, sondern aus Überfluß und Lust. Ein Gedichttitel wie *Viel und leicht* sagt da fast schon programmatisch alles.

»Sehe ich die Leichen all / Haben sie kein Leben / Habe ich mein Leben noch / Freu mich meines Lebens« – der Schrecken ist allgegenwärtig, die Welt keineswegs in Ordnung, aber muß man deshalb in Sack und Asche gehen? Die positive Dialektik wird, wenn auch etwas kompliziert und nicht sonderlich elegant vorgetragen, noch deutlicher an diesem Zitat: »Mancher hat Probleme, / den Bauch mit seinem Herzen zu versöhnen: / Doch dank der Schreckensbilder, deren Fülle / das Mitleid täglich lähmt, läuft nichts mehr.« Zwar gibt es auch einmal eine Gewaltphantasie, die sich unter dem Titel *Wiener Anwandlung* gegen die gelackte Jeunesse dorée richtet, aber die grundsätzliche Frage »Wie schafft man es nur, sie nicht zu hassen?«, sie, die doofen, häßlichen Mitmenschen, beantwortet Gernhardt so: »Da mußt du dir etwas einfallen lassen.«

Im sehr aufschlußreichen, manchmal etwas selbstverliebten und sogar didaktischen Nachwort zu *Vom Schönen, Guten, Baren* berichtet Gernhardt auch über seine Studienjahre um 1960 in Berlin, in denen sich in ihm »jenes vollkommen zweckfreie, zeitlose und spaßversessene Mitteilungsbedürfnis« entwickelt hatte, das sich inzwischen zu einem vielfältigen, umfangreichen, mehrfach preisgekrönten Gesamtwerk entfaltet hat. »In unserer unmittelbaren Nachbarschaft mochten sich die beiden Weltmächte ineinander verbeißen, wir, die beiden Studenten (Gernhardt und Weigle), sahen uns vor allem in ein dreifaches Studium verstrickt, das der Kunst, das der Germanistik und das der Weiber.« Ideologiekritik hat also in der so- und selbstgenannten Neuen Frankfurter Schule von Anfang an keine Rolle gespielt – und heute schon gar nicht; mit Sicherheit ist auch das einer der Gründe dafür, warum jetzt alle diesen Dichter mögen.

Na ja, fast alle! In seinen Tagebüchern 1989-1991 skizziert Peter Rühmkorf ein Treffen mit Gernhardt folgendermaßen: »Bißchen mit G. über Politik, wobei sich allerdings kein verbindender Faden anspinnen ließ. Was mich bedrückt, läßt ihn kalt, was mir Sorge macht (z. B. der neue posthume Antikommunismus), wird von ihm nur hohnlachend zur Kenntnis genommen.« Dies Hohngelächter wird in den *Lichten Gedichten* zu einem subtilen, wohl auch selbstkritischen Zynismus: »Komm, das gute Brot des Nordens / wolln wir stückchenweise braten / in dem guten Öl des Südens, / wie es schon die Väter taten. / Von dem guten Wein des Westens / trinken wir, dieweil wir essen, / um die liebe Not des Ostens / schlückchenweise zu vergessen.« Da schmunzelt der Wessi. Gar nicht so unwahrscheinlich, daß Gernhardts Hedonismus aus Wein, Weib und Gesang im Osten weniger goutiert wird.

Das Studium der Kunst, das der Germanistik und das der Weiber hat er jedenfalls in den *Lichten Gedichten* ein weiteres Mal in jene lyrische Praxis umgesetzt, die seinen Erfolg und seine Beliebtheit ausmachen: Die Texte sind nicht experimentell, radikal anti-metaphysisch und strikt nicht-hermetisch, zugänglich, lesbar und manchmal von der merkfähigen Durchschlagskraft eines guten Werbeslogans. Damit bilden sie ein erfreuliches Gegenmodell zur nebulösen Kompliziertheit dessen, was uns sonst von Verlagen und Kritikern als lyrische Höchstleistung angedient wird.

Lyrisch »bei sich selbst«, d. h. unverwechselbar und fast ohne satirische Bezugnahmen, Paraphrasen oder Anleihen, ist Gernhardt in jenen Texten, die man als Blickgedichte bezeichnen könnte, Texte, in denen Sprache und Bild und Gernhardts Doppelexistenz als Zeichner/Maler und Dichter verschmelzen: »Wie den Schatten der Pappel / Hochhält der Maschendrahtzaun / Erhält das Bild sich / Im Gitter der Worte. / . . . / So nun / Die Sonne im Auge / Glitzert die Welt an den Rändern. So / Scheint die Wahrheit dem / Der den Blick nicht wendet.«

Gernhardt wendet den Blick nicht, und weil er einen besonderen Blick für Lust und Liebe hat, bekommt er in der Auseinandersetzung mit einer komplizierten Herzoperation, der er sich unterziehen mußte, einen scharfen Blick für Alter, Vergänglichkeit und Tod. Der Verdacht, »Alles Licht sei eitel Schein / auf dem Weg ins Dunkelsein« verdichtet sich während der Zeit im Krankenhaus: »Das alles, das Malen, / das Schreiben, das Singen, / scheint hell nur vor / der Folie des Dunkels, / aus dem wir jüngst kamen, / in das wir jäh gehen: / ›Sie könn’ hier nicht ewig nach Sinn suchen, Sie!‹«

Jean Pauls Satz »Die Poesie ist die Aussicht aus dem Krankenzimmer des Lebens« hätte ein treffendes, doppelsinniges Motto über den *Lichten Gedichten* abgegeben, umreißt er doch schlaglichthaft Gernhardts Ästhetik und seine lyrische Praxis. Das Krankenzimmer des Lebens wird zur Kenntnis genommen, satirisch zumeist, manchmal melancholisch, aber wichtiger ist der Blick ins Freie. Gernhardts »Erfolgsgeheimnis« beruht darauf, daß er sich entschlossen hat, die angenehmeren Seiten des Lebens ästhetisch nicht ausschließlich der Werbung zu überlassen. Er besteht sehr zu Recht darauf, daß trotz aller Unbill das Leben lebenswert und die Kunst nach wie vor schön sein kann. Zumindest ist die Kunst immer noch tröstlich, und wenn das Leben der dunkle Wald ist, pfeift kaum einer so ermutigend, so lustig und zugleich listig, so melancholisch und zugleich ironisch wie er. Ich glaube, wir alle mögen Robert Gernhardt nicht zuletzt deshalb, weil wir alle unser Leben lieben.

Kirchlein und Kätzchen

Anmerkungen zur Idylle *Maria Schnee* –
nebst einigen Begründungen, warum in
Eckhard Henscheids Prosa
»mitnichten alles Unsinn« ist

> *Ausgereifte Köpfe (. . .) lieben die Wahrheit auch
> in dem, wo sie schlicht und einfältig erscheint und
> dem gewöhnlichen Menschen Langeweile macht,
> weil sie gemerkt haben, daß die Wahrheit das
> Höchste an Geist, was sie besitzt, mit der Miene
> der Einfalt zu sagen pflegt.*
>
> Friedrich Nietzsche

Seiner 1987 erschienenen Sammlung (zumeist) satirischer Glossen und kurzer Prosastücke, *Sudelblätter*, hat Eckhard Henscheid
ein Zitat Jean Pauls als Motto vorangestellt: »Satire wohnt in
meiner Feder, nicht auf meiner Zunge, nie in meinem Herzen.«
Doch in Henscheids folgendem Werk *Maria Schnee* wohnt die
Satire nicht einmal mehr in der Feder des Autors. Satire nämlich
endet dort, wo sympathisches Verständnis für die Dinge und
Menschen beginnt und eine gewissermaßen leidenschaftslose
Liebe ihr mildes, gleichwohl klares Licht auf die Gegenstände
wirft, die in der Satire sonst grell und verzerrt ausgeleuchtet werden. »Eine Idylle« lautet dann auch sehr treffend die Gattungsbezeichnung von *Maria Schnee*, und diese Gattungsbezeichnung
hat keinerlei satirischen Einschlag, jedoch, wie sich zeigen wird,
eine romantisch-ironische Färbung – freilich sabotiert diese

Ironie die, wenn man so noch sagen kann: zutiefst anrührende Dimension des Werks in keiner Weise.

Erzählt werden eineinhalb Tage im Leben Hermanns, eines etwa vierzigjährigen »Durchreisenden«, der im fränkisch-bayerischen Hinterland für eine Nacht in einem weltvergessenen Gasthaus Quartier nimmt. Hermann, über dessen Herkunft und Ziel man ebenso wenig erfährt wie über seine Profession, ist ein still-schlichter, bescheidener, an Herzrhythmusstörungen leidender, alleinstehender Mensch mit eher kleinen Sorgen, deren größte noch dem Abschneiden des 1. FC Nürnberg in der Fußballbundesliga gilt. Diese Figur ist eine weitere Inkarnation des »Typus des Arglosen, von einer ihm nicht verständlichen Welt unangemessen Verschreckten«, der – Brigitte Kronauer hat in ihrer Kritik des Werks in der *Frankfurter Rundschau* darauf verwiesen – »abschattiert bereits in allen früheren Romanen Henscheids« auftaucht.

Hermann ist ein sehr genauer, offenbar aus Ängstlichkeit fast übergenauer Beobachter seiner Umwelt, deren Regungen und Bewegungen er registriert, ohne freilich irgendwelche moralischen oder sonst wertenden Schlüsse daraus abzuleiten. Henscheid leiht sich, indem er die Erzählperspektive ausschließlich an die Wahrnehmungen Hermanns bindet, den naiv-unschuldigen, jedenfalls »ungebildeten« und also unverbildeten Blick dieser Gestalt und schärft ihn, ohne als organisierender Autor selbst in Erscheinung zu treten, durch seine eigene Beobachtungsgabe. Für den Leser kommt dies Verfahren der unaufdringlichen Aufforderung gleich »zum eingehenden, rabiat unbegrifflichen Betrachten der Dinge als Basis der Wirklichkeitserfassung« (Brigitte Kronauer).

Henscheids hochsubtile Beobachtungsgabe, eine Wahrnehmungserotik ohne Erregung, eine merk-würdige Form der In-Brunst also, wird hier wie in allen anderen Werken des Autors vorgetragen in jener sprachfinderischen und auch -erfinderischen Virtuosität, die eher an Brigitte Kronauer oder Ror Wolf erinnert als etwa an Robert Gernhardt, mit dem Henscheid – weil beide ja ›so komisch‹ sind – immer wieder in den einen Satiretopf geworfen worden ist. Von der Kritik viel zu lange als »Oberspaßmacher der Nation« (Jörg Drews), »muntere Ulknudel« (Joachim Kaiser), »als unbändiger Witzbold« (Jürgen Jacobs), gar als »Klamaukschriftsteller« (Gert Ueding) mißachtet und grob mißverstanden, versteht es dieser Autor wie kein anderer zeitgenössischer Schriftsteller in Deutschland, der Trostlosigkeit deutscher Provinz auf Maul und Sprache, in Herz und verkitschtes bzw. naives Gemüt zu blicken. »Oh, wie trostlos sind die kleinen deutschen Städte!« – Dostojewskis Stoßseufzer aus *Der Spieler*, den Henscheid als Motto einem der Prosastücke voranstellte, die der Band *Die drei Müllerssöhne* von 1989 versammelt, gibt nicht nur diesen Glossen, Märchen und Erzählungen ein Leitmotiv; er ist vielmehr auch eines der Kraftzentren, die Henscheids Werk im Ganzen organisieren. Die satirische Kritik an dieser Trostlosigkeit, die vor allem noch sehr wesentlich die beiden ersten Romane der *Trilogie des laufenden Schwachsinns* bestimmte und die zahlreichen Glossen und Polemiken noch immer bestimmt, ist jedoch seit dem Roman *Die Mätresse des Bischofs* von 1978 einer Perspektivik gewichen, die in eben dieser Trostlosigkeit Trost sucht – und zwar mit dem allergrößten Ernst.

Es sind nämlich Henscheids ›Helden‹ die sprichwörtlich kleinen Leute, die erzbanalen Jedermanns, deren Lebens-, Liebes- und Wahrnehmungswirklichkeit beim Wort genommen wird, auf eine sympathetisch-subtile, dennoch durchaus nicht identifikatorische Weise, aus der eine fast schon religiöse Humanität spricht. Wie Thomas Mann exemplarisch Denk- und Verhaltensstrukturen des Bildungs- und Großbürgertums formulierte und seine Kritik am Dargestellten durch Ironie trans-

portierte, so erscheinen in Eckhard Henscheids Werken phä-
notypisch die Verhaltens-, besonders aber auch Sprachmuster
provinzieller Kleinbürgerlichkeit im ausgehenden 20. Jahrhundert – eine vom Verschwinden bedrohte Lebenswirklichkeit, die
Henscheid im Verschwinden aufspürt und zu einer Apotheose
der Unschuld verdichtet.

Es besteht ein Unterschied ums Ganze zwischen einer kleinbürgerlichen Darstellung und der Darstellung des Kleinbürgerlichen, zwischen verwirrter Darstellung und der des Verwirrten –
auf die Großartigkeit von Sujets kommt es in der Literatur
jedenfalls nie und nirgends an, um ästhetische Relevanz zu erzeugen. Henscheids Darstellung des kleinbürgerlichen, provinziellen Milieus und der darin umgehenden Sprachverwirrung
hat sich sehr konsequent auf den vorläufigen Höhepunkt der
Idylle *Maria Schnee* zubewegt. Dabei hat der Autor eine beispiel-
lose Meisterschaft entwickelt, im Kleinsten, Entlegensten, auch
Verachtetsten poetisch zu extrapolieren. Wie gerade die Unent-
rinnbarkeit provinzieller Verödung und die scheinbare Unmöglichkeit, sie überhaupt zu poetisieren, zum Gegenstand eines
hochliterarischen Textes werden kann, zeigt das Ror Wolf gewid-
mete kurze Prosastück *Zornheim* aus *Die drei Müllerssöhne*: Ein
ereignisloser Lebenszusammenhang wird zum literarischen Ereignis, aber nicht kraft äußerer Handlung, sondern durch ein ra-
dikales Insistieren auf der Merkwürdigkeit des Wortmaterials als
solchem, aus dem überraschend Leben geschlagen wird; gerade
auch das depravierteste, zu Slang, Klischee oder Verkehrsrege-
lungs-Kürzel verkommene Wort bekommt in diesem Zugriff eine
neue Dignität. Henscheid kritisiert Sprache, weil es ihm um die
Rettung der Sprache zu tun ist.

Distanz zu seinen in der Tat gelegentlich schrecklich und erschreckend banalen Gegenständen und Typen schafft Henscheid *auch* durch Satire, durch die aberwitzige Verdichtung

trübster Halbbildung und dümmster Stammtischrede zu sich selbst entlarvenden, sich gleichsam selbst zerstörenden Sprachmodellen. Aber das ästhetische Verfahren Henscheids ist in seinen wichtigeren Texten eben *nicht* satirisch, durchaus nicht komisch und schon gar nicht blödelnd, sondern vielmehr das Resultat eines fein- und nahblickenden, mikroskopischen Realismus, der den oft leidvollen Verstrickungen und Verzerrungen seiner Protagonisten auf den Grund geht.

In diesem Sinn dient Hermann aus *Maria Schnee* dem Autor als eine Art Mikroskop, mit dessen Hilfe er eine abseitige und anachronistische Welt vorführt, in der das Abreißen des täglichen Kalenderblatts noch Ereignis ist – wie überhaupt das Ereigniswerden des Unzulänglichen eines der Hauptthemen in Henscheids Werken bildet. Die vom Verschwinden bedrohte Welt in *Maria Schnee*, bedroht vom nivellierenden Gleichschritt einer Global‹kultur›, bliebe ohne das Mikroskop der Wahrnehmungsweise Hermanns lediglich eine Provinzkneipe mit hinterwäldlerischer Klientel, an der man als »aufgeklärter Intellektueller« schleunigst vorbeiführe.

Wie es aber nun Henscheid gelingt, unter fast völligem Verzicht auf äußere Handlung und dramatische Spannungseffekte auf den Dielenbrettern dieser trüben Herberge ein kleines Welttheater zu inszenieren, ist schlicht virtuos. Erzählung und Erzähltes sind nahezu synchron geschaltet, wodurch im Leser der Eindruck des Dabeiseins unmittelbar, fast unausweichlich wird. Zugleich wird der Text, wie Brigitte Kronauer angemerkt hat, durch »die individuell-altertümliche Sprache der Berichterstattung ausdrücklich vom Leser abgerückt«, trifft ihn aber zugleich »über die doch hartnäckig auf Distanz pochenden Maßnahmen hinweg immer neu mitten ins Herz der eigenen, aufgestöberten Kindlichkeit«. Das Unscheinbare, normalerweise Übersehene, das Nicht-Repräsentative schlechthin, kleine bis winzige und scheinbar banale Dinge und Gesten eines im stillen Gleichmaß fließenden Alltags, bekommen in dieser zweiten Naivität eine Dimension unerhörter Spannung. Zwar gibt es auch einen Plot, besser: eine Pointe der Handlung, die aber so ungewöhnlich, so rührend, zugleich freilich auch poetisch folgerichtig ist, daß sie keine Kritik, kein Essay verraten sollte. Es fällt bei Durchsicht der zu *Maria Schnee* erschienenen Rezensionen auf, daß jene Kritiker, die hier nach wie vor auf der Suche nach Satire und höherem Blödsinn waren und herb enttäuscht wurden, ihrer Enttäuschung dadurch Luft machten, daß sie eben diese Pointe hinausposaunten. Erst am Schluß der Idylle bemerkt man, daß auf diese hingetupfte Pointe jedes Detail des Textes hinleitet, wodurch das Buch dann retrospektiv einen ›zweiten Sog‹ bekommt. In diesem Verfahren erinnert *Maria Schnee* an gewisse Erzählungen Stifters mit ihrer Technik des ›gewaltsamen‹ Endes, mehr aber noch an die Dorfgeschichten Hebels in ihrer undramatischen Spannung.

Henscheid schildert nun aber nicht nur, *was* Hermann sieht und erfährt, sondern zugleich, *wie* er sieht und erfährt. Diese Aufschlüsselung einer Wahrnehmungsstruktur vollzieht sich nicht durch kommentierende Eingriffe eines allwissenden Erzählers, sondern einzig in syntaktischen (seltener semantischen) Verschiebungen der Sprache: Ist man anfangs wegen diverser ›Regelverstöße‹ gegen das satzbaumäßig grammatisch Korrekte irritiert, erweist sich dieses Verfahren schnell als probater und erzähltechnisch äußerst delikater Kunstgriff, den Wahrnehmungsablauf des ›Helden‹ nicht bloß zu behaupten oder zu schildern, sondern in den Sätzen selbst zu *zeigen*. Diese enge Anschmiegung der Sprache an das Verhalten und Denken der dargestellten Figur rhythmisiert einerseits die Syntax zu einer retardierendzögernden Bewegung, die ihrem Gegenstand entspricht; zugleich läßt sie von vorneherein keinen Spalt mehr zwischen Figur und

Autor, durch den der Satiregroschen klimpern könnte. Satire setzt ja stets Distanz zu ihrem Gegenstand voraus, ihre Sprache ist notwendig nicht-identisch mit dem Bezugspunkt. Demgegenüber hat Henscheid in *Maria Schnee* eine Technik des inneren Monologs entwickelt, der dennoch in der dritten Person Singular erzählt wird.

Die Erzählung *Große Wut* aus *Die drei Müllerssöhne* ist inhaltlich wie erzähltechnisch unmittelbar mit *Maria Schnee* verwandt. Der Erzähler hat sich nahezu restlos dem Sprach- und Denkduktus seiner Figur amalgamiert, um ihn doch in dezenter Unsichtbarkeit zu lenken. *Große Wut* ist das Protokoll eines unvollständig und ungeordnet ins Bewußtsein drängenden Minderwertigkeitsgefühls gegenüber einem dominierenden Freund. Die traurige Unsicherheit des Protagonisten steigert sich in eine Erregung, »die, so naturhaft, naturgewachsen echt sie zuletzt im Selbstgespräch ausgebrochen war, selbstverständlich auch ihr – Albernes, ihr Lächerliches hatte«. Genau dies aber beschreibt die Methode, mit der Henscheid das in seiner Prosa wahrhaftig Komische konstruiert – nein, nicht konstruiert, sondern in Erscheinung treten läßt. Er treibt keine Scherze mit seinen Figuren, liefert sie nicht wohlfeilen Gags aus, sondern ihre oft unfreiwillige Komik, ihre ins Stolpern gekommene Naivität, ist der Trostlosigkeit ihres Daseins abgelauscht.

Eckhard Henscheids Modernität, in dieser Hinsicht wohl auch mit Fug: Postmodernität, beruht unter anderem darauf, daß er die Kunst des Anklangs an literarische Traditionen perfektioniert hat. Es gibt kaum einen Text von ihm, und in manchen Texten kaum einen Satz, der sich nicht, wie auch immer ironisch bis satirisch gebrochen, auf andere Literatur bezöge. Und manche Texte machen diese radikale Intertextualität zum eigentlichen Thema: *Paul de Kock*, eine Glosse über das Fortleben von

Literatur in Literatur zum Beispiel, oder auch *Der Herr Korbes*, ein aus Märchenwendungen montiertes, absurdes Meta-Märchen. In diesem produktiven Umgang mit literarischen Vorläufern, aber auch Zeitgenossen, ähnelt Henscheid – die Differenzen einmal ausgeblendet – durchaus Arno Schmidt, zumal er wie dieser mit selbstreferenziellen Querverweisen nicht geizt. In den offenen oder auch kryptischen Verklammerungen zwischen scheinbar disparaten Texten wird deutlich, wie kohärent das Werk dieses Autors ist.

Auch *Maria Schnee* spielt mehrfach mit Rückverweisen auf frühere Werke Henscheids; ein zentraleres Motiv des Buchs läßt sich allerdings als »Rückblick ins 19. Jahrhundert« bezeichnen, formal wie inhaltlich. Ein Rückblick allerdings, der mit nostalgischer Verklärung gar nichts zu tun hat, sondern mit modernsten literarischen Mitteln konstruiert ist und auch auf dieser Ebene einlöst, was Schiller der Gattung Idylle abverlangte: etwas Nicht-Nostalgisches, Vorwärtsweisendes. Wie Echos einer versunkenen Welt klingen im lebenden und toten Inventar des Gasthauses und seines dörflichen Umfelds beschädigte Erinnerungen an eine verlorene und nie rekonstruierbare Harmonie herüber. Das längst zum Klischee abgesunkene Vorstellungsmaterial der Romantik bekommt dadurch, daß Henscheid es an die freundliche Arglosigkeit Hermanns koppelt, eine Art letzter Bewährungschance, noch einmal zu »rühren«, zu »erheben«, zu »lösen« – und sei es nur »ein schlichtes Herz«.

Die Beschreibung der Sommernacht, in die Hermann hinauswandert, lebt aus dem Geist der Romantik; sie ist aber nicht zusammenzitiert, sondern entspricht durchaus und genau dem anachronistischen Empfindungspotential Hermanns – ein Anachronismus, in dem sich das uneingelöste Glücksversprechen der Romantik verbirgt. »Wohl im Westen schwand hinter rötlich angehauchtem Wald das letzte Scheibenstück der Sonne, schon hoch droben schwebte rund der Mond und prächtig. Ein paar Stauden und Sträucher nach Osten zu sahen traulich aus wie Scherenschnitte, vor des Abends schöner Röte. Traurig stimmte Hermann das Dunkelgrün des Klees. Hermann las einen großen dicken Heuhüpfer von der Straße auf und setzte ihn in die Weggrasböschung. Fern war ein Martinshorn zu hören. Schon verhallte es auch wieder.« Kein Posthorn mehr, ein Martinshorn, in dem gleichsam das Echo des 19. Jahrhunderts aufklingt und zugleich verhallt. Henscheid schreibt »Martinshorn«, wo er auch roh »Polizeisirene« schreiben könnte, und damit stellt er die schwebende Haltung des Textes wieder her. Subtiler geht's nicht.

Satirisch sind diese Landschafts- und Naturbeschreibungen im Zentrum von *Maria Schnee* auf gar keinen Fall. Sie sind allerdings ironisch, wie die Romantik selbst ironisch war. In der bereits erwähnten Erzählung *Große Wut* hat Henscheid den Zusammenhang zwischen romantischer Empfindung, Ironie und deren lösender Kraft noch deutlicher dargestellt. »Schon im kräfteraubenden Geschwindschritt, ohne sich noch bremsen zu können, passierte Oskar den großen romantischen Hirtenfelsen des Siebenquellentals. Letzte Schneereste bargen schmutzig sich in seinen kleinen Schründen. *Etwas wie ein Abglanz allerletzten Sonnenschimmers* war von irgendwoher durch die Wolken gekrochen, spazierte *freundlich lindernd* über Oskars von wildem Weh ergriffene Augen hin.« (Hervorhebungen von mir.) Die Reste romantischer Empfindung und Wahrnehmung also, die in den stummen Dingen aufscheinen, sind Trost in der Trostlosigkeit des Daseins. Etwas später »nahm Oskar davon Notiz, wie sein aufgeschichteter Groll, seine Wut, sein Druck am Herzen und an der Lunge auch, jetzt, *kaum hatte er sich derart selbst ironisiert*, sofort deutlich nachließ, der schon eingefressene Schmerz spürbar einschrumpfte und sich löste. Ins Weite öffnete sich die Landschaft. Der Blick fiel sehr frei auf große Wälder, blau bläuliche Wäldereien, die dunstig überm Horizont verflossen.«

Neben Ironie und Naturschönheit sind es in *Maria Schnee* zwei weitere Motive, die trösten. Henscheids einsamer Hermann hat einige Begegnungen mit Tieren, Begegnungen, deren liebevolle Intensität zum sinnlosen Aneinandervorbeireden der Menschen in Kontrast steht und dies erst recht als Gemurmel der großen Leere entlarvt. Die stumme Kommunikation mit Tieren weist zurück auf die Schlußsätze von Henscheids Kafka-Erzählung *Roßmann, Roßmann . . .* von 1982. Dort heißt es: »(. . .) das Kätzchen sah ihn stärkend nochmals an mit Nachdruck. Da fühlte Karl es und wußte es, daß dies mitnichten alles Unsinn sei und als ein Unsinn rasch vergänglich in Nichts und Staub ja schon zerfalle; sondern das Erz der reinen Wahrheit.« Hermann in *Maria Schnee* besucht auf seinem nächtlichen Gang eine Kirche: »Die Kirchtür war mit einem Vorhängeschloß versperrt. Es war eine Flügeltür. In ihrem rechten Teil hatte man ein Guckfenster eingelassen, welches lediglich mit etwas schmiedeeisernem Zierrat nochmals abgesichert war. Hermann entzündete ein Streichholz, um hineinzuschauen. Im Dunkel war nichts zu erkennen.« Im Dunkel war nichts zu erkennen! Eine ebenso lakonische wie dezent vernichtende Aussage über die Tröstungskraft von Religion heute. Aber Henscheid verknüpft nun das Kirchenmotiv mit dem des Kätzchens: »Aus der etwas größeren Entfernung sah jetzt das Kirchlein aus wie ein dickes weißes Kätzchen, welches sehr sanftmütig im Grünen lagerte und alles ruhig und wohl besah. Es saß im Gras, als habe es schon immer da gesessen und wollte das auch weiter tun.« Die Katze ähnelt also der verschlossenen Kirche – und umgekehrt. Das heißt nichts anderes, als daß ein Trost, wie ihn die Religion dem Vereinsamten im 19. Jahrhundert noch spenden konnte, heute nur noch das sich selbst nicht-bewußte Lebendige geben kann.

Nichts ist wahrer, nichts weniger satirisch, nichts weniger Unsinn als die tiefsinnige Zartheit und zarte Darstellung dieses Zusammenhangs durch Eckhard Henscheid.

Kommunikationslosigkeit, die sich hinterm leeren Geschwätz des Alltags verbirgt, sowie emotionale Vereinsamung: Das sind Henscheids große und gar nicht komische Themen. Nicht zufällig sieht sich Sexualität in diesen Texten häufig auf Onanie verwiesen; die zotige Derbheit, in der das Motiv gelegentlich dargestellt ist, zitiert bloß die Zoten im Kopf derjenigen, die in ihre sexuelle Einsamkeit eingesperrt sind wie in ihre vielwortig-stammelnde Sprachlosigkeit. *Die Postkarte*, eine Geschichte aus *Die drei Müllerssöhne*, erzählt von einem früh verwitweten Mann, der durch die absurd falsche Fährte einer alten Ansichtskarte einen Seitensprung seiner verstorbenen Frau phantasiert, in diesen schwül-erotischen Phantasien jedoch seine Eifersucht und seine Einsamkeit mit einer Onanieorgie (eine Form trostloser In-Brunst) zu überwinden versucht: »Noch nie, nie, hatte er seine Frau so sehr geliebt wie jetzt. Jetzt, da sie ihm gleichzeitig das schönheiße Fremdgehen vorgaukelte und ihn doch in der Sicherheit beließ, sie würde es ja niemals tun. Und ihm, Herbert, dann dennoch im sanft bewegten Lieben flink ihren schönen Leib darbot. Längst in Fäulnis, in Zersetzung – und doch wie in Verklärung: wie von innen heraus erleuchtet und verklärt.« Liebe und Tod, Erinnerung und metaphysische Hoffnung haben sich in dieser Erzählung zu psychologisch exakter Prosa verbunden, deren Wahrheitsgehalt ihresgleichen sucht.

Sieht man Henscheid wesentlich als Satiriker (der er gewiß *auch* ist), verkennt man seine Bedeutung in unserer Gegenwartsliteratur. Und das gilt auch für seine frühen Romane, die bislang glatt, vielleicht allzu glatt, als rein satirisch oder humoristisch durchgingen. Rolf Vollmanns Bemerkung zu Jean Paul läßt sich uneingeschränkt auf Eckhard Henscheid übertragen: In den Satiren sieht man den Autor scharfsinnig und aggressiv sich »mit dem abgeben, was die Zeit ihm bietet, aber all dieser Scharfsinn hat gerade das noch nicht, was nicht die Zeit diesem Geist, sondern er allein ihr geben« kann: nämlich sprachlich hochdifferenzierte Studien des vereinsamten Individuums in der zeitgenössischen Gesellschaft, eines Individuums, das vielleicht gar nicht mehr existiert und seine trostlose Isolation in einem nicht abreißenden Schwall verstümmelten Geredes zu kaschieren und zu überwinden versucht.

Das große Ausatmen
Über Brigitte Kronauer

I.

Im Gespräch mit einem Graphiker über die Gestaltung von Büchern kam ich auf das Bild von Dieter Asmus zu sprechen, das auf dem Schutzumschlag von Brigitte Kronauers Roman *Die Frau in den Kissen* abgedruckt ist. Die strenge Detailgenauigkeit dieser realistischen Darstellung, sagte ich, in oder hinter deren Bewegung sich zugleich die Auflösung scheinbar banaler Zusammenhänge in etwas ganz anderes ankündige, entspreche sehr genau dem literarischen Verfahren Brigitte Kronauers. Ihre Ding-Magie, habe einmal Wilhelm Genazino sinngemäß bemerkt, wirke nämlich durchaus unromantisch und nicht transzendent, sondern gegenständlich und nachbuchstabierbar. Die Bedeutung des Erzählten folge stets aus subtiler Beobachtung; so antworte diese Prosa auf Bewegungsmuster der Innenwelt, ohne es sich in gemütvoller Innerlichkeit bequem zu machen. Und genau dieser Zusammenhang, sagte ich, sei auf dem Bild von Dieter Asmus kongenial Ereignis geworden: Ein leerer Strandkorb, dessen gestreifter Kissenbezug sich in leichter Bewegung befinde, als ob der Wind ihn kräusle; auf dem Boden vor dem Strandkorb liege ein Buch, und es sei, als ob die Person, die eben noch dort gesessen und gelesen haben müsse, ihren Platz plötzlich verließ; vielleicht sei die Bewegtheit des bunten Bezugs auch gar nicht durch den Wind, sondern durch den eiligen Aufbruch entstanden, so daß man die Gegenwart des Lesers noch im Bild spüre, obwohl er real gar nicht mehr anwesend sei. Und das Ganze vollziehe sich vor einer monochromen Fläche, die wohl das Meer sei, und zwar ganz so, wie Brigitte Kronauer es in ihrer frühen Erzählung *Die gemusterte Nacht* beschrieben habe, als »das einfache Meer« nämlich, »zum Horizont immer prinzipieller, formelhafter werdend. Das Meer, die feste Fläche, ein Widerspruch zur Lebendigkeit, eingefügt und angefügt, eine Gegenwart, ein Dunst, eine gestreifte Ebene, eine Beruhigung und Andersartigkeit.« Beruhigend und andersartig, das sei ja eben auch die Sprache dieser Autorin, und er, der Graphiker, möge beachten …

Das leuchte ihm durchaus ein, unterbrach mich der Graphiker hier, aber es würde ihm möglicherweise noch direkter einleuchten, wenn ich ihm Buch und Bild einfach zeige, statt es umständlich zu erklären. Ich zog also den Roman aus dem Regal, ohne den mir so vertrauten und präsenten Umschlag zu beachten, und gab ihn dem Graphiker, der sich erst das Bild genau ansah, dann den Kopf schüttelte, mich mit einem merkwürdigen Blick musterte und schließlich vorsichtig fragend murmelte: Strandkorb also? Buch davor …? Gewiß, nickte ich, aber da hielt er mir das Buch vors Gesicht, und ich sah statt des Strandkorbs – – – einen Liegestuhl, sein Stoff vom Wind gebauscht und von der Bewegung einer eben aus dem Bild verschwundenen Person, und davor auf dem Boden kein Buch, sondern einen einzelnen, grünen Schuh!

Die Fehlleistung, mit der ich dies Bild mit den Bildern verwechselte und ineinanderschob, die jene Gegenwart bezeichneten, in der ich damals das Buch gelesen hatte, erschien mir jetzt so lächerlich wie produktiv, dem Graphiker gegenüber aber so unerklärbar wie erklärungsbedürftig. Ich nahm das Buch in die Hand und blätterte darin herum; überall mit Bleistift markierte Stellen, die alles in einem Satz zeigen, aber nicht erklären konnten, Stellen wie diese: »Von jedem Ballast befreit, torkelt Ding für Ding davon, wobei sich die Zwischenräume rasch vergrößern, ein geruhsames Auseinanderstäuben der Gedanken in ein wässriges, luftiges Universum.« So hatte ich mich gefühlt in jenen zwei späten Septembertagen am Strand der Insel, als das Buch in meinen Händen immer leichter geworden war, durchsichtiger, und sich mit allem verbunden hatte, was um mich vorging. Denn die wahre Versunkenheit des Lesens isoliert ja nicht von den Dingen, sondern verbindet uns erst mit ihnen, allerdings in einer neuen Ordnung, die sich aus der unmerklichen Mischung der Wirklichkeit des Buchs mit jener des Lesenden ergibt. Und ich wußte auch, daß es jene Anschauung gab, von der Brigitte Kronauer in ihrem Aufsatz über Hugo von Hofmannsthal geschrieben hatte, daß sie »nur aus Wörtern bestand und doch eine einfache Anschauung war, ohne Erkenntnis«, aber sie ließ sich nicht in einem Satz ausdrücken, sondern wollte erzählt sein.

Das war im Spätsommer 1990, sagte ich also zu dem Graphiker, in dem Jahr, das Peter Handke »das Jahr der Geschichte« genannt und zugleich gefragt hatte, ob es nicht »doch bloß eine Abart der alten Gespenstergeschichte« wäre, was es in der Tat war. Ich hatte den Auftrag, diesen Roman für die Buchmessenbeilage einer Zeitung zu besprechen, und war sehr unter Zeitdruck. Meine Frau und ich hatten den Kindern versprochen, eine Woche nach Langeoog zu fahren; ich nahm also das Buch mit und begann zu lesen, während meine Frau mit den Kindern Fahrradtouren machte oder ins Schwimmbad ging. Es war stürmisch, klamm, verregnet, der Himmel so grau wie das Meer, das ich vom Zimmer unserer Wohnung sehen konnte, wenn ich die Augen vom Buch hob. Und das tat ich oft, weil ich überhaupt keinen Zugang zu dem Text fand, nicht verstand, worum es ging, dazu immer abgelenkt wurde durch die Erregtheit der politischen Ereignisse, die durch Radio und Fernsehen wie Strandgut auf die Insel gespült wurden, deutsche Einheit, du erinnerst dich vielleicht ...

Selten habe ich ein Buch unkonzentrierter und ungeduldiger zu lesen begonnen wie dies, legte es schließlich beiseite und wollte den Rezensionsauftrag abgeben. Aber dann, nach drei Tagen, schlug das Wetter um; die Möwen segelten plötzlich in ruhigen Schwüngen vor einem durchsichtigen Blau, wir konnten uns jetzt ganze Tage am Strand aufhalten und bezogen einen dort vergessenen, ziemlich demolierten Strandkorb. Ich nahm noch einmal das Buch mit, blätterte, suchte, und durch die heiseren Schreie der Möwen, die fernen Stimmen der Kinder, die irgendwo eine Sandburg bauten, durch den gleichmäßigen Schlag der Brandung und das faserige Rauschen des Winds im Geflecht des Strandkorbs, bekamen die Worte ganz langsam ein Volumen, eine Stimme, die ich zuvor nicht gehört hatte: »Zu hoffen blieb nur«, sagte die Stimme, »auf die kurzen Entrückungen, die Zeitspannen außerhalb jeder Verflechtung mit der Gegenwart oder besser, des vollständigen Eintauchens in die Sekunde des Augenaufschlags, wo ihr Blick auf einen sich gemächlich höher schraubenden Vogel fallen konnte«, die Möwen über den Dünen, den Wolkenzug am Horizont. Nun las ich wirklich, weil das Buch in meiner Gegenwart angekommen war, weil ich mich von der Schein-Gegenwart historischer Aufdringlichkeiten entfernte, weil ich nicht mehr fragte, wo der Sinn dieser wellenartig bewegten Prosa zu suchen war, sondern wußte, daß die sich hebenden, senkenden, aufschäumend brechenden, verebbenden und wieder neu auflaufenden Wellen nichts anderes bedeuteten als ihre eigene Bewegung, die im Einklang stand mit Sand und Wind, mit den Stimmen am Strand, mit der Bewegung meiner die Zeilen entlanglaufenden Augen, mit meinem ruhiger werdenden Atmen. Nach zwei Tagen im Strandkorb hatte ich den Roman zu Ende gelesen. Daß ich ihn verstanden hätte, darf ich kaum behaupten, viel weniger jedenfalls als die anderen Romane Brigitte Kronauers. *Die Frau in den Kissen* aber habe ich wirklich gelesen, wie ich nur selten ein Buch gelesen habe.

Ob ich denn sagen könne, wollte der Graphiker wissen, wovon das Buch handle? Ja und nein, sagte ich. Das Ja stehe in der Rezension, die ich dann doch geschrieben habe. Und das Nein? Damit, sagte ich, verhalte es sich vielleicht so: Bücher, die fraglos in uns aufgehen, deren Sätzen wir ein ständiges »Ja, so ist es« zunicken, mögen unserer intellektuellen Belastbarkeit schmeicheln, weil wir ihre vielleicht hochkomplizierten Absichten verstehen; aber solche Bücher wirken nicht, sondern erzeugen im Lesenden statt Resonanz bloß Redundanz: Einen hohlen, in sich selbst, im längst Vertrauten und Bekannten, versickernden Hall. Wirksam wird und bleibt nur jene Lektüre, die anregt, indem sie etwas in uns öffnet und offen hält, das zuvor verschlossen war; etwas, das uns fordert, indem es überfordert, ermutigt, indem es zumutet; etwas, das wir nicht einsehen, sondern ansehen, indem es sich, und sei es als die schöne Schwingung eines Fragezeichens, in uns auffächert.

II.

Die historische Entwicklung der Gegenwart hat eine literaturpolitische Debatte erzwungen, deren ans Hysterische grenzende Aufgeregtheit der Literatur ihre ideologischen Sachgehalte, ihre wie auch immer gelagerte Relevanz für die gesellschaftlichen Umwälzungen glaubt abfragen zu müssen – als sei es die vornehmste Aufgabe der Literatur, politische Ereignisse zu illustrieren. Wenn nun in dieser Situation mit Brigitte Kronauers neuem Roman *Die Frau in den Kissen* ein Werk erscheint, das nicht nur den deutsch-deutschen Veitstanz mit keiner Silbe würdigt, sondern sich programmatisch jede »Berichterstattung der Fakten« von Leib und Seele hält, das apodiktisch stoßseufzt: »Licht der Vernünftigkeit, Licht der Sachlichkeit, verschone uns!«, dem »der falsche, vorgefertigte, stets auf der Hand liegende Zusammenhang, … dieser den unendlichen Hohlraum auslassende, negierende Zusammenhang, die aufdringliche, als endgültig sich ausgebende Reportage der Ereignisse« bestenfalls Negativfolie des eigenen Gegenentwurfs eines schrankenlosen Innen ist, wenn dies Werk also mit kraftvoller Entschiedenheit alles beiseite wischt, was im Augenblick die äußere Welt bewegt, und statt dessen in Form eines monumentalen Monologs Persönlichkeitstranszendenz in hymnisch-mystischen Ekstasen feiert, wenn es dabei dennoch nie in wohlfeilen Verrat an der Rationalität verfällt, sondern Anschluß an zeitgenössische Überlegungen der Naturwissenschaft findet, indem es den Bewegungen, Formen und Gestalten der inneren Welt auf der Spur ist – wenn all das also zusammenkommt, dann ist dies Werk willkommener Anlaß, an die wahre Funktion der Literatur zu erinnern.

Nie und nimmer besteht diese darin, noch einmal schöner zu sagen, was jeder TV-Konsument längst weiß; sie besteht vielmehr, um ein Wort Paul Valérys zu zitieren, in der servilen Nachahmung dessen, was in den Dingen undefinierbar ist. Ihr Gegenstand ist mithin jener »unendliche Hohlraum«, auf den Erscheinungen und Dinge des Außen verweisen: Die äußere Welt ist gewissermaßen nur eine Abstraktion der inneren, im Einzelnen erscheint das Ganze. Wenn es bei Brigitte Kronauer heißt: »Ich denke ja nicht. Ich sehe nur durch alles hindurch … Ich will nicht schärfer hinsehen, alles genügt, wie es ist«, dann ist hier – bis in die Wortwahl hinein (»nicht schärfer«) – angedeutet, wie sehr sich dieser Roman bei der Erschließung des Hohlraums auf gedanklichen Feldern bewegt, die von der modernen Physik abgesteckt wurden.

Die Welt des Allerkleinsten nämlich, die mikrokosmischen Strukturen der Wirklichkeit, denen sich dieser Roman in Bildern und Symbolen zuneigt, sind nicht einfach eine verkleinerte Kopie der gewohnten Alltagswelt, sondern besitzen eine andere Struktur. Die Quantenphysik kam zu dem Schluß, daß es eine objektivierbare Welt, also eine gegenständliche Realität, gar nicht »wirklich« gibt, sondern daß diese nur eine Konstruktion, eine Vorstellung unseres rationalen Denkens ist, eine zweckmäßige Ansicht der Wirklichkeit. Die Auflösung der dinglichen Wirklichkeit offenbarte, daß eine Trennung von Handeln und Betrachten, von subjektiver Wahrnehmung und objektiver Erscheinung nicht mehr streng möglich ist. Eine ganzheitliche Struktur der Wirklichkeit zeichnete sich ab, und entsprechend gibt es in *Die Frau in den Kissen* nicht nur kaum äußere Handlung, sondern es gibt im strengen Sinn auch kein Werden oder Entstehen mehr – »alles genügt, wie es ist«, und webt in harmonischen Mustern in scheinbar absichtsloser Bewegung ineinander. Weite Teile des Romans verzichten auf Verben, arbeiten mit Partizipialkonstruktionen oder sind ganz substantiviert, womit der Text auch in seiner grammatischen Feinstruktur Abschied vom mechanistischen Prozeßcharakter nimmt.

Kein Geringerer als Werner Heisenberg, der Entdecker der Unschärferelationen, hat nachdrücklich auf den Zusammenhang verwiesen, den das neue physikalische Weltbild zur Kunst hat, insofern nämlich die Quantentheorie ein Beispiel dafür sei, »daß man einen Sachverhalt in völliger Klarheit verstanden haben kann und gleichzeitig doch weiß, daß man nur in Bildern und Gleichnissen von ihm reden kann.« Bleibt auch das wahre Wesen der Dinge verschlossen, so kann doch das, was in den Dingen undefinierbar ist, mit Ausdrucksweisen umkreist werden, die sich von jeder Zweckrationalität verabschiedet haben. »Unter Kruste und Mantel in flüssiger Hülle das eiserne, starre, glühende Herz« oder »das niemals verratene Leben der steinern schlafenden Dinge«, das sind zentrale Chiffren aus Brigitte Kronauers großem Fundus »flüssiger Mathematik«, mit dem sie in immer neuen Konfigurationen ihr Thema angeht, ihre Kern-Frage stellt: »wie ätze ich uns frei und heraus zu unserer wirklichen, ach, vielleicht doch wirklichen und letztlichen Substanz?«

Die Methode der Autorin entspricht einer Forderung Heisenbergs, der nach Beschreibungsweisen suchte, »in denen von praktischer Anwendung nicht mehr die Rede ist, in denen vielmehr das reine Denken den verborgenen Harmonien in der Welt nachspürt. Dieser innerste Bereich, in dem Wissenschaft und Kunst kaum mehr unterscheidbar sind, ist vielleicht für die heutige Menschheit die einzige Stelle, an der ihr die Wahrheit ganz rein und nicht mehr verhüllt durch menschliche Ideologie und Wünsche gegenübertritt.« Die Befreiung von Ideologie und Wünschen ist das Kraftzentrum, aus dem heraus Brigitte Kronauers Protagonistin durch den Romankosmos zieht. Heisenbergs »reines Denken« und Brigitte Kronauers »Ich denke ja nicht« sind ein und dasselbe. Nun ist *Die Frau in den Kissen* natürlich ein Roman und kein ästhetischer Bilderbogen zu Problemen der Quantenphysik – allerdings durchaus kein Großstadtroman und im Grunde auch kein »erotischer Roman«, wie der Klappentext in verkaufstüchtiger Verkennung des Werks meldet.

Großstadt erscheint hier nämlich nur als eine Art urbanes Grundrauschen, das die Enklaven umspült, durch die sich die Erzählerin auf der Suche nach immer neuen Evidenzerfahrungen bewegt: der Zoo einer Stadt, das Zimmer einer alten Frau, das Dach eines Hauses im Morgengrauen – alles andere sind innere Landschaften und Zustände; der Roman stellt also kein großstädtisches Panorama her, sondern entwickelt im Gegenteil einige äußere und zahlreiche innere Bezirke, in denen Großstadt

Erfahrung und Empfindung nicht infizieren kann, in denen Erfahrung im strikten Sinn sich etablieren kann.

Ähnlich vexiert wird Erotik, jedenfalls sexuelle Erotik, in diesem Roman verstanden, als Ablenkung vom geheimen Zentrum der Dinge und Empfindungen, gelegentlich aber auch als Hinweis auf dies Zentrum. Sexualität ist »nichts als eine Schranke, Barriere, der Wassergraben oder nicht zu lüftende Schleier vor einer sonst ausbrechenden Erkenntnis. Verhindert nämlich nicht die gnädige Verwirrung des so bezeichneten Höhepunkts, daß man in seiner, einmal in Gang gebrachten orgiastischen Erhellung, in diesem grellweißen Tunnel an den wegklappenden Erscheinungen vorbei in die Unendlichkeit rauscht?« Das Ziel von Vereinigung ist für die Erzählerin total, nicht auf eine andere Person oder auf Zweisamkeit gerichtet; Sexualpartner sind insofern Medien, »funktionieren« aber meist nicht so: »Nur war es nicht der passende Mann, der neben mir lag, nämlich nicht der, auf den sich Moos, Licht, Geruch konzentrierten, so daß ich mich durch ihn mit all dem, worauf es ja doch ankam, vereinigt hätte.«

Vereinigung mit allem, eine gewissermaßen profane, jedenfalls ganz unreligiöse »Unio mystica« ist das eigentliche Thema dieses Buchs, das in der strengen Gliederung seiner fünf Kapitel in ekstatisch an- und abschwellenden Bildkaskaden nach Möglichkeiten sucht, diese Vereinigung innerhalb eines sachlichen Lebenszusammenhangs herzustellen, der solche Erfahrungen kaum noch zuläßt oder als wahnhaft ausgrenzt.

Das erste Kapitel bildet eine Ouvertüre, versammelt in Kurzform, rasch aneinander montiert, als ob ein Fernsehgerät mit unendlicher Programmwahl auf alle Kanäle durchgeschaltet würde, zentrale Momente der kommenden Teile: eine Vor-Schau, deren Ort das Bett ist, in dem phantasierende Ausschweifung und träumerisches Versinken quasi noch alltäglich sanktioniert sind.

Die Erzählerin befindet sich jedoch bereits im Zoo, und wie der Prolog eine reflektierende Rückblende darstellt, so besteht das zweite Kapitel aus einer vorgestellten Liebesgeschichte, in der, ironisch bis bizarr, die Ablenkungsfunktion körperlicher Liebe schließlich doch in wahrer Vereinigung mündet, in der »Zerstäubung in den Zusammenhang von Wasser, Himmel, Luft als alles übertreffende Lust«.

Das dritte Kapitel läßt die Erzählerin in den Erscheinungen des Zoos versinken, in einer »Verklammerung, eine schließlich sich vertilgende, mich Einzelgeschöpf vertilgende Verzahnung« mit dem Kreatürlich-Lebendigen. Brigitte Kronauer nennt diese Einfühlungsprozesse, deren Ge- oder Mißlingen das Rückgrat des Romans bilden, »das große Ausatmen« – das Ausatmen von Individualität und einzelnem in Landschaften, ins Kreatürliche, ins Geheimnis der Dinge, ins Ganze. Ihr Ziel, wiederholt ein ums andere Mal die Erzählerin, sei es, »den Ausgang zu verfehlen«, im Augenblick verlorenzugehen, im anderen zu verschwinden. Das vierte Kapitel verlängert diesen Zoobesuch nach außen, denn die Erzählerin sucht eine alte Frau auf, die sie von früheren Zoobesuchen kennt. Während des Gesprächs der beiden Frauen, die, in ihren Vorstellungswelten gefangen, präzise aneinander vorbeireden, steigert Brigitte Kronauer die Entgrenzungs- und Vermischungsphantasien ihrer Erzählerin ins Fernste und Tiefste, in den Sternenhimmel und ins Erdinnere: »Unendlich breite ich mich aus. Nichts tritt meinem Flug in dieser Zone verklärter Zerstreutheit entgegen«, während die alte Frau in einem »System von Umschließungen« einschläft: »die Decke auf dem Körper, das Dach über dem Kopf, die Nacht über der Erdhälfte, der Weltraum um den Planeten herum«.

Das letzte Kapitel, ein Epilog auf dem Hausdach über der Stadt, in Erwartung des anbrechenden Tags, reflektiert die beschriebenen Erfahrungen und darf wohl auch als immanente

Poetologie des Romans gelesen werden. Absichtserklärungen in Literatur verstimmen; Brigitte Kronauers Resümee leistet das Gegenteil: Es wirkt wie eine Stimmgabel, die retrospektiv Zusammenhänge in die scheinbare Uferlosigkeit des Textes bringt. Wahr ist, heißt es da, »daß sich eine endgültige Landschaft herausgeschraubt hat, glänzende Inseln aus der Befangenheit der vernünftigen Zusammenhänge. Auf die kommt es mir an, auf diese Inselberge ... Die Dinge stehen auf des Messers Schneide, das ist es, schneidende Anblicke, Ewigkeitsfunken.«

Wahr ist auch, daß Brigitte Kronauer mit diesem Roman den (zur zeitgenössischen Literatur querstehenden) Versuch unternommen hat, einen radikal nach innen geweiteten Begriff von Erfahrung ebenso zu retten wie den emphatischen Begriff von Wahrheit als dem Herz der Dinge – und zwar sehr bewußt in polemischer Abgrenzung zu einem gesellschaftlichen Kontext, der Erfahrung vernichtet und Wahrheit zum Faktum verdünnt. Wer sich mit den politischen, gelegentlich mit dem Gütesiegel »historisch« vergoldeten Abziehbildern von Welt und Wirklichkeit nicht zufriedengeben mag, wer nach dem krampfhaften Luftholen der sich jagenden Ereignisse den Wunsch nach einem großen Ausatmen verspürt, der lese diesen großen Roman.

Inbilder

Kleiner Versuch über Peter Handkes *Versuche*

> *Das Widerstrebende zusammenfügen und*
> *aus dem Unstimmigen die schönste Harmonie*
> Heraklit

1. »Ja, erst einmal will ich die Lage nicht widerspiegeln . . .«

Eine kritische Darstellung von Peter Handkes *Versuch über die Müdigkeit*, seinem *Versuch über die Jukebox* und dem *Versuch über den geglückten Tag* fällt aus drei Gründen nicht leicht. Erstens bedenken diese Texte ihre Entstehung, ihr poetologisches Programm und ihre literarische wie philosophische Problematik ständig selbst, nehmen in einer fragenden, tastenden, sehr nachgiebigen Bewegung Einwände vorweg und amalgamieren damit gewissermaßen manche Möglichkeiten ihrer Auslegung – freilich nicht, um voreiliger Kritik den Wind aus den Segeln zu nehmen oder unschlüssiger Kritik Begriffe zu liefern, sondern weil die skrupulöse Darlegung ihrer eigenen Bedingtheit integraler Bestandteil von Absicht und Methode dieser *Versuche* ist. Der *Versuch über die Müdigkeit* hat ein Problem zum Thema, der *Über die Jukebox* ein Ding und der *Über den geglückten Tag* eine Idee, doch sind alle drei auch Versuche über den Versuch, über die Form des Essays; indem sie ihren Gegenständen nachgehen, enthüllen sie ihre eigene Textur und liefern zugleich unterschiedlich belichtete Selbstporträts ihres Autors. Damit schafft Handke höchst transparente Textkörper, aus deren »Geheimnislosigkeit« eine subtile Schönheit und bescheidene Wahrhaftigkeit entsteht.

Bücher wie *Die Angst des Tormanns beim Elfmeter* oder *Der kurze Brief zum langen Abschied* waren vor zwanzig Jahren für mich wie Offenbarungen; sie artikulierten sprachlich mein Lebensgefühl wie etwa Rock-Musik dies musikalisch tat, brachten auf den literarischen Begriff, wofür ich keine Worte hatte, beschrieben stellvertretend mein Gefühl, von Abhängigkeiten erdrückt zu werden, zeigten aber auch Möglichkeiten, die Dinge ganz anders zu sehen als in der verordneten Wirklichkeit: »Ich kehrte zur Jefferson Street zurück und trank ein Ginger Ale in einer Snackbar, in der es keine alkoholischen Getränke gab. Ich wartete, bis die zwei Eisstücke im Glas geschmolzen waren, und trank dann das Wasser nach; es schmeckte bitter, tat aber gut nach dem süßen Ginger Ale. An der Wand neben jedem Tisch befand sich ein Kästchen, an dem man die Platten der Musicbox drücken konnte, ohne dafür aufzustehen. Ich warf ein Vierteldollarstück ein und wählte *Sitting on the Dock of the Bay* von Otis Redding. Dabei dachte ich an den großen Gatsby und wurde selbstsicher wie noch nie: bis ich mich gar nicht mehr spürte. Es würde mir gelingen, vieles anders zu machen. Ich würde nicht wiederzuerkennen sein.«

Das ist der unverwechselbare Handke-Sound des Romans *Der lange Brief zum kurzen Abschied*; zwanzig Jahre später sollte dann die Jukebox ins Zentrum eines eigenen Werks gerückt werden. Doch gegen Ende der siebziger Jahre hörte ich auf, Handke zu lesen, und zwar nicht, weil mir seine Bücher nicht mehr gefallen hätten (ich kannte sie ja gar nicht mehr), sondern weil »man« Handke nicht mehr las: Handke war plötzlich peinlich, sein »hoher Ton«, das angeblich »Weihevolle« und »Priesterliche«, galten als verdächtig. Handke, las und hörte ich, schreibe nicht mehr, er »raune«. Ich vertraute damals also weniger meinen eigenen Neigungen als vielmehr einem vagen Hörensagen und einer Literaturwissenschaft und -kritik mit schwerer ideologiekritischer Schlagseite. Und aus diesem falschen, weil auch opportunistischen Vertrauen resultierte ein schlechtes Gewissen – der zweite Grund dafür, daß ich nicht unbefangen über Handke schreiben kann.

Ein Kritiker schenkte mir 1987 *Nachmittag eines Schriftstellers* und machte dabei die Bemerkung, das Buch müsse mir gefallen – schließlich sei ich selber einer. Dieser Kritiker hatte recht, und damit ist der dritte Grund bezeichnet, der mir den zustimmenden Zugang zu Handke erleichtert, den kritischen erschwert. Ich fand hier nämlich angelegt, was auch mir immer stärker zum Problem geworden war und was in Handkes *Versuchen* nun zu sich selbst gefunden hat: Die literarische Harmonisierung von Wahrnehmung und Welt in einer Situation, die vom genauen Gegenteil beherrscht wird.

Indem Handke gegen die zügige Selbstgewißheit zeitgenössischer Prosa »vielseitige kleine und größere Annäherungen« setzt, die ihren Gegenständen gerecht werden, indem sie »den Abstand wahren; umkreisen; umreißen; umspielen«, Fragen stellen und offen halten, statt vorschnell apodiktische Antworten zu erzwingen, realisiert er einen Realismus der Evidenz. Literatur ist kein Abbild der Wirklichkeit, sondern eine eigene Realität, in der allerdings die äußere Wirklichkeit auf vermittelte Weise zu Nach- und Vorbildern wird, zum schönen Schein. Nach Paul Valérys subtiler Bemerkung vollzieht die Literatur eine genaue Nachahmung dessen, *was in den Dingen undefinierbar ist* und, das wäre zu ergänzen, aller naturwissenschaftlich-technischen Einsicht zum Trotz immer undefinierbar bleiben wird. Diese Bestimmung hat mit Mystizismus nichts zu tun, weist aber der Literatur eine Aufgabe zu, die dort beginnt, wo der streng rationale Diskurs versagt. Wenn Handke »mit einer möglichst klaren und reinen Sprache, dem was ich sehe und zugleich tief erlebe, zu *entsprechen*« versucht, vollzieht er in immer neuen Ansätzen eben diese Nachahmung des Undefinierbaren, die keine Widerspiegelung ist, sondern das Finden und Erfinden von Ähnlichkeiten.

2. » ... und zweitens drängts mich zum Zusammenhang. «

In einem ausführlichen Gespräch über seine Schreibmotive und -methoden hat Handke 1986 sein Werk als »eine leidenschaftliche Ratlosigkeit« charakterisiert, die dem Ungenügen am positivistischen, bloß deskriptiven »Festhalten der Dinge« entspringe. Als stilistisches Ideal bezeichnete er damals eine enge Verbindung des im Erzählen episch Zusammenhängenden »mit dem Disparaten, mit dem Sprunghaften, mit dem Augenblickshaften, mit der Notate, daß beides zusammen eine Einheit ergäbe, eine völlig organische, daß sich sozusagen das große Epos und die kleinen Dinge des Alltags, ... daß meine Lust zu kämpfen *und* meine Berührtheit durch das Kleinste« in einer lyrischen Prosa verschmelzen: »eine Erkenntnis der Einzelheiten und deren Verknüpfung zu einem einzigen Sachverhalt«. Die Trilogie seiner *Versuche* kann als Annäherung an dies synthetisierende Stilideal gelesen werden.

Die von Handke gewählte und unterschiedlich realisierte Form des Essays korrespondiert seinem Konzept der Entsprechung zwischen Empfindung und Gefühl und einer dafür zu findenden, adäquaten Sprache. So denkt er im *Versuch über die Jukebox* an eine Struktur des unverbundenen Miteinanders »vieler verschiedener Schreibformen, wie es ja, schien ihm, auch den so, wie sollte er es nennen?, ungleichen? arhythmischen? Weisen entsprach, in denen er eine Jukebox erlebt hatte und sich an sie erinnerte: Augenblicksbilder sollten wechseln mit weit ausholenden, dann jäh abbrechenden Erzählläufen.« Handkes Sprache hat hier, wie überall in den *Versuchen*, etwas Tastendes, die

Worte Prüfendes, Nachgiebiges – sie hat selbst Versuchscharakter. Diese Sprache will nicht überzeugen und nichts beweisen, sondern den Leser empfindlich und empfänglich machen: »Ich will aber nicht suggestiv werden. Nicht überreden möchte ich – auch nicht mit Bildern –, sondern erinnern, jeden an seine höchsteigene erzählende Müdigkeit«, jeden an seine eigenen Bilder.

Als Grundform, »die dem Ganzen eine Art Zusammenhalt gäbe«, entwickelt Handke ein »Frage-Antwort-Spiel«, das seine Begrifflichkeit und seine Denkbewegungen ständig überprüft und offen hält. Wenn ihm etwa der *Versuch über die Jukebox* unter der Hand zur Erzählung wird, fragt er sich, ob das selbstgewisse Erzählen nicht »Ausdruck seiner Angst vor all dem Vereinzelten, Unzusammenhängenden? Eine Ausflucht?« sein könnte. Indem er das fragt, bricht er die Selbstgewißheit der Erzählung als die »ursprünglich am meisten von Meinungen freie, weitherzigste Weise zu reden« und macht die Erzählung zum Versuch über die Möglichkeiten des Erzählens.

In der Frage als sprachlichem Grundgestus erscheint und schafft sich die Form: »Ist für das Glücken des Tags keine Linie zu schaffen, nicht einmal eine labyrinthische? Aber heißt das nicht, daß so ein Immer-wieder-Neuansetzen des Versuchs auch eine Möglichkeit ist, seine besondere?« Und die zur Sprache gebrachten Wahrnehmungen, Erinnerungen und Vorstellungen weisen ihrerseits zurück auf das Grundmotiv der *Versuche*; das Läuten der Kirchenglocke im *Versuch über den geglückten Tag* empfindet Handke als ein »Zusammenrufen all der Vereinzelten in den verschiedenen Richtungen.«

3. »Man kann doch wirklich nur von dem schreiben, wo einem das Herz aufgeht – und natürlich in der Dialektik zu dem, was einen erzürnt.«

Man hat Handke Weltabgewandtheit vorgeworfen, Flucht vor den Konflikten der Gegenwart, Austritt aus der Geschichte. Und es ist wahr, daß diesen Autor Orte und Stellen anziehen, die wie das spanische Soria im *Versuch über die Jukebox* »fernab der Verkehrswege« und »fast außerhalb der Geschichte« liegen, daß er jene Reste in einer nahezu restlos vermessenen Welt sucht, weiße Flecken der Ruhe sozusagen auf der grellbunten Karte globalen Lärms, in denen Erfahrung im strikten Sinn sich noch entfalten kann. Es ist wahr, daß ihn das »Naheliegende« interessiert, »was ihn wirklich betrifft, wo ihm ein bißchen das Herz aufgeht«, das Material, aus dem sich Harmonie bilden läßt. Es ist wahr, daß er es nicht für die Aufgabe der Kunst hält, das, was jeder politisch interessierte Mensch aus den Zeitungen und telematischen Medien längst weiß, noch einmal schöner zu sagen, und daß er die gesellschaftliche Präzeptorenrolle, die andere Schriftsteller sich anmaßen oder in die sie gedrängt werden, für literaturfeindlich hält. Es ist wahr, daß sein Realismus nicht »gesellschaftskritisch« ist, sondern ein Realismus der Wahrnehmung, des Gefühls und der sprachlichen Entsprechung zu wahrgenommenen Bildern. Es ist wahr, daß es ihm vordringlich um »das wahrnehmende, betrachtende, sich erinnernde, entwerfende Ich und die Landschaft« geht, aber es ist auch wahr und tief wahrhaftig, daß »die Geschichte, also auch die Historie« ihm »dazwischenfunkt« und daß er diesen störenden Funksignalen nicht ausweicht, sondern sie in seine Texte integriert.

Man lese im *Versuch über die Müdigkeit* seinen Zorn auf einen österreichischen Nationalcharakter (dem deutschen mehr als vertraut), einen Zorn, der genau die Negativfolie dessen beschreibt, was den Frieden einer wachen und bewußten »Müdigkeit« ausmachen kann: »Und mein ganzes Land ist durchsetzt von derartigen Unermüdlichen, Putzmunteren, bis hin zu den sogenannten Führungskräften; statt je auch nur für einen Augenblick den Zug der Müdigkeit zu bilden, setzt dreist sich in Szene ein wimmelnder Haufen *fortgesetzter* Gewalttäter und Handlanger, ... von alt, doch nicht müde gewordenen Massenmord-Buben und -Dirndeln, der landesweit eine Nachkommenschaft von gleichermaßen ewig aufgeweckten Kerlchen abgesondert hat, welche dabei sind, auch schon die Enkel zu Spähtrupps zu drillen, so daß in dieser gemeinen Mehrheit für all die Minderheiten nie ein Platz sein wird zu der so nötigen Sammlung in einem Volk der Müdigkeit. Unser Volk ... ist das erste unabänderlich verkommene, das erste unverbesserliche, das erste für alle Zukunft zur Sühne unfähige, umkehrunfähige Volk der Geschichte.« Und man lese im *Versuch über die Jukebox* seine verhalten-klugen Bemerkungen über »das Jahr der Geschichte« 1989, lasse sich die Frage, ob dies Jahr nicht bloß »eine Abart der alten Gespenstergeschichte?« sein werde, durch den vom Vereinigungsrausch inzwischen wieder nüchternen Kopf gehen, oder bedenke sein Entsetzen über die »Blutspritztour nach Panama« – und man wird vielleicht das »Grauen vor der Geschichte«, wenn nicht teilen, so doch verstehen können.

Handke weiß und sagt es sehr genau, daß dauernde Schönheit nicht möglich, stete »starke Sanftmut ... auch nicht wahr« ist; die Verstörungen, die von der Wirklichkeit ausgehen, kommen uneingeladen, aber nachdrücklich und produzieren die Brüche in diesem Werk, das radikal auf Schönheit und Ruhe in einem Zusammenhang zielt, der solche Zustände immer obsoleter macht, zugleich aber weiß, daß diese ohne ihr Gegenteil nicht zu haben sind. Dies Gegenteil des schlechten Ganzen umgibt die ideale »Linie der Schönheit und Anmut« auf William Hogarths

Selbstporträt, einem Leitmotiv im *Versuch über den geglückten Tag*; sie »scheint sich regelrecht den Weg durch die unförmigen Farbmassen zu bahnen, wirkt zwischen diese eingegraben, und zugleich ist es, als werfe sie einen Schatten«. Man könnte Handkes Position in Umkehrung eines berühmten Satzes von Adorno definieren: Es *gibt* ein richtiges Leben im falschen – es ist freilich tief affiziert von diesem, aber in einer nicht erpreßten, unvoreiligen Versöhnung in Literatur aufgehoben: »Das Wohltuende für den Dichter liegt darin«, schrieb Hugo von Hofmannsthal, »unsäglich gebrochenen Zuständen ein ungebrochenes Weltverhältnis gegenüberzustellen, das doch in der innersten Wesenheit mit jenen identisch ist.«

4. *»Aber was mein Ehrgeiz ist und auch mein Streben, ist eben, ... das Ursprungshafte oder das Frische oder die Verbundenheit des Worts mit dem ursprünglichen Ding zu wiederholen, oder zu erneuern.«*

Wenn Handkes Erzählhaltung dialektisch ist, dann ist sie es sozusagen unfreiwillig: Die Geschichte mischt sich in seine Geschichten, die Historie spricht ihm ins Nachdenken. Aber die Fluchtpunkte seines Schreibens sind weniger aus dialektischen Widersprüchen gewonnene Synthesen als vielmehr aus Ähnlichkeiten und Analogien hergestellte Harmonisierungen, Stilleben der Entsprechung. Man kann deshalb dies Verfahren mit dem medizinischen der Homöopathie vergleichen, insofern hier wie dort zu bestimmten Reizen analoge oder doch ähnliche Gegenreize gefunden werden, durch die verlorene Harmonie wieder hergestellt werden soll; und hier wie dort geht es nicht um abgeleitete Symptome, sondern um Ursachen, *geistige* Ursachen, auf die mit hochpotenzierten Mitteln Wirkung ausgeübt wird. Handkes Mittel ist eine hochpotenzierte, extrem verdichtete Sprache, die der Empfindung entsprechen soll und damit etwas bezeichnet und zugleich mitteilt, was Handke »Inbilder« nennt: ruhige Aufmerksamkeit, gelassenes Wahrnehmen.

Für das Zur-Sprache-Kommen solcher Inbilder ist Handkes doppelsinnige Verwendung des Begriffs »Wiederholung« zentral, den er vor allem im Sinn von *Wieder*-Holung nutzt. Es geht um die Rettung, nicht um die Umwertung, bestimmter Worte, deren Verlust zugleich den Verlust der mit ihnen unaustauschbar korrespondierenden Erfahrungen bedeuten würde. Deswegen kann Handke mit Gleichungen wie »das Sprechenkönnen, die Seele« operieren, deswegen auch kann er ohne Peinlichkeit vom »Heiligen« sprechen: »Wenn die Vergangenheit so war, daß sie es schafft, zu verklären, so soll sie mir recht sein, und ich glaube solcher Verklärung. Ich weiß, daß diese Zeit eine heilige war.« Wenn Handke darauf besteht, daß »überhaupt nichts gemeint ist«, nichts Symbolisches, Verweisendes, so spricht er damit den sehr diesseitigen und säkularisierten Charakter dessen aus, was ihm »heilig« oder »erhaben« scheint: Es handelt sich um nichts anderes als eine extrem subtile Form der Phänomenologie, man könnte auch von sympathetischem Humanismus sprechen, in der das Undefinierbare der Welt Ereignis wird. »Man suche nur nichts hinter den Phänomenen, sie selbst sind die Lehre« – ein Goethe-Wort, das hier vielleicht der Weisheit letzter Schluß ist.

Wieder-Holen und Festhalten sind die beiden großen, wertkonservativen Ideen dieses Autors. Was verloren zu gehen droht, das wird nach einem Wort Walter Benjamins Bild. Aber als Bild bewahrt es sein Wesen, weist womöglich noch über seine »natürliche« Existenz hinaus. Es ist eine, wenn nicht *die* Aufgabe der Kunst, das Verschwindende im Bild festzuhalten, zugleich jedoch das erscheinen zu lassen, was es verschwinden läßt. In diesem Verschwinden blitzt also das Neue auf, das zuvor nie Gesehene. Die »fast schon urtümliche Sache« der Jukebox beispielsweise will Handke, bevor sie ihm »aus dem Blick geriet, festhalten und gelten lassen, was ein Ding einem bedeuten und, vor allem, was von einem bloßen Ding ausgehen konnte«.

Das Abgelegene und Verschwindende, das Übersehene und nicht zu seinem Recht Gekommene sind die Gegenstände, auf die Handkes Aufmerksamkeit fällt. »Unkenntnis und Gleichgültigkeit« reizen ihn und die Tatsache, daß »die Zeit der Jukeboxen ... so ziemlich vorbei« ist. Er ist ein Archäologe der Dinge, des Gefühls und der Sprache, aber er betreibt eine Archäologie, die der Gegenwart dient, doch sich der Funktionalisierung verweigert und ins Offene weist: »Vergnügen an der möglichen Sinnlosigkeit seines Vorhabens – Freiheit!« Es sind Versuche, »das Positive« in einer Welt zu finden, deren Zerrissenheit und mediale Scheinhaftigkeit Erfahrungszusammenhänge vernichtet; je geringer aber die Chancen sind, Erfahrungen im strikten Sinn zu machen, desto notwendiger dürften sie sein; die Literatur kann hier zum Statthalter werden, notfalls zum Museum – immerhin noch ein Ort der Sammlung und der Öffentlichkeit.

5. *»Erzählen heißt ja immer Entwerfen*
einer menschenwürdigen Welt.«

Handkes Inbilder sind Nach-Bilder verschwundener oder im Verschwinden begriffener Phänomene und Zustände – im *Versuch über die Müdigkeit* Erinnerungen an Erfahrungen der Kindheit, im *Versuch über die Jukebox* Erinnerungen an Evidenzerfahrungen des Heranwachsenden, der beim Klang der Musicbox etwas erfuhr, »was in der Fachsprache ›Levitation‹ heißt, und das er selber mehr als ein Vierteljahrhundert später wie nennen sollte: ›Auffahrt‹? ›Entgrenzung‹? ›Weltwerdung‹? Oder so: ›Das – dieses Lied, dieser Klang – bin jetzt ich‹«.

Aber die *Versuche* sind keine nostalgischen Feiern gewesenen Glücks, denn Handke weiß, daß »doch auf die Dauer ein Lebensgefühl ... nicht aus dem kommen« kann, »was abwesend war«. Deshalb sind diese Inbilder immer auch zugleich Ab-Bilder einer erfüllten Zeit, die sich ihm im Schreiben erschließt (und im Lesen sukzessive mitteilt): »Verstärkte Gegenwart erschien ihm dabei als etwas Wertvolles – nichts Kostbareres und Überlieferungswürdigeres als sie; eine Art des Gewärtigwerdens wie sonst nur bei einem die Bedachtsamkeit weckenden Buch.«

Während die Versuche *Über die Müdigkeit* und *Über die Jukebox* also von gelebten Erfahrungen und deren Beziehungen zum Augenblick des Schreibens ausgehen (»Längst leblos gewordene Bilder kamen in Schwung und Schwebe, brauchtes so nur noch niedergeschrieben zu werden«), entwirft der *Versuch über den geglückten Tag* eine Möglichkeit, das Vor-Bild eines erstrebenswerten Zustands, der noch nicht realisiert ist, sich aber im Nachdenken über den Text abzeichnet, »als würde mit der Entdeckung eines einzigen der Sache näherkommenden Wortes auch dieser ganze Tag glücken«. Die tendenzielle Unendlichkeit der Inbilder bündelt sich in Worte. Ideen und Abstraktionen sind jedoch bereits sublimierte, überwundene Erfahrungsfülle. Im *Versuch über den geglückten Tag* läßt Handke eine Abstraktion wieder zu Wort und zu Bildern werden und läßt damit die Technik der anderen *Versuche* gewissermaßen rückwärts ablaufen. »Nicht von den Kindertagen, den einstigen, handelte die Idee, vielmehr von einem Erwachsenentag, einem kommenden, und die Idee war wirklich ein Handeln, sie handelte – griff ein – über die einfache Zukunft hinaus, als Sollensform.«

Das kommunikative, vor-bildhafte, in gewisser Hinsicht ethische Anliegen Handkes, sein Wunsch einzugreifen, grundiert die *Versuche* wie ein Generalbaß: »Ich möcht ja immer etwas vorerzählen. Nur etwas nachzuerzählen, was ich schon erlebt hab, das könnt ich nie.« Die drei *Versuche* sind auch Selbstporträts des arbeitenden Schriftstellers Handke, der sich beim Schreiben beobachtet und diese Beobachtungen an den Leser weitergibt, um seine Motive transparent zu machen; damit liefern die *Versuche* ihre eigene Entstehungsgeschichte und im *Versuch über den geglückten Tag* die Entstehungsgeschichte eines Aufsatzes übers Übersetzen, was nicht zuletzt deshalb von Bedeutung ist, weil Handke im Übersetzen eine andere Form des Entsprechens sieht. Diese Texte wollen die Empfindungen, denen sie sich verdanken, an die Leser weitergeben, in der Hoffnung, »daß Dinge wie am ersten Tag sind, auch wenn sie in der Tatsachenwelt oder in der Nachrichtenwelt zerstört sind«. Die Literatur soll eine zweite, vielfach vermittelte Naivität herstellen.

Wie sehr sich bei Handke tiefempfundene Mitmenschlichkeit mit seinen poetischen Absichten verschränkt und umgekehrt, zeigt vielleicht am eindrucksvollsten jene Passage aus dem *Versuch über die Müdigkeit*, in der der Autor, von einer langen Reise erschöpft, in einem Café in New York den Passanten zusieht. Er hat die Empfindung, daß sein Schauen eingreift, »daß meine Müdigkeit dort an dem zeitweisen Frieden mitzuwirken schien. . . . Ich sah, spürbar für den andern, mit ihm zugleich seine Sache mit« – und der andere »empfand um sich von einem Augenblick zum nächsten seiner Sache Aura.« Dieser Abschnitt ist ganz offensichtlich eine Hommage an Walter Benjamin, der in *Über einige Motive bei Baudelaire* schrieb, dem menschlichen Blick wohne »die Erwartung inne, von dem erwidert zu werden, dem er sich schenkt. Wo diese Erwartung erwidert wird . . ., da fällt ihm die Erfahrung der Aura in ihrer Fülle zu. Die Aura einer Erscheinung erfahren heißt, sie mit dem Vermögen belehnen, den Blick

aufzuschlagen. Diese Belehnung ist ein Quellpunkt der Poesie.«
Vielleicht ist sie der wichtigste Quellpunkt der Werke Handkes,
denn in seiner absichtslosen Zuwendung zu den Menschen und
Dingen erfährt er, wie »die tausend unzusammenhängenden Abläufe kreuz und quer vor mir sich ordneten über die Form hinaus
zu einer Folge; jede ging in mich ein als der genau da hin-
einpassende Teil einer – wunderbar feingliedrigen, leichtgefüg-
ten – Erzählung«.

Die Lektüre dieser *Versuche* ist schwierig und leicht zugleich,
weil es ebenso durchdachte wie entspannte Texte sind; »tiefsinnige Plaudereien« im besten Sinn, ernsthaft und streng, aber
auch humorvoll und beschwingt. Es sind nicht nur Beschreibungen, sondern wesentlich Herstellungen ihrer Themen: Der Traum
vom geglückten Tag ist real, weil »ich ihn nicht *gehabt* habe, sondern, in diesem Versuch hier, *gemacht*«. Man muß diese Sprache
aber gewähren lassen, wie sie die Dinge gewähren läßt, denen sie
gilt. Sie verkünden nichts Friedliches, sie sind friedlich – Modelle einer besseren Welt, die sich in der schlechten finden, eine
nachvollziehbare Illusion, die den Leser nicht hintergeht. »Es ist
sicher eine Gegenwelt zur Nachrichtenwelt, aber ... eine stich-
haltige Welt.«

6. *»Weder als Trostpflaster noch als Begleitgesang hat*
(die Literatur) ihre Rolle, sondern sie muß das Dritte entdecken,
erforschen und üben.«

Wen die Verhältnisse genügend abgestumpft haben, wird all dies
als antiquierte Harmoniesüchtigkeit, als rückwärtsgewandte,
postreligiöse Verzauberungsstrategie abtun und sich nimmer-
müde dem vor lauter Erfolgen nie glückenden Tagesgeschäft der
sogenannten Aktualitäten zuwenden. Wer sich jedoch inner-

halb seiner ausgebuchten Gegenwart ein Sensorium dafür erhalten hat, daß Literatur mit blankem Nützlichkeitsdenken nicht verrechenbar ist, sondern diesem einen Kontrapunkt der Entspannung, womöglich der Nachdenklichkeit, setzen könnte, mag immerhin den ironischen Respekt eines Bernd Eilert aufbringen, dem an Handke gefällt, wie er »schon seit Jahrzehnten seine einfachen Melodien« pfeift; und Eilert gehört »seit neuestem wieder gern zum Volk der Mäuschen, das deren Vorüberrauschen beifällig lauscht. Ein Publikum, das solche Lebenskünstler klaglos durchfüttert, kann nicht ganz schlecht sein.« Die Auflagenzahlen der *Versuche*, derzeit zwischen jeweils 30.000 bis 40.000, beweisen vielmehr, daß es immer noch zahlreiche Leser für Bücher gibt, die den hoffnungslosen Wettlauf der Literatur mit den telematischen Unterhaltungs- und Informationsmedien nicht mitmachen, sondern emphatisch auf der Erkenntniskraft von Sprachbildern bestehen, deren bedeutende literarische Qualität vielleicht gerade daraus zu ermessen wäre, daß sie anders als im Wort gar nicht in die Sphäre des Mitteilbaren treten können – verfilmbar sind die *Versuche* jedenfalls, bitte, nicht.

Allerdings haben sich die intensiven Erfahrungen Handkes mit den Darstellungs- und Wahrnehmungsweisen des Films inzwischen untrennbar mit seinen Schreibbewegungen verbunden. Wohl heißt es im *Versuch über die Jukebox*: »Sogar die Kinos, die doch früher nach der Arbeit eine Art Obhut gewesen waren, mied er immer mehr«, weil »er befürchtete, nie mehr zurück und zu seiner Sache zu finden«, zum Schreiben also. Aber versenkt im Kompositionsprinzip seiner Werke verwandelt sich die Struktur des Films zurück in Sprache: Die sukzessive Folge von Einzelbildern ergeben den Schein einer geschlossenen Bewegung, aus der Starre einzelner Augenblicke entsteht etwas Fließendes. Möglicherweise ist das von Handke häufig genutzte und problematisierte Wort »Ruck« – »Aber eine Idee – wie ist sie erzählbar?

Es geschah ein Ruck (immer wieder wird mir die ›Häßlichkeit‹ dieses Wortes vorgehalten, und es ist wieder einmal durch kein anderes ersetzbar)«, mit dem er die Abgründe des Möglichen überbrückt, die zwischen Wort und Wort oder Satz und Satz liegen, ein Reflex auf das unsichtbare Rucken von Einzelbild zu Einzelbild im Film. Wie den Rückgriffen und *Wieder*-Holungen Handkes, seiner entschlossenen Abwendung von der aufgeregten Ereignisflut »gesellschaftlichen Lebens«, doch immer kluge und engagierte Zeitgenossenschaft und Bewußtsein von Modernität eingeschrieben bleiben, so zeigt sich auch im Mikrokosmos dieser Werke ein von der Allgegenwart optischer Medien geprägtes Bewußtsein, das sich aber gerade dadurch von deren zerstreuender Gewalt befreit, indem es zu Bildern findet, deren offene Vielschichtigkeit kein Film bietet: zur Sprache.

Wer noch empfindlich und empfänglich genug ist, im Spiegel dieser auf unbedingte Wahrhaftigkeit zielenden Sprache Linien seiner eigenen Existenz wiederzuerkennen, wird vielleicht in Handkes Werk ein Modell der Utopie, eines Vor-Bilds zumindest entdecken, die kein Zusammenbruch der Systeme und auch kein geschäftsmäßiger Pragmatismus vernichten kann, eine Utopie, die als Möglichkeit stets vorhanden ist, unzerstörbar, aber verschüttet: »Die Brüderlichkeit des Schönen«, eine in Literatur bewahrte und aus ihr zurückstrahlende Freundlichkeit zwischen Menschen und der Frieden zwischen Mensch und Natur. Denn »wie das Ding im Augenblick sich zeigt, so *ist* es nicht bloß, so *soll* es auch sein. Und noch mehr: Das Ding erscheint in solch fundamentaler Müdigkeit nie für sich, sondern immer zusammen mit anderen, und wenn es auch nur wenige Dinge sein mögen, ist am Ende alles beieinander. ›Jetzt bellt auch noch der Hund – alles da!‹ Und als Schluß: Solche Müdigkeiten wollen geteilt werden.«

Wer Handkes Versuche liest, nimmt teil.

Schritte vom Weg

Laudatio auf Hermann Kinder

Ich lag schon im Bett, als der Anruf kam: Hermann Kinder sei der alemannische Literaturpreis zugesprochen worden.

Wie schön, dachte ich, da hat endlich mal ein Literaturpreis den Richtigen ...

Und ob ich bereit sei, die Laudatio zu halten?

Aber gewiß doch, mit Vergnügen! Denn als Freund ist Hermann Kinder mir lieb, und als Schriftsteller ist er wichtig – bekanntlich, und zum Glück für Autor und Leser, nicht nur mir. Ein Leichtes wäre es, sein Lob zu singen, über ihn zu laudieren. Ich kannte sein Werk ja gut, hatte auch bereits schon einige seiner Bücher rühmend rezensiert; da müßte ich doch im Grunde diese Rezensionen nur noch einmal zu einem hübschen, runden Redesträußchen zusammenbinden. Nichts leichter als das.

Und daß ich es mir so leicht gemacht hätte, würde vom Publikum, das bei der Preisverleihung anwesend sein würde, niemand merken. Niemand außer Hermann Kinder. Allerdings auch ausgerechnet Hermann Kinder. Hermann Kinder würde vielleicht schmunzeln, würde sein leicht nach innen gekehrtes Lächeln lächeln und denken, wie klug und angenehm von Klaus Modick, daß er sich wegen mir keine große Arbeit gemacht hat. Ach, peinlich wäre das, lieb- und gedankenlos gegenüber diesem Menschen, der mir so lieb und dessen Gedankenfülle mir so teuer ist. Das leicht Gemachte, es dämmerte mir, als meine Überlegungen schon die wogigen Regionen des Halbschlafs streiften, würde sehr schwierig werden.

Am nächsten Morgen legte ich mir auf den Schreibtisch, was ich von und über Hermann Kinder im Regal hatte – ein imponierender Stapel. Bekanntlich macht die Masse noch kein großes Werk, aber wenn einer in 19 Jahren 19 größere und kleinere Bücher publiziert oder ediert hat, dann darf man wohl von Fruchtbarkeit und Beharrlichkeit sprechen; von Beharrlichkeit um so mehr, als manchen dieser Bücher durch teils dreiste, teils hämische, zumeist schlicht dumme Literaturkritik die Entfaltung schwer gemacht worden ist. Diese Bücher liefern ja auch in der Tat keine stromlinienförmige, marktkonforme Unterhaltungsware, die den Geschmack des Massenpublikums treffen könnte; hatte ich das nicht selbst einmal in einer Rezension geschrieben?

Ich blätterte in meinen Papieren, und siehe da: Hermann Kinders *Ins Auge*, hatte ich seinerzeit dies Opus Magnum zusammengefaßt, sei ein sperriges, schwieriges Werk. Mein Gott, wie dämlich von mir! Wie konnte ich nur ein Buch, dessen Verbreitung mir am Herzen lag, derart abschreckend charakterisieren? Noch dämlicher freilich der Haffmans-Verlag, der ausgerechnet diesen Satz als Werbung in die Klappentexte von Hermann Kinders folgenden Büchern einfügte. Immerhin hatte ich damals noch angefügt, das Buch sei auch komisch, stellenweise witzig; die Wand zwischen Gelächter und Grauen sei hier freilich extrem dünn, durchlässig wie in allen Werken Hermann Kinders, in denen immer wieder Wahnsysteme zu Komik und Komik zum Wahnsystem gewandelt werden. Weiterhin hatte ich geschrieben, daß sich an den inhaltlichen und stilistischen Brüchen und Widersprüchen, die den Roman *Ins Auge* ausmachten, Leistungsfähigkeit und Problematik unserer zeitgenössischen Literatur exemplarisch ablesen ließen. Insofern sei der Roman auch eine Zumutung an den Leser, eine der produktivsten Zumutungen allerdings, die sich denken und lesen ließe. Wer gemütliche

Zertreuungsliteratur suche, der sei gewarnt. Wer aber den Mut habe, seinen Gesichtskreis irritieren und beträchtlich erweitern zu lassen, der werde nach der Lektüre vieles klarer sehen.

So weit, so gut, beziehungsweise immerhin so richtig. Ganz falsch war das ja nicht gewesen, aber recht rezensionshüftsteif und hölzern – und jedenfalls für die Laudatio völlig unbrauchbar; nicht zuletzt deshalb, weil Komik und Witz Kinders hier gar nicht beschrieben, sondern nur behauptet waren. Ich hatte allerdings, wie ich mich dunkel erinnerte, das literarische Funktionieren von Kinders grimmiger Komik an anderer Stelle zu beschreiben versucht, indem ich es mit einer Szene aus einem Charlie-Chaplin-Film verglichen hatte, in der Chaplin als Rollschuhfahrer zwischen Sturz und Genie, Taumel und Anmut, aufs schönste jongliert. Der komponierte Gestus des Grotesken, hatte ich herumdefiniert, funktioniere das Straucheln der Anmut um zu einer neuen, überraschenden Bewegung, fange den Sturz der Harmonie ab, indem er den Sog des Fallens zum Tanzen bringe. Hinter bizarren Chimären und verzerrten Masken der tollsten Originale, die Hermann Kinder in seinen Büchern zu einer Art hysterischem letzten Walzer auf dem Parkett einer depressiven Wirklichkeit zusammentreibe, konstituierten sich die grotesken Situationen aus der plötzlichen Konjunktion unfreiwilliger Komik mit der Tragik der Handelnden. Diese Komik sei zugleich der bittere Ernst jener großen Groteske, die Leben heißt, sei Leiden unter der Oberfläche eines Gelächters, das ins Brüllen gerate, umschlüge in den Schrei des von allen Sinngebungen und Gewißheiten isolierten Individuums. Und insofern halte Kinder mit gutem Recht seine Prosa zwar für amüsant, aber gar nicht so lustig.

Wenig amüsant und überhaupt nicht lustig war freilich auch dieser Deutungsversuch, der gewiß etwas Richtiges sagte, aber immer noch nicht, nicht einmal annähernd, dem unverwechselbaren Stil Hermann Kinders gerecht wurde. Und ...te im Übrigen Kinder in seinen Wiener Vorlesungen zur Literat... *Über das Autobiographische. Über das Authentische* seine Absicht... Methoden und Mittel nicht bereits derart präzise und uneitel ...muliert, daß ich ihn eigentlich nur noch zitieren konnte? Prosaschreiben bedeute ihm, hieß es da sinngemäß, den Ausdruck seiner selbst zu erproben, wobei ihm die Komposition der Stoffe stets recht splitterhaft gerate. Seine Themen seien der Konflikt von Innen und Außen, von Subjekt und Gesellschaft und Geschichte, die sich als Konflikte der dargestellten Individuen mit schwankenden Identitäten zeigten. Deshalb überlagerten bei ihm das Erzählen des Wahrnehmens, des Imaginierens, der Schnittstellen von innen und außen oft die faktischen Handlungen, die Fabeln und Plots – und eben das mache seine Texte widerständig gegen jedes eilige Übereinstimmungslesen.

Jawohl, alles das würde ich zitieren, und ganz nebenbei würde ich noch nachweisen, daß Hermann Kinder irrte, als er schrieb, daß ihm keine literarische Sprache für Empfindungen wie Glück, ruhige Hoffnung und unhastiges Einvernehmen mit dem Leben zur Verfügung stehe, sondern nur Kritik, Klage und vagierende Sehnsucht. Dagegen würde ich nämlich all die, wie man so sagt: schönen Stellen aus seinen Werken aufbieten, in denen eben Glück, Hoffnung und Einvernehmen zur Sprache kommen, die Bootsfahrt aus *Der Schleiftrog* etwa oder die beschwingte, sukzessive in einen Rausch übergehende Fahrradtour aus *Kina Kina*, überhaupt all diese Fahrradtouren in seinen Büchern, deren entspannte Bewegtheit ein Leitmotiv seines Schaffens sind. Das, was man einmal mit einem gar nicht unzutreffenden Wort als Kinders »Hochgeschwindigkeitsprosa« bezeichnet hat, das, was Kinder selbst als Erprobung von Satzvarianten bezeichnet, die seine Texte bremsenlos machen, scharf, schlank und berauschend mit Tempi, Rhythmen und Klängen, um dann am Ende dem Rausch der Abfahrt zu gleichen, für den das Strampeln am Berg die Voraussetzung ist – alles das liegt in diesen Radtouren chiffriert; und vielleicht noch ein anderes, nämlich Kinders Doppelexistenz als Schriftsteller und Germanist: Er tritt auf beiden Seiten abwechselnd in die Pedale, was oft ein mühsames Auf und Ab ist. Und er bewegt sich doch, und wenn er in Fahrt kommt, wenn der Rausch der Abfahrt winkt ... Und was dann passiert, das läßt sich lesen, von Buch zu Buch ausgefeilter, schlüssiger, auch radikaler, vom *Schleiftrog* bis zu *Alma*.

Entschlossen schlug ich also den Essayband *Von Gleicher Hand* auf, der, nebenbei bemerkt, dem, der sich nicht nur für die Endergebnisse des Kinderschen Schreibens, nicht nur für die Abfahrten, sondern auch für dessen Voraussetzungen, das Strampeln am Berg, interessiert, eins seiner Hauptwerke ist, um sogleich über die in seiner schönen, zierlich-nervösen Handschrift verfaßte, als Widmung getarnte Warntafel auf der Vorsatzseite zu stolpern: »Für Klaus, mit der Bitte, dies Buch ungelesen zu lassen bis aufs Vorwort, von Hermann, 2. April 95«. Alter Trick, klar: Keiner tut gern das, was er tun soll, was wir lassen sollen, finden wir erst toll. Aber immer noch ein sehr guter Trick, der mich damals gleich dazu überredete, das Buch von vorn bis hinten durchzulesen. Der Trick ist, fiel mir ein, als ich zu blättern begann, so gut, daß Hermann Kinder darüber nachdenken sollte, seinem nächsten Buch einen Satz an alle Leser voranzustellen, dies Buch ungelesen zu lassen. Nun ja, schöne Grüße aus Kalau, aber Hermann Kinder würde es mir wohl durchgehen lassen, weil er selbst gelegentlich ganz gern gute Beziehungen zu diesen, zu Unrecht verrufenen, literarischen Landstrichen unterhält.

Und nachdem ich nun auf der Suche nach zitierfähigem Material die erste Warntafel souverän ignoriert hatte, stieß ich, gleich im Vorwort, mit dem Kopf gegen die nächste. Hohl klang es gottlob nicht, tat auch nicht weh, stimmte mich aber höchst bedenklich, ob es mit der versprochenen Laudatio überhaupt etwas werden würde, fielen mir doch folgende Sätze ins Auge: »Ein, wenn nicht das (nicht nur in der Lyrik) Wichtigste der Texte liegt in ihrem, wahrscheinlich vergeblichen, Bestreben nach Ausdruck von etwas Vor-Semantischem, Vor-Sinnhaftem, Energetischem. Texte wollen sich singen. Sie sind auch Musik. Darin bleiben sie gegenüber aller auf Sinn bezogenen Interpretation Rätsel.« Ende des Zitats.

Und ich auch am Ende, ich mit all meinen albernen Suchen nach Sinn in Kinders Texten, mit meinen lachhaften Interpretationen seiner kalkulierten Sinnlichkeit und seiner makabren Komik. Texte sind auch Musik, sie wollen sich singen. So einfach war das. Schien das. Schon klar, wie und was gemeint war – ich mußte ja nur an *Kina Kina* denken, wenn dort am Ende aus all der Wirrnis des chinesisch Fremden diese wie lässig hingepfiffenen Melodien aufsteigen; oder mußte nur an Alma denken, wenn dort umgekehrt aus einer bekannten Melodie, die eine Art Kriminaltango zu trällern scheint, schließlich eine sich immer weiter ausdifferenzierende Solostimme hörbar wird, die in all ihren Facetten zu einem ganz unerhörten Chor vagierender Wahrnehmung ausgefaltet wird, mußte an die präzise, schnelle Sprache denken, deren Tempo durch den Rhythmus der langen Satzperioden konterkariert und rückgedehnt wird und die in ihren minimalistisch exakt akzentuierten Variationen und Verschiebungen manchmal tatsächlich wie ein Stück von, sagen wir mal: Philip Glass klingen kann; mußte auch an Hermann Kinders neues Manuskript denken, das im nächsten Jahr das Licht der Öffentlichkeit erblicken wird und das bereits zu kennen ich das ungetrübte Vergnügen habe, weil dies Buch nämlich in seiner musikalischen Struktur einer Art schrillem, zugleich harmonisch schmelzendem Requiem ähnelt – aber mehr wird an dieser

Stelle natürlich noch nicht verraten. Ja, es ist wahr. Hermann Kinders Texte wollen sich auch singen, und sie singen tatsächlich, mal schrill, mal elegisch, mal, sehr wohl und wider die Meinung ihres Urhebers, beschwingt, und manchmal alles in einem. Aber, keine Angst – ich würde während der Laudatio nicht den Versuch machen vorzusingen, nicht einmal etwas aus den grimmschmissig-sarkastischen Couplets der Geschichten von *Liebe und Tod*, nicht einmal aus den schönen, mir persönlich sehr nahen Gedichten *Winter am Meer*, die Hermann Kinder ganz nebenbei geschrieben hat. Und plötzlich fragte ich mich, wie eigentlich *Ins Auge* sänge, sänge es denn? Aber bei diesem Gedanken klappte ich *Von Gleicher Hand* lieber ganz schnell wieder zu.

Und saß nun, schlau wie zuvor, nur hilfloser noch, vor dem Bücherstapel. Laudiert worden war Hermann Kinder unlängst schon einmal, und zwar in Form der kleinen Festschrift *Dreißig auf Fünfzig* zu seinem 50. Geburtstag. Vielleicht konnte ich dort ein paar hübsche Sentenzen entwenden? Allerlei Lyrik war da versammelt, fragwürdiges Gereime wie »Sich nah zu sein und freundlich und man sollte/mehr schreiben was man nicht beschreiben wollte«, aber auch tiefsinnig Schönes wie »Jahre sind Steine, / die Metze sind wir, / machen Beine den Jahren, / daß sie hetzen wie wir.« Und außerdem, schau an, schau an, auch ein Beitrag desjenigen, der mich gestern nacht dazu angestiftet hatte, die Laudatio zu halten. Mal sehen, wie der sich aus der Affäre gezogen hatte! »Über ihn zu laudieren ist unrettbar lächerlich«, hatte der doch glatt geschrieben. Immerhin, das war nicht nur glänzend formuliert, sondern kam mir auch irgendwie bekannt vor, was vermutlich daran lag, daß jene Sätze, die uns unmittelbar einleuchten, uns immer schon bekannt waren – nur daß sie in uns nie zu Wort gekommen sind. Immerhin, dachte ich, wäre dieser Satz, auch wenn er nicht von mir stammte, ein schöner Anfang für die Laudatio, und also notierte ich mir: Über ihn zu laudieren ist un … als das Telefon klingelte.

Dran war der Kollege Lukas Domcik, ein, man muß es leider so drastisch formulieren, gescheiterter Romancier, der sich unter den windigsten Vorwänden immer mal wieder dadurch wichtig zu machen versucht, daß er von allerlei Großprojekten schwadroniert, was er auch diesmal ausgiebig tat, bis es mir zu bunt wurde und ich sagte, ich müsse jetzt aber wieder an die Arbeit.

Was denn für Arbeit? heischte er Auskunft, und ich machte den Fehler zu erwähnen, ich schriebe gerade an einer Laudatio auf Hermann Kinder. Das heiße, ich versuche, sie zu schreiben. Das sei nämlich gar nicht so …

Laudatio? Hermann Kinder? trötete aber Domcik da. Ob der etwa schon wieder 'n Preis kriege?

Nicht schon wieder, sondern endlich mal, korrigierte ich. Woraufhin Domcik: Na ja, Klasse der Mann jedenfalls. Spitzenprosa. Er, Domcik, habe »seinerzeit« mal viel von dem gelesen. Dies dicke Buch mit den ganzen schweinischen Stellen drin, na, ich wisse ja schon, he he he. Saumäßig gut sei das. Und was denn überhaupt für'n Preis? … Alemannisch? Er, Domcik, denke, der Kinder schreibe hochdeutsch? Und gebürtig sei der auch gar nicht von da unten, der stamme doch »streng genommen« aus …

Schon, ja, versuchte ich, zu Wort zu kommen, doch Domcik setzte nach, die Landschaft spiele in Kinders Büchern doch auch kaum 'ne Rolle, jedenfalls nicht in dem Saubuch …

Ob Domcik, unterbrach ich, nun doch unwillig werdend, dessen Suada, damit etwa sagen wolle, Hermann Kinder habe den Preis nicht verdient?

Woraufhin er nun wieder: Im Gegenteil. Saumäßig gut. Sage er doch. Nein, er meine nur, wenn ich da jetzt demnächst eh mit der Jury Kontakt haben würde, dann solle ich ihn, Domcik, doch gleich mal als nächsten Preisträger vorschlagen.

Ich staunte ob dieser dreisten Direktheit. Dich? Als Preisträ...

Genau. Er habe nämlich mal in einem seiner Bücher den Bodensee vorkommen lassen und in dem Zusammenhang gleich noch ein paar Zeilen beim Kinder geklaut. Und der Kinder könne sich dafür ja insofern revanchieren, als er dann im nächsten Jahr die Laudatio auf ihn, Domcik, halten dürfe. Und falls mir für die Laudatio nichts einfalle, sei er notfalls bereit, »den Job« zu übernehmen. Man wisse ja, daß so eine Laudatio »normalerweise« besser honoriert werde als der Preis überhaupt dotiert sei, und insofern...

Der unselige Mensch dröhnte noch ein paar Minuten in seinem leider nicht sonderlich hellen Wahn vor sich hin; schließlich saß ich wie benommen wieder vor dem Bücherstapel und starrte meine Notizen an, meine Notiz, mein Notizfragment: Über ihn zu laudieren ist un...

Nein, so ging das nicht. Ich mußte die Laufrichtung ändern und unternahm erst einmal einen Spaziergang um den See, der eigentlich nur ein Teich ist und, verglichen mit dem Bodensee, eine Pfütze. Gern hätte ich jetzt Hermann Kinder neben mir gehabt, so neben mir, wenn ich ihn in Konstanz besuche und wir dann zu ausgedehnten Gängen aufbrechen, vorbei an der Burg der Droste, vorbei an Fritz Mauthners schweigendem Haus, durch winklige Gassen und über steile Treppen, bis die Landschaft sich plötzlich öffnet, Weinberge, Wiesenhänge, und unter uns See und Strom, meist in etwas dunstiger Zweideutigkeit verschwimmend. Wir sprechen im gleichen Schritt über nichts Bestimmtes, sondern fast immer über Literatur, deren Schönheit und Freiheit ja gerade in ihrer Unbestimmbarkeit liegt.

Wenn er weniger stoff- und meinungsdienend imaginiere,

sagte Hermann Kinder einmal zu mir, als wir einen langgezogenen Hang abwärts gingen, wenn Passagen zu gelingen scheinen, in denen er sich, wenn er sie wiederlese, um anzuknüpfen und weiterzukommen, nahezu besinnungslos verströmen könne, von denen er genau wisse, wie sie weitergehen müßten, dann habe er das sichere Gefühl, seinen Ton getroffen zu haben, diesen Ton fast absichtslosen Erzählens, das Beschreiben dessen, was man eigentlich gar nicht beschreiben wollte, diese Schritte, weg vom vorgezeichneten Weg, ins Freie, Ungeebnete, Unbekannte, das vertraut wird, weil man es entdeckt, ohne etwas entdecken zu wollen.

Und als er das sagte und wie er das sagte, war das alles völlig konkret, kein abstraktes Programm. Es war, wie in seinen Texten, sinnlich da, war anwesend. Ich sah ja den Weg vor mir, dem wir folgten, ich sah den Wegesrand, und ich wußte, wenn wir jetzt querfeldein marschieren würden, kämen wir auch an ein Ziel, nein, wären sogleich am Ziel, mit dem ersten Schritt, mit dem zweiten, dem dritten und immer so fort. Und ich verstand auch, wieso das, was Hermann Kinders unverwechselbarer Stil ist, sich auch aus der Landschaft speist, durch die er seine Radtouren macht oder durch die er geht, mit Freunden oder allein, Schritt für Schritt, Buch für Buch, vom *Schleiftrog* bis *Alma* und bald noch weiter ins Offene.

Zu Hause räumte ich den Bücherstapel wieder ins Regal, warf einen Blick in *Fremd Daheim*, die schönen Bodenseestücke. Darin gibt es einen Text über Martin Walser, und in diesem Text heißt es: »Über ihn zu laudieren ist unrettbar lächerlich.« Na bitte, ich wußte doch, daß mir der Satz bekannt gewesen war. Ich brauchte den Satz aber nicht mehr, weil ich jetzt wußte, was ich sagen würde.

Zur Jury gewandt würde ich sagen: Ich beglückwünsche Sie zu Ihrer Entscheidung. Und zu Hermann Kinder gewandt würde ich sagen: Von den Bücherstapeln in meinem Zimmer ist der Deine mir einer der liebsten. Ich hoffe, er wird wachsen.

Ein Schatzgräber im Lavafeld

Karl Robert Mandelkows Rezeptionsgeschichte
Goethe in Deutschland

In seiner Rede zu Ehren Goethes, gehalten 1932 in der Sorbonne, brachte Paul Valéry die Schwierigkeit, »eines der größten und umfassendsten Genies« und dessen umfangreiches und tief widersprüchliches Werk zu würdigen, auf den Begriff eines rezeptionsgeschichtlichen Dilemmas: Bei dem Versuch nämlich, sich »eine Vorstellung zu machen, die klar genug ist, um erklärt werden zu können, vage genug, um nicht ganz falsch zu sein, von einer Persönlichkeit, die durch ihr Ansehen verwandelt und wie aufgesogen erscheint von ihrem Ruhm«, zeigte sich Valéry »verwirrt« durch die »unübersteigbare Fülle von Schriften«, die »verblüffende Menge von Dokumenten und Urteilen, die Zahl der Ideen und Thesen, die allerwärts erscheinen und die in jedem Augenblick das schon seit einem Jahrhundert geformte Bild Goethes bereichern und das wieder in Bewegung bringen, was im Wasser des Spiegels der Zeit ruhte«. Valérys rhetorisch überzogene Irritation formulierte en passant am Beispiel Goethes das Doppelgesicht literarischer Wirkung, die ein Werk in seinem geschichtlichen Fortleben anreichern, erweitern und verändern, in und hinter der aber ein Werk und der unmittelbare Zugang zu diesem Werk auch verschwinden kann.

Normalerweise lassen die beim Erscheinen eines Werks zunächst auftretenden erheblichen Schwankungen in der interpretativen oder identifikatorischen Aneignung mit der Zeit nach, bis das Werk von einem Geflecht verhältnismäßig eindeutiger Rezeptionsanweisungen und -weisen eingehüllt ist – ein Geflecht, das ins kollektive Bewußtsein so vollständig absinken kann, daß man es gar nicht mehr in der gesellschaftlich-historischen Konvention, sondern im Werk selbst lokalisiert. Diese Wirkungsminimierung (die übrigens über Beliebtheit und Akzeptanz eines Werks beim lesenden Publikum nichts aussagt) hat nun Goethe gegenüber durchaus nicht stattgefunden.

Wohl hat seine enorme Widersprüchlichkeit und Inkommensurabilität in bequemer Übereinkunft vom unlesbaren »Genie« zu quasi respektvoller Nichtlektüre geführt; wohl ist er immer wieder aus ideologischen Idiosynkrasien abgelehnt worden; zugleich ist aber ein Bodensatz seines Werks so breit ins Kollektivbewußtsein eingesunken, daß er auch zu einer Art anonymem Folkloristen wurde, zum Stichwortgeber des »Volksmunds«: Jeder kennt Götz-Zitat oder Gretchenfrage, und auch Zauberlehrling, Erlkönig oder Heideröslein greifen als rudimentäre Bildungsbrocken weit über die Schicht literarischer und intellektueller Bewußtheit hinaus. Parallel zu dieser Stillstellung der Rezeption auf der Stufe unbewußten Zitierens ist Goethes Werk »nach oben« immer multimodal geblieben, die Anzahl und die Schwankungsbreite der Rezeptionsweisen haben stets zugenommen. Im Verlauf von zweihundert Jahren wechselvoller Goetherezeption ist diesem Werk ein beständig wachsender Bedeutungsüberschuß zugeschrieben worden, der sich heute als eine Menge von nahezu unendlicher semantischer Mächtigkeit darstellt – als ob ein Vulkan in unregelmäßigen Abständen aktiv wird und Unmengen immer neuer Wahrheiten, Irrtümer, Feststellungen und Offenbarungen aus sich herausschleudert, mit deren Katalogisierung und Auswertung Historiker und Theoretiker kaum nachkommen.

Fundiert durch die monumentale Dokumentation *Goethe im Urteil seiner Kritiker*, flankiert und vorgedacht durch mehrere rezeptionstheoretische Aufsätze, hat Karl Robert Mandelkows Rezeptionsgeschichte *Goethe in Deutschland* mit der Vorlage des zweiten Bands nunmehr ihren Abschluß gefunden. *Goethe in Deutschland* – das ist gewissermaßen die Geographie des Lavafelds um den nach wie vor aktiven Vulkan Goethe, wobei, das sei sogleich betont, Mandelkow die weiten Aschefelder weniger interessieren (obwohl er sie zuverlässig durchmißt) als vielmehr jene Stellen der Lava, unter deren scheinbarer Erstarrung noch Glut zu finden ist. Nicht Ersatzfunktion für eigene Leseerfahrung mit Goethe will diese Rezeptionsgeschichte sein, »will nicht der historischen Einfühlung in vergangene Standorte der Betrachtung dienen, sondern ihrer kritischen Reflexion im Lichte gegenwärtiger Erkenntnisinteressen«.

Das Terrain ist zu groß, um sich als Historiker radikaler Vollständigkeit verschreiben zu können: »Bei keinem der großen Autoren der Weltliteratur ist die Rezeptionsgeschichte in so starkem Maße wie bei Goethe geprägt durch die immer wechselnden Versuche, neue Schwerpunkte des Interesses, neue Kern- und Mittelpunktzonen der rezeptiven Aneignung zu setzen, Korrespondenzen herzustellen zwischen den Fragen und Bedürfnissen der eigenen Zeit und den schier unerschöpflichen Variationen, die das universale Werk dieses Autors dem jeweils wechselnden Identifikationsbedürfnis bietet.« Mandelkow begrenzt daher seine Darstellung auf den deutschsprachigen Raum, darüber hinaus schränkt er den Begriff Rezeption definitorisch auf den Bereich der Kritik ein, der jedoch variabel gefaßt wird und Literaturgeschichte, Forschung und literaturtheoretische Programmatik einschließt. Im rezeptionsgeschichtlichen Zugriff erscheinen hier auch sukzessive Umrisse eines erweiterten Begriffs von Kritik, der, historisch geläutert, in einen urteilsfreien (allerdings nicht urteilslosen) Raum zielt.

Das Werk gliedert sich wesentlich diachronisch und fragt im

Epochenzusammenhang jeweils nach dem Wandel des Goethe-
bilds »im Kontext geistesgeschichtlicher, ideologiegeschicht-
licher und politisch-gesellschaftlicher Bedingungen«, wobei
auch die Konkurrenz mit anderen literarischen Erscheinungen
herausgearbeitet wird. Gelegentlich legt der Autor systemati-
sche Querschnitte durch diesen diachronischen Strom: Das gilt
besonders für die heute immer zentraler werdende Rezeption des
Naturwissenschaftlers und -philosophen Goethe. Ausgeklammert bleibt die Inszenierungsgeschichte Goethes als Theaterautor, die im 20. Jahrhundert durch Verfilmungen noch eine technische Metadimension erreicht hat; ausgeklammert bleibt aber
auch weitgehend die indirekte Einflußgeschichte Goethes auf
die ihm folgenden Schriftstellergenerationen. Deutlich wird
dennoch, daß diese Einflußgeschichte als die einer gigantischen
Verhinderung zu schreiben wäre: Eine literarische Nachfolge im
engen Sinn, eine Schule gar hat es nicht gegeben – die Auseinandersetzung der Nachgeborenen mit Goethe bleibt über
hundert Jahre weitgehend kritisch oder versandet in epigonaler
Abhängigkeit. Erst Gerhart Hauptmann, in unfreiwillig miß-
glückter Pose, und Thomas Mann, in ironischer Brechung, haben die ästhetische und gesellschaftliche Präzeptorenhaltung
Goethes zu beerben versucht – in diesem Zusammenhang ist
Mandelkows Analyse von Thomas Manns *Lotte in Weimar* besonders hervorzuheben. Goethe hat jedenfalls die deutsche Literatur und Geistesgeschichte wie kein zweiter Autor beherrscht, im
Grunde aber, Ironie der Geschichte, nicht eigentlich literarisch.
Insofern ist es durchaus konsequent, wenn Mandelkows Darstellung Geistes- und Ideologiegeschichte ist, Ideen- und Wissen-
schaftsgeschichte, zumal der modernen Germanistik. Indirekt
belegt Mandelkow damit Thesen Walter Benjamins: »1) Es gibt
ein Fortleben der Werke 2) Das Gesetz dieses Fortlebens ist die
Schrumpfung 3) Im Fortleben der Werke geht ihr Kunstcharak-

ter zurück« – während sich in wachsendem Maß außerliterari-
sche Dimensionen dem Werk ansetzen, schrumpft dessen ästhetische Strahlung. Und dennoch, oder vielleicht eben deshalb, ist
Mandelkows Auseinandersetzung mit Goethe auch eine Art
»Who's who« der deutschen Literatur der Moderne, die sich mit
und gegen Goethe konstituiert.

Abgesehen von der Frühphase, in der die Romantik einerseits, Heine und Börne andererseits noch in engerem Sinn ästhetische Verortungen am Medium Goethe vornehmen, kommt
es in der weiteren Rezeption abwechselnd zu ontologischen oder
soziologischen Interpretationen und Vereinnahmungen; dabei
betrachtet die erste Spielart das Werk als unabhängig von historisch gegebenen, gesellschaftlich-kulturellen Kontexten, während die zweite es auf eine jeweils konkrete und aktuelle Krisen-
situation bezieht. Immer wieder sieht man in Goethe auch ein
vollständiges Modell des Verhältnisses des Menschen zur Welt,
ein Metastandpunkt, der Aspekte anderer Rezeptionsweisen in
sich vereinigt, der aber auch die Heroisierung und perverse Ausbeutung Goethes im Nationalsozialismus im Gefolge hat. Es hat
jedenfalls in der deutschen Geistesgeschichte keine ernstzuneh-
mende Haltung oder Strömung gegeben, die sich nicht, sei's affirmativ oder legitimatorisch, sei's kritisch oder polemisch, auf
Goethe bezog. Wie es Mandelkow gelingt, die stupende Menge
von widersprüchlichsten Zeugnissen und Äußerungen nicht zu
selbstgenügsam-positivistischer Faktenhuberei veröden zu lassen, sondern aus klaren, unprätentiös gezogenen Argumenta-
tionslinien das panoramatische Mosaik der Ausstrahlung Goethes
aufzubauen, ist bewundernswert. In seiner *Unwissenschaftlichen
Nachschrift zur Hamburger Ausgabe der Briefe von und an Goethe*,
die er herausgegeben hat, bemerkt Mandelkow, daß dieses Brief-
korpus einen Einblick »in die polyperspektivische Entfaltung
und Entwicklung eines Autorbilds« ermögliche, »wie keine be-

schreibende Darstellung sie lebendiger und authentischer wird erreichen können«. Solche Entfaltung im Spiegel seiner Rezeption ist Mandelkow mit *Goethe in Deutschland* dennoch in verblüffender Weise gelungen. Das Werk ist ein Hausbuch deutscher Geistesgeschichte in zwei Jahrhunderten und gehört in den Bücherschrank eines jeden, der sich mit den Wegen und Abwegen dieser Geschichte auseinandersetzen will.

Mandelkows eigene Position wird nicht nur durch eingestreute rezeptionstheoretische Reflexionen deutlich, sondern unter der Hand in der sympathetischen Behandlung solcher Rezeptionsweisen, in deren Tradition er sich sieht. Ein früher Ahnherr des Mandelkowschen Konzepts von Rezeptionsgeschichte zwischen Hermeneutik und Ideologiekritik ist Varnhagen von Ense, in dessen *Tagebüchern* Mandelkows Verfahren präfiguriert liegt, insofern nämlich Varnhagen »sensibel den Wandel der Wirkungsgeschichte Goethes im zweiten Drittel des 19. Jahrhunderts« registrierte und kommentierte und 1858 summarisch notierte, daß mit Goethes »tiefeindringender Wirksamkeit... die wichtigsten geistigen Entwicklungen« zusammenhingen. Darüber hinaus entdeckt Mandelkow in Varnhagen »den typischen Liberalen«, charakterisiert durch »die Ambivalenz zwischen Bewahren der Tradition und Förderung des Neuen«. Auch das ist eine versteckte Äußerung Mandelkows *pro domo*, sieht er doch durch seine »Absage an ein zur Schablone erstarrtes ideologiekritisches Verfahren... Kritik am untersuchten Gegenstand« keinesfalls ausgeschlossen. »Es ist jedoch nicht die Kritik eines borniertes Besserwissers, sondern die Kritik eines Betroffenseins, das sich bewußt in die Kontinuität einer ›bürgerlichen‹ Goetherezeption stellt, die dort am hartnäckigsten in ihren schlechten Formen überlebt hat, wo man glaubte, sie hinter sich gelassen zu haben.«

Mandelkow hat in einem programmatischen Essay *Rezeptions-*

geschichte als Erfahrungsgeschichte sein Fundierungsverhältnis einer hermeneutisch-ideologiekritisch vermittelten Rezeptionsgeschichte formuliert: Diese »wird sich der kritischen Konstellation bewußt sein müssen, in der ihr Gegenstand mit gerade dieser Gegenwart und ihren auf die Zukunft gerichteten Bedürfnissen sich befindet«. Die Funktionalisierung der geschichtlichen Rezeptionsstufen »auf ein gegenwärtiges Fragen- und Problembewußtsein« müsse im Vordergrund stehen, doch dürfe der Rezeptionsforscher sich nicht »auf jene aus dem geschichtlichen Kontinuum herausgesprengten Fragmente der Vergangenheit beschränken, die zur eigenen Gegenwart in einer produktiven Konstellation stehen, sondern er wird sich der *Totalität* aller vorhandenen historischen Rezeptionen stellen müssen«. Da das Sicheinlassen auf die Totalität aller Phänomene aber der Rezeptionsgeschichte »das historische Stigma der Relativität« aufpräge, »kann Rezeptionsgeschichte auf Rezeptionskritik nicht verzichten«. – Diese Kritik hat Mandelkow in *Goethe in Deutschland* dann reichhaltig und subtil entfaltet, als Kritik an etablierter Praxis selbstgewisser Goetheaneignungen und als Kritik an bloß subjektiver, unhistorischer Identifikationsgeilheit.

Die Nähe zu bestimmten Begriffsbildungen Walter Benjamins ist kein Zufall, da Mandelkow in dessen Überlegungen hermeneutische Verfahren mit solchen einer reflektierten, gegenwartsbezogenen Ideologiekritik vermittelt sieht. Benjamins Definition des Schönen in seinem Verhältnis zur Geschichte, zugleich eine Absage an historisch ungesättigte, subjektive Meinungskritik, bildet den wohl wichtigsten Fluchtpunkt der Rezeptionstheorie Mandelkows: »Das Schöne ist seinem geschichtlichen Dasein nach ein Appell, zu denen sich zu versammeln, die es früher bewundert haben. Das Ergriffenwerden vom Schönen ist ein ad plures ire, wie die Römer das Sterben nannten. Der Schein im Schönen besteht für diese Bestimmung darin, daß der identische Gegenstand, um den die Bewunderung wirbt, in dem Werke nicht zu finden ist. Sie erntet ein, was frühere Geschlechter in ihm bewundert haben. Es ist ein Goethewort, das hier der Weisheit letzten Schluß lautbar macht: ›Alles, was eine große Wirkung getan hat, kann eigentlich gar nicht mehr beurteilt werden.‹«

Mit diesem Zitat sieht Mandelkow sein eigenes Verfahren zugleich legitimiert und problematisiert, bestimmt es doch Größe und Grenzen der Möglichkeiten von Wirkungsgeschichte. Das Ignorieren des von Benjamin aufgerissenen Erfahrungszusammenhangs kommt nach Mandelkow »einem Heraustreten aus der Kontinuität der Geschichte gleich, die unkritische Affirmation an ihn jedoch einem Traditionalismus, der nur erntet, was andere früher gesät haben. Mit dieser Aporie ist jeder Rezeptionshistoriker konfrontiert. Er ist Schatzgräber der in der Rezeptionsgeschichte aufbewahrten kognitiven Potentiale und zugleich ihr Kritiker, ist der Prozeß der Überlieferung der ›Kulturgüter‹ doch nach Benjamin wie diese immer auch eine Dokumentation der Barbarei.« Weder zur Wirkung Goethes und schon gar nicht zur handstreichartigen Neuinterpretation seines Werks kann und will diese Rezeptionsgeschichte der Weisheit letzter Schluß sein.

Es ist aber unter den zahlreichen Verdiensten Mandelkows das geringste nicht, daß seine konzeptionell und praktisch nicht abschließbare und also ins Offene weiterer Wirkung weisende Darstellung eindrucksvoll Schluß macht mit jeder interpretatorischen Ermächtigungsphantasie, die im Pathos letzter Weisheit die ungebrochene Virulenz Goethes definitiv abklären oder kanonisch abhaken will. »Große Dichtungen«, so Mandelkow, »mögen ›rätselhaft‹ sein, sind jedoch keine Rätsel, mit deren Auflösung die Rezeptionsgeschichte stillgestellt werden kann.«

In genau diesem kritischen Sinn laufen dann auch in Mandel-

kows Ausblick die Linien gegenwärtiger Goetherezeption indirekt mit jenen zusammen, die Mandelkows Darstellung selbst
strukturieren. Im Hinblick auf die Ansätze Albrecht Schönes,
Hans Blumenbergs oder auch Hartmut Böhmes stellt Mandelkow nämlich mit Nachdruck fest, daß die Hinwendung zur fort-
schrittskritischen Naturphilosophie Goethes geeignet ist, »als
kritisches Reflexionsmedium einer Moderne zu dienen, die als
gescheiterte Aufklärung die endgültige Zerstörung der Welt im
Namen des Fortschritts und der technologischen Beherrschung
und Ausbeutung der Natur betreibe«. Der Wechsel im Rezep-
tionsmuster von allzu einfacher Ideologiekritik zum Versuch,
Goethes Naturbegriff »kognitiv zu retten als Potential der Wis-
senschaftskritik im Sinne der Dialektik der Aufklärung«, zielt ja
keineswegs auf eine »Restitution verabschiedeter Denkformen
und ihrer Inhalte«, sondern auf eine »Neudeutung und Dechiff-
rierung eines Werkganzen, in dem diese Denkformen und Inhalte
in ästhetischer Gestaltung, in Bildern und Symbolen, subversiv
den herrschenden Diskurs instrumenteller Vernunft überdauert
haben«.

Paul Valéry löste das Problem, Goethes Inkommensurabilität
auf einen Begriff zu bringen, indem er als kleinsten gemeinsamen Nenner der großen, inneren Widersprüchlichkeit auf Goethes Idee der Metamorphose zurückgriff. Die Fähigkeit zur An-
passung, die der Dichter an der Pflanze beobachtet hätte, sei sein
eigenes Gesetz gewesen, als Fähigkeit nämlich, das zu bleiben,
was er war, indem er auf mehr als eine Art sein konnte, was er
war: »Er verfolgte die Abweichungen unter den Erscheinungen;
die Kräfte und die Kontinuität der Ursachen zeigten sich ihm
in der Diskontinuität der Wirkungen.« Diese ökologische und
zugleich evolutionäre Betrachtungsweise läßt sich bildhaft der
hermeneutisch-ideologiekritischen Methode Mandelkows zu-
führen. Denn *Goethe in Deutschland* zeigt gewissermaßen die An-

passungsschwierigkeiten eines Werks an die Umwelt, in der es lebt. Die Beziehung ist jedoch reziprok zu der in der Biologie: Passen sich die Organismen dort einer Umwelt an, die über größere Zeiträume hinweg invariant bleibt, so wurde und wird hier das als Textorganismus invariante Werk einer sich geistig, politisch und sozial rasch ändernden Umwelt angepaßt, deren multimodale Rezeptionsweisen ins Werk eindringen und sein Konnotationspotential stabilisieren oder minimieren.

Rezeptionsgeschichte als kritischer Reflektor dieser Prozesse kann in der Tat das Werk, das »eine große Wirkung getan hat, eigentlich gar nicht mehr beurteilen«: Mandelkow gewährt Einblicke in die widersprüchliche Entstehung von Urteilsfindungen und -bildungen, wobei es ihm wesentlich um den Nachweis geht, daß in Rezeptionsgeschichte »unabgegoltene Potentiale von Erkenntnis aufbewahrt« liegen. Es geht also um die kritische Rettung eines Arsenals von Fragen an Goethes Werk, das im geschichtlichen Prozeß keinen Beantwortungsspielraum erhielt. Zugleich ist *Goethe in Deutschland* die materialreiche Entfaltung einer »Form der Kritik, die es verweigert zu urteilen«, wie Walter Benjamin in einem Fragment *Zur Literaturkritik* formulierte: »Die Goethische Einsicht, daß alle klassischen Werke eigentlich sich gar nicht beurteilen ließen«, heißt es da, habe zwei Gründe. Zum einen könnten diese Werke »als Fundamente unseres Urteils nicht dessen Gegenstände sein« – entsprechend überzeugend führt Mandelkow vor, wie Literaturkritik einerseits, Literaturwissenschaft andererseits sich erst an Goethes Werk entfalten konnten. Zum zweiten, das Problem tiefer ausleuchtend, habe Goethe insofern recht als »die Exegese, die Gedanken, die Bewunderung, der Enthousiasmus vergangener Generationen den klassischen Werken sich innigst stofflich verbunden haben, sie völlig erinnert haben, sie zu Spiegelgalerien der späteren Menschen gemacht haben«. Wertende, urteilende, auch po-

lemisch-subjektive Kritik und hermeneutisch-exegetisch »kommentierende Kritik heben als Gegensätze in einer Kritik sich
auf, die zum einzigen Medium das Leben, Fortleben der Werke
hat«.

Solche Kritik aber heißt: Kritische Rezeptionsgeschichte. Mir
ist keine annähernd vergleichbare Leistung des philologisch-
engagierten Schrifttums bekannt, die das Fortleben der Werke
zum Medium hätte, als die durch seine Dokumentation *Goethe
im Urteil seiner Kritiker* gestützte Rezeptionsgeschichte Goethes
in Deutschland von Karl Robert Mandelkow.

Halb über Bord
Herman Melvilles Roman *Mardi*

»Nachdem ich in jüngster Zeit zwei Reiseerzählungen aus dem Pazifik veröffentlicht hatte, die mancherseits ungläubig aufgenommen wurden, kam mir der Gedanke, tatsächlich ein Südsee-abenteuer als Phantasieerzählung zu schreiben; um zu sehen, ob diese Fiktion nicht möglicherweise für wirklich genommen werden kann: in gewissem Grade die Umkehrung meiner vorigen Erfahrung. Diesem Gedanken entsprossen andere, die *Mardi* zum Ergebnis hatten.«

Phantasieerzählung! Mit solch lakonischem Understatement eröffnete Herman Melville im Jahre 1849 seinen Roman *Mardi*, ein gewaltiges, tausend Seiten umfassendes Buch und ein ebenso hinreißendes wie monströses Werk, mit dem der damals erst dreißigjährige Autor fast jeden Horizont überstieg und nahezu alle Konventionen sprengte – die der Gattung Roman sowieso, zugleich aber auch solche der vorherrschenden puritanischen Moral und positivistischen Philosophie. Wenn das Wort vom hemmungslosen Fabulieren, im guten wie im schlechten Sinn, je angebracht gewesen ist, dann bei diesem schlechterdings inkommensurablen Werk, das der Eruption eines kreativen Vulkans gleicht, der seit einigen Jahren unterirdisch zu rumoren begonnen hatte.

Die zwei umfangreichen, auf dem literarischen Markt überaus erfolgreichen Reiseerzählungen nämlich, die Melville jetzt als Kontrastfolie zum Roman erwähnt, *Typee* aus dem Jahre 1846 und *Omoo* aus dem Jahre 1847, basierten zwar auf den Erfahrun-

gen, die der Autor während seiner vierjährigen Reisen als Seemann und Walfänger in der Südsee gemacht hatte, und gaben
sich entsprechend authentisch bis journalistisch – waren in
Wirklichkeit jedoch bereits autobiographisch eingefärbte Romane. Das blieb auch der zeitgenössischen Kritik nicht verbor-
gen, und es wurden Stimmen laut, die Dokumente und Belege
für das forderten, was Melville, insbesondere während seines
Aufenthalts unter Kannibalen auf den Marquesas-Inseln, angeblich erlebt haben wollte.

Aber auf eine klare Grenzziehung zwischen Realität und Fiktion konnte und wollte dieser Autor sich nie einlassen, erschien
ihm doch die Wirklichkeit seiner nautischen Reisen stets so
phantastisch wie die Reisen seiner Phantasie durch den Weltraum der Seele realistisch. *Typee* und *Omoo* zeigten insofern
nichts anderes als die erstaunliche Entwicklung eines amerikanischen Seemanns zum Künstler und Gesellschaftskritiker, der
sich souverän und, in den Augen der puritanischen Ostküsten-
gesellschaft: höchst skandalös, über Rassenschranken und kultu-
relle Grenzen hinwegsetzte und mit den Tabus der verklemmten
Sexualvorstellungen seiner Zeit und Gesellschaft brach.

Dem ehemaligen Seemann Melville, der unter Kannibalen
der Südsee gelebt hatte, ohne Schaden zu nehmen, wurde das
Schreiben zur Meuterei gegen den Kannibalismus einer Zivilisation, die sich anschickte, das Innere des Menschen, seine freie
Seele, zu verschlingen. Die Reiseerzählungen bildeten bei dieser
Meuterei freilich nur das Vorspiel, die geflüsterte Verschwörung
sozusagen; der Roman *Mardi* ist die schriftgewordene Eskalation,
der offene Aufruhr, der Ausbruch aus einem erstarrten Normen-
und Regelwerk, der diesen Autor und jenen Lesern, die bereit
sind, ihm zu folgen, von der nur scheinbar unscheinbaren Realität einer Schiffsreise bis in die Stratosphären der Metaphysik
und Mystik katapultiert.

Das Buch beginnt gleich mit einer Flucht, setzt jedoch zögernd ein, harmlos fast, wie ein Seemannsgarn jener Güte, die sich zu Melvilles Zeit größter Beliebtheit erfreuten. Der Erzähler desertiert zusammen mit einem Kameraden von dem Walfänger, mit dem sie seit Monaten erfolglos den Pazifik durchstreifen; die beiden Abtrünnigen entwenden eins der schnellen Walboote und nehmen Kurs auf ein fernes Archipel – in der Hoffnung auf freundliche Menschen, freie Liebe, mildes Klima und gutes Essen. Soweit das Südseeklischee, das bei Melville allerdings von Anfang an konterkariert wird.

Daß diese Exposition nur an der Oberfläche dem Muster einer konventionellen Abenteuergeschichte folgt, wird bereits im zweiten Kapitel klar, in dem eine Windstille beschrieben wird – und zwar so, wie sie auf die Psyche desjenigen wirkt, der sie erfährt: »Zunächst ist er überrascht, daß er nie von einem Seinszustand geträumt hat, bei dem das Sein selbst außer Kraft gesetzt scheint (...) und treibt in die Grenzgefilde der Schöpfung, die Region der immerwährenden Flaute, die zu einer positiven Leere hinleitet.« Als die beiden Abenteurer wenig später in eine zweite Windstille geraten, wird noch deutlicher, wie Melville, trotz aller realistischen Präzision, Naturphänomene zu psychischen Grenzerfahrungen auflädt. »Alles war in der Windstille ineinander verschmolzen: Himmel, Luft, Wasser und alles. Kein Fisch war zu sehen. Dies war die Stille eines Vakuums. Keine Spur von Leben lag in der Luft. Und dieses träge, brütende Verschmelzen aller Dinge trat in der Vorstellung als graues Chaos in Erscheinung.«

Es handelt sich hier zwar in der Tat um die sprichwörtliche Ruhe vor dem Sturm, der sehr bald das graue Chaos zu einem Kosmos aus unzähligen Details und ungeheuren Anblicken verwehen wird, aber mit den romantischen oder realistischen Romanciers des Meeres, Joseph Conrad etwa oder auch Robert

Louis Stevenson, hat Melvilles existentielle und mystische Wucht wenig gemein. Dem Epiker Melville, der sich mit *Mardi* vom engagierten Kosmopoliten zum ekstatischen Kosmos-Politen wandelte, wird das gesamte Dasein zum Meer, zu einem belebten, beseelten Kosmos, und der Ozean der Worte, auf dem sich Melville mit *Mardi* zu treiben lassen begann, spiegelt wiederum diesen Kosmos: »Jede Woge erscheint in meinen Augen als eine Seele.«

Und jede Seele, der es gelingt, sich aus den Fesseln verordneter Anschauungen zu befreien, wird zum Ozean der Imagination. Dieser Wille zur Ekstase und rauschhaften Seinsverschmelzung, die Mikro- und Makrokosmos gleichermaßen zu durchdringen und zu umfassen versucht, entspricht dem Erfahrungsmodus der Mystiker; er bekommt bei Melville jedoch etwas dezidiert Modernes, worauf T. H. Lawrence in seinen Essays zur klassischen amerikanischen Literatur mit dem bezeichnenden Titel *Der Untergang der Pequod* hingewiesen hat. Die *Pequod* ist bekanntlich jener Walfänger, den Melville einige Jahre nach *Mardi* auf die Jagd nach *Moby Dick* schicken sollte. Lawrence notierte, bewundernd, aber zugleich mit einem gewissen Erschrecken: »Er war Futurist, lange bevor der Futurismus die Farbe entdeckte. Das schiere, nackte Schieben der Elemente. Und die menschliche Seele, die all das miterlebt. Oft geht es beinahe über die Grenze: in die Psychiatrie. Irgendwie fragwürdig. Und doch so großartig.«

Solche fragwürdige Großartigkeit äußert sich in *Mardi* auf allen Ebenen der ins Uferlose, mithin Ozeanische drängenden Handlung, die nur andeutungsweise skizziert werden kann. Die Deserteure stoßen auf ihrer Odyssee auf ein geheimnisvolles, weißhäutiges Mädchen, in das sich der Ich-Erzähler unsterblich verliebt, und gelangen unter abenteuerlichen Umwegen und Umständen in die Inselwelt des fiktiven Archipels Mardi. Dort gibt sich der Erzähler als eine wiedergekehrte Gottheit aus. Die

Ankömmlinge werden freundlich aufgenommen, eine Südsee-Idylle deutet sich an, aber dann verschwindet plötzlich das Mädchen. Mit einer größeren Gruppe macht man sich nun auf die Suche nach der Verschwundenen und reist von Insel zu Insel; die bis zu diesem Punkt noch einigermaßen kohärente Erzählstruktur löst sich sukzessive in Episoden auf, deren Zusammenhalt nur noch durch die obsessive Suche nach dem Mädchen und durch Melvilles entfesselte Sprachgewalt gestiftet wird.

Ein wunderbar enthemmtes, manchmal befremdlich hemmungsloses Fabulieren setzt ein; das Garn zerfasert in unzählige Stränge. Literarische und kulturhistorische Anspielungen häufen sich, komische Intermezzi werden eingeschoben, metaphysische Spekulationen, Satiren, Allegorien, platonische Dialoge und Symposien, in denen es unter anderem zu einer Metareflexion über den Roman kommt, indem über das Werk eines polynesischen Dichters disputiert wird. Seinem Werk fehle »der innere Zusammenhalt; es ist ungezügelt, zusammenhanglos und zerfällt in einzelne Episoden. (...) Und so ist auch Mardi selbst; nichts als Episoden, Täler und Hügel; Flüsse, die aus den Ebenen weichen; Rankengewächse, die alles überwuchern, erratische Blöcke und Diamanten, Blumen und Disteln; Forste und Dickichte; und ab und zu Marschen und Moore.«

Mardi, der phantastische und phantasierte Archipel, entpuppt sich nicht nur als ein allegorischer Spiegel der Welt; er bildet vor allem auch die Fauna von Melvilles innerem Planeten, und der Roman ist dessen Exploration und Geographie. Eine gelegentlich erstaunlich bedenkenlos synkretistische Geographie ist das freilich, in der sich ein esoterischer Symbolismus mit positivistischem Enzyklopädismus paart, die wüsteste Kolportage in raffinierteste Wortkunst umschlägt, die pathetisch und flapsig ist, brutal und zärtlich, romantisch und realistisch, rauschhaft und nüchtern, schwülstig und sachlich. Melville kehrt hier sein

Innerstes nach außen, indem er sich in unzählige Positionen auf-
splittert. Trotz des Ich-Erzählers spricht hier kein kohärentes
Subjekt mehr. Melville entdeckt das Ich der Moderne. Er redet
in Stimmen. »Und meine Seele versenkt sich in die Tiefen und
erhebt sich zu den Himmeln; und wirbelt kometengleich durch
solch grenzenlose Weiten, daß mich dünkt, alle Welten seien mir
verwandt (…). Und wie eine Fregatte bin ich mit tausend Seelen angefüllt; und weiter, weiter lenze ich vor dem Wind, indes
viele Männer vom Orlopdeck heraufstürzen wie Bergleute aus
ihrem Schacht; und laut schreiend über meine Decks laufen; die
Brassen sind zu beiden Seiten angeholt; und hierhin und dorthin
schwingen die großen Rahen auf ihren Achsen, und unbändig
tönende Trompeten sind zu hören; und widerstreitende Befehle,
die das wackere Schiff vor den Walschulen bewahren sollen.
Schwadengleiche Schwärme stranden am weißen Riff der Milch-
straße, wo Wrackwelten zerschmettert liegen und den ganzen
Strand übersäen mit ihren himalayahoch aufgetürmten Kielen
und Spanten. Ja: viele, viele Seelen wohnen in mir. In meinen
tropischen Kalmen, wenn mein Schiff wie in Trance auf dem
Meeresspiegel der Ewigkeit liegt, dann spricht eine Zeitlang eine
Seele, dann sprechen alle mit einer Stimme: ein Orchester von
Hörnern aller Arten, Konzert, das anschwillt und abschwillt und
ausschwingt, mit goldenen Signalen und Gegenstimmen.«

Ein Rausch also, eine Verzückung, ein somnambuler Vorstoß
in die Komplexität modernen Seelenlebens. »Wenn er schrieb,
war er nicht sein eigener Herr, sonder bloß ein Gehilfe, der nach
Diktat schrieb. (…) Es war eine Art Schlafwandeln des Geistes.« Das wird wiederum über den polynesischen Dichter gesagt, ist aber natürlich eine Aussage Melvilles in ureigener Sache. In ihrer großen Melville-Biographie von 1996 rekonstruiert
Laurie Robertson-Lorant die Ekstase, die Melville bei der Arbeit
an *Mardi* überkam, beziehungsweise in die er sich hineinschrieb,

und die Biographin vermutet, daß Melvilles unterdrückte Homosexualität und die sexuelle Repression der Ehe, die Melville führte, eine Triebfeder dieses Schreibexzesses war: »Schreiben war eine sichere Form sexueller Verdrängung, eine Art metaphysischer Onanie, die Melville die Lust verschaffte, sein Selbst in der Hypersinnlichkeit künstlerischer Entdeckungen und Schaffenskraft zu verlieren.«

Mardi als simple Ersatzbefriedigung zu interpretieren greift gewiß zu kurz. Die Entdeckung dessen, was künstlerisches Schaffen ernsthaft bedeutet, war für Melville der Schreibakt aber mit Sicherheit. Wiederum mit fremder Stimme sagt er es selbst: Als er »sich ans Werk machte, wußte er nicht, was es werden würde. Er mauerte sich nicht in Pläne ein, er schrieb darauf los; und dadurch drang er immer tiefer in sein Inneres. Wie ein beherzter Reisender, der sich durch trügerische Wälder schlägt, wurde er schließlich für seine Mühen belohnt. ›Rechtzeitig‹, sagte er in seiner Autobiographie, ›gelangte ich in eine heitere, sonnige und bezaubernde Region, reich an süßen Gerüchen, Vogelgezwitscher, wilden Klagen, schelmischem Lachen, prophetischen Stimmen. Das ist der Ort, den wir schließlich erreichen‹, rief er aus, ›ich habe das geschaffen, was erschafft.‹«

Ich glaube, hier liegt der Kern von *Mardi*, der, wenn man so will, Witz des ungeheuerlichen Ganzen: die Erschaffung dessen, was erschafft, die Kreation der Kreativität, der dem Rausch und der Mystik verwandte Erfahrungszustand, in dem man ohne Unterlaß aus sich selbst schöpfen kann – kurz: der *helle* Wahn. Als er den Roman schrieb, war Melville bereits ein Erfolgsautor. Mit *Mardi* findet und erfindet er sich aber nun als – ich weiß kein besseres Wort als dies wohl antiquierte und mißverständliche – Genie. Denn das große Kunstwerk definiert sich eben darin, daß es keine Regeln befolgt, sondern bricht und statt dessen seine eigene Logik entwickelt. Auch wenn viele seiner Leser ihn nun bereits am Ende angekommen sahen und sich enttäuscht abwandten – mit *Mardi* erreichte Melville erst den Ausgangspunkt seiner Autorenidentität, oder, wie es am Schluß des Romans heißt: »Jetzt bin ich der eigene Herrscher meiner Seele.«

»*Mardi* ist noch nie ins Deutsche übersetzt worden, wird das wohl auch nie« – meinte noch Anfang 1997 Rolf Vollmann, als er in seinem subjektiven Romanführer *Die wunderbaren Falschmünzer* auf das Werk zu sprechen kam, und er begründete seine Meinung mit dem Umfang des Romans, aber auch mit dessen Schwierigkeiten, Manierismen und unleugbaren Schwächen.

Rolf Vollmann nennt allerdings einige gute Gründe dafür, warum *Mardi*, der Anfang vom Ende des Erfolgsautors Melville und das erste seiner Werke, die heute den Weltruhm dieses Autors ausmachen, bei seinem Erscheinen ein katastrophaler Flop wurde: »Es ist (zwar) ein gewaltiger Schritt in Neuland. (…) Nimmt man (aber) dies Weitergehn zusammen mit den immer mehr in den Vordergrund tretenden satirischen, halb philosophischen Stücken des mächtigen Buchs (es sind quälend lange Stücke darunter, untermischt mit blitzenden Partien), dann versteht man die Zurückhaltung des damaligen Publikums, das doch von den Büchern davor so begeistert war – und eben darum nun zögerte. Sehr gut könnte man sich denken, daß mancher, der Melville gern gelesen hatte, ihn hier gelandet sah wie in einem ausganglosen Spiegelsaal, in den er geraten sein mochte durch die Verlockung einiger avantgardistischer Figuren, die er da fahren konnte.«

Ausgangslos war dieser Spiegelsaal freilich nicht. Erst von ihm aus nämlich öffneten sich für Melville die Türen auf *Moby Dick*, *Billy Budd* oder *Pierre*, jene Meisterwerke der frühen Moderne, mit denen heute vor allem sein Name in Verbindung gebracht wird, die aber allesamt auf dem Markt durchfielen. Melville starb 1891, galt als Wirrkopf, war verarmt und so vollständig vergessen, daß jener Journalist, der einen Nachruf verfaßte, ihn mit Vornamen fälschlich Hiram nannte.

Ein würdiges Nachwort wäre gewesen, was T. H. Lawrence über ihn schrieb: »Irgendwie immer halb über Bord. Im Leben war er angeblich irrsinnig – oder verrückt. Aber er war weder irre noch verrückt. Er war jenseits der Schwelle. (...) Nie haßte ein Mensch (...) das Menschenleben, wie wir es führen, instinktiv mehr als Melville. Und nie war ein Mensch so leidenschaftlich erfüllt von dem Gefühl der Weite und vom Geheimnis des Lebens, das nicht-menschlich ist. Es war verrückt von ihm, über unseren Horizont zu blicken. Irgendwohin, nur hinaus aus unserer Welt, irgendwohin. (...) Um einen Horizont zu überschreiten, zu einem anderen Leben. (...) Irgendwie, irgendwo, irgendwann muß Liebe Erfüllung sein, und das Leben ein Ding der Glückseligkeit. Das war sein festes Ideal. Seine Fata Morgana.«

Zum ersten Mal literarisches Ereignis geworden ist dies Ideal mit Herman Melvilles Roman *Mardi*. Er ist, wie alle wahrhaft große Literatur, eine geniale Fata Morgana.

» Mein Bett ist ein Boot «
Über Robert Louis Stevenson

> *Schreiben bedeutet für den erwachsenen Mann das,*
> *was einem Kind das Spielen ist.*
> Robert Louis Stevenson: *A Gossip on Romance*

1.

Gerne würd ich dorthin zieh'n,
wo die goldenen Äpfel blüh'n;
wo in wärmeren Klimaten
Papageien und Piraten
Kokosnuß und Mango kauen,
Robinsons sich Boote bauen;
wo im hellen Sonnenschein
eine reiche Stadt muß sein,
Minarette und Moscheen,
Gärten und Oasen-Seen; (...)
wo im heißen Wüstenwind
alte Geisterstädte sind.
Kinder, die dort einmal waren,
sind vor vielen, vielen Jahren
fortgegangen, leer ihr Haus,
nirgendwo mehr Mann noch Maus (...)
Wenn ich mal erwachsen bin,
reise ich bestimmt dorthin,

streif durch Keller, Söller, Ställe,
durch verstaubte Spiegelsäle,
wo die Bilder an der Wand
künden noch vom Zauberland;
und das Spielzeug liegt noch immer
im verlassenen Kinderzimmer.

Der Verfasser dieses Gedichts für Kinder mit dem Titel *Reise* hat die Träume seiner Kindheit wahr gemacht. Er durchwanderte Schottland und England, bereiste mit einem Kanu die Flüsse und Kanäle Nordfrankreichs und Belgiens, durchstreifte mit einem Esel die Cevennen, besuchte Davos im Winter und die Cote d'Azur im Frühling, fuhr mit einem Einwandererschiff über den Atlantik, bereiste mit Eisenbahn und Postkutsche die USA und segelte mit einer Schoneryacht zwei Jahre lang durch die Südsee, wo er sich, nach einem Besuch in Australien, schließlich auf Samoa niederließ. Wenn man auf einer Weltkarte die Routen einzeichnete, die der schottische Schriftsteller Robert Louis Stevenson bereist hat, ergäbe sich das graphische Muster eines abenteuerlichen Lebens. Er suchte auch in der Tat Romantik und Abenteuer, und er sah fast alles in Bildern; zudem verschlug ihn eine Kette von Zufällen an romantische und pittoreske Orte.

Aber seine rastlose Reiselust war nur zum Teil freiwillig, war nur zum Teil die Erfüllung kindlicher Träumereien von Abenteuern an fremden Küsten, von weißen Stränden und grünen Inseln unterm Passatwind. Denn Stevenson reiste vor allem, weil er sich in milderen Klimaten als dem seiner rauhen, schottischen Heimat Linderung von schweren Lungenleiden erhoffte, die ihn von Kindheit an quälten und oft wochenlang ans Bett fesselten. Er war ein Weltreisender auf wackligen Beinen, dessen Reisen einer beständigen Flucht vor dem Gefängnis des Krankenlagers gleichkamen und der sich von Abenteuer zu Abenteuer schleppen mußte. Das graphische Muster dieses bewegten Lebens auf der Weltkarte kann jedenfalls auch als ein unfreiwilliger Krankenbericht gelesen werden, als Fieberkurve eines chronisch Kranken, der fast wütend entschlossen war, gesund zu werden.

In seiner wunderbaren Gedichtsammlung für Kinder, *A Child's Garden of Verses*, findet sich das Gedicht *My Bed is a Boat*, in dem es heißt:

Mein Bett ist wie ein kleines Boot,
   das Kindermädchen hilft mir beim Einschiffen,
sie zieht mir den Seemannsmantel an
und entläßt mich ins Dunkel.
Abends geh ich an Bord
und sage meinen Freunden am Ufer Auf Wiedersehn;
ich schließe die Augen und segele fort
und sehe und höre nichts mehr.
... Jede Nacht durchkreuze ich die Dunkelheit,
doch wenn endlich der Tag zurückkehrt,
finde ich mein Boot in meinem Zimmer
an der Pier sicher festgemacht.

Dies Gedicht ist ein psychologischer Schlüssel für viele Werke Stevensons; dreht man nämlich die Zeile um, ergibt sich: Mein Boot ist ein Bett – und damit hat man, neben Romantik und einem sehr männlichen Abenteurertum, das entscheidende Motiv für die meisten seiner Reisen. Oscar Wilde hat einmal, witzig wie stets und vielleicht nicht ganz zu Unrecht, die Bemerkung gemacht, Stevenson hätte noch viel spannendere, noch viel buntere Romane geschrieben, wenn er sein ganzes Leben bequem in Edinburgh hätte verbringen können. Andererseits, so könnte man zurückgeben, hat Stevenson aus seiner schlechten Gesundheit mehr gemacht als Oscar Wilde aus seiner guten. Jedenfalls wurde das Krankenbett seiner Kindheit nicht nur zur phantasiegefüllten Wiege, aus der später seine Geschichten erwuchsen, sondern die Kutschen, Züge und Boote, die ihn bis ans andere Ende der Welt trugen, wurden auch immer wieder zu seinen Krankenbetten. In seinem berühmtesten Roman *Die Schatzinsel* hat er in der Figur des beim Angriff der Meuterer verletzten Kapitän Smollett ein ironisches Selbstporträt gezeichnet, denn Smollett liegt auf der Rückfahrt am Heck in einer Hängematte und befehligt von dort das Schiff.

Es ist eine grausame Ironie dieses kurzen und doch enorm produktiven Lebens, um das sich später zahlreiche Legenden bilden sollten, daß der Schriftsteller nicht an seinem Lungenleiden starb, sondern an einem Gehirnschlag, der den erst Vierundvierzigjährigen völlig unerwartet traf – mitten in der Arbeit an seinem Fragment gebliebenen Roman *Weir of Hermiston*, nachdem er sich in Samoa niedergelassen hatte und seine Gesundheit weitgehend wiederhergestellt glaubte. Das war 1894.

2.

Geboren wurde Robert Louis Stevenson 1850 in eine Familie des konservativ-puritanischen Bürgertums Edinburghs. Sein Vater war ein hochangesehener Konstrukteur und Ingenieur von Leuchttürmen, und es war eine ausgemachte Sache, daß der Sohn diese Tradition fortsetzen sollte. Aber das Kind hatte zwei Schwächen, die man als Leuchtturmkonstrukteur nicht gebrauchen konnte: Es war zart, vielleicht auch durch den Einfluß einer liebevollen Kinderfrau verzärtelt, und es kränkelte häufig; vor allem aber war es, mit seinen Tagträumen oft lange alleingelassen, überaus phantasiebegabt. Mit seinen Spielzeugbooten ging der Junge auf große Fahrt in die wogigen Regionen der inneren

Exotik, mit Zinnfiguren schlug er Schlachten und gründete Königreiche:

> Manchmal segelten Zinnpiraten,
> marschierten meine Zinnsoldaten
> in Reih und Glied, mit aller Macht,
> durchs Lakenland zur Kissenschlacht.
> Manchmal segelten meine Schiffe
> durch Lakenmeere und Kissenriffe,
> und Städte baute ich wie aus Träumen
> mit Menschen, Häusern, Straßen und Bäumen.
> Ich erwachte auf meinem Kissenberg
> und blickte hinunter auf mein Werk,
> ich war so riesig wie ein Gigant,
> unten im Tal schlief das Steppdeckenland.

Der für sein späteres Schaffen wichtigste Gegenstand dieser äußerlich behüteten, innerlich aber fiebrig erregten Kindheit war zweifellos »Mr. Skelts Juvenile Drama«, ein Spielzeugtheater, über dessen nachhaltigen Eindruck Stevenson in einem seiner autobiographischen Essays schrieb: »Was ist die Welt, der Mensch und das Leben denn anderes als das, was mein Skelt-Theater aus ihnen gemacht hat?«

Die stilbildende Energie eines literarischen Werks resultiert aus Vorstellungskraft. Sie ist die Landschaft der Träume, die Welt, die ein Autor sich schaffen oder in der er leben möchte, gewissermaßen die eigenartige Flora und Fauna des individuellen Planeten. Und in diesem Guckkastentheater aus Pappe lag die Welt, die Stevenson dann in seinen Büchern schaffen sollte, in ganz schlichten Archetypen präformiert. Seine Bilder und Szenen sind meist wolkenlos und klar, und durch diese Szenen laufen spannende Handlungsführungen mit märchenhaften,

Kolportage bewußt in Kauf nehmenden Motiven, schnell, spannend und manchmal so bizarr wie die Linien eines Blitzes vor den hellen Wasserfarben einer Pappkulisse. Dies Grundmuster läßt sich noch in seinen reifsten und komplexesten Werken erkennen und geht sogar in jenen Momenten nicht verloren, wenn Stevenson realistisch wird. Und selbst in den traurigsten und tragischsten Passagen seiner Werke begeistert sich Stevenson immer noch wie ein Kind. Im ausweglosen Elend eines seiner pessimistischsten Werke, dem späten Roman *Die Ebbe*, wirken beispielsweise Männer mit Taucherhelmen wie märchenhafte Monster, wie Pantomimenmasken vor einem Prospekt aus Azur. Insofern läßt sich mit ein wenig Übertreibung sagen, daß der Weltreisende Stevenson sein Leben in dem Spielzeugtheater verbrachte, das neben dem Krankenbett seiner Kindheit gestanden hatte. Aus den Spielzeugen entwickelten sich seine Phantasmagorien, und seine Phantasmagorien verwandelte er wieder in Literatur zurück, die ja vielleicht das ernsthafteste Spielzeug ist, das die Menschheit besitzt.

An seine ersten literarischen Versuche erinnerte Stevenson sich später ebenso selbstironisch wie psychologisch präzise: »Menschen werden mit unterschiedlichen Manien geboren: Von frühester Kindheit an bestand meine darin, aus imaginären Ereignisketten ein Spielzeug zu machen; und sobald ich schreiben konnte, wurde ich ein guter Freund der Papierhersteller.«

Hätte er sich den Wünschen seiner Familie gefügt, wäre Stevensons Leben wahrscheinlich so grundsolide, behäbig und langweilig verlaufen wie ein dreibändiger, viktorianischer Roman. Zwar studierte er zuerst wie gewünscht Ingenieurswissenschaften, dann auch noch Jura, und absolvierte in beiden Disziplinen passable Examen, übte jedoch keinen der Berufe je aus, sondern ging weiter seinen literarischen und künstlerischen Neigungen nach. In Gehabe und Kleidung gefiel er sich in der

Rolle des Bürgerschrecks, stolzierte langhaarig, mit gestickten Kappen oder federbewehrten Hüten auf dem Kopf, durch seine Vaterstadt.

Seit 1873 publizierte er Essays und Feuilletons in literarischen Magazinen, aber erst 1877 debütierte er literarisch mit der Erzählung *Ein Nachtquartier*, nicht zufällig eine fiktive Episode aus dem Leben des französischen Vaganten-Dichters Francois Villon. Und es ist auch kein Zufall, daß dieser Text, obwohl die Handlung bei Nacht spielt, die Imagination des Lesers weniger auf die Schwärze der Dunkelheit lenkt als vielmehr auf das strahlende Weiß des Schnees: Denn vor diesem Schnee stehen die Gestalten der Erzählung wie Umrißfiguren eines Schattenspiels, wie die ausgestanzten Figuren des Spielzeugtheaters.

Stevensons Vater, zwar puritanisch bis auf die Knochen, aber alles andere als philiströs, unterstützte seinen Sohn finanziell, nachdem er dessen Talent erkannt und in diesem Talent eigene Neigungen wiedererkannt hatte, die er selbst nicht ausleben konnte. Als Stevenson zehn Jahre später *Die Schatzinsel* schrieb, wurde sein Vater sogar zum Co-Autor: »Mit seiner ganzen Romantik und mit der Kindlichkeit seines wahren Wesens fing mein Vater sofort Feuer. Seine eigenen Geschichten, mit denen er jede Nacht seines Lebens in den Schlaf ging, handelten ausschließlich von Schiffen, Herbergen an Landstraßen, Räubern, alten Seemännern und Handlungsreisenden vor dem Dampfzeitalter. Niemals beendete er eine dieser Romanzen: Der glückliche Mann mußte es ja auch nicht! Aber in der *Schatzinsel* erkannte er etwas wieder, was mit seiner eigenen Phantasie zusammenhing; es war seine Art, pittoresk zu sein; und er hörte sich nicht nur mit Vergnügen das tägliche Kapitel an, sondern arbeitete selbst aktiv mit. Als die Zeit kam, da Billy Bones' Kiste geöffnet werden sollte, muß mein Vater den größten Teil eines Tages damit zugebracht haben, auf der Rückseite eines Briefumschlags, wie ihn Juristen benutzen, eine Inventarliste aufzustellen, die ich dann genau übernahm; und der Name von Flints altem Schiff, *Walrus*, wurde auf seinen besonderen Wunsch hin verliehen.«

In dieser merkwürdigen Doppelexistenz des Vaters, gespannt zwischen der Lebensprosa eines puritanischen Ingenieurs und den romantischen Poesien eines Träumers, liegt auch ein Schlüssel zu Stevensons berühmter Erzählung *Der seltsame Fall des Dr. Jekyll und Mr. Hyde* – aber bis dahin und bis zum sensationellen Erfolg der *Schatzinsel* war für Stevenson noch ein weiter und, wie könnte es bei ihm anders sein, abenteuerlicher Weg. Edinburgh war ihm nicht nur zu kalt und rauh, sondern auch zu streng und eng geworden. Über seine Heimatstadt notierte er: »Im Winter ist das Wetter rauh und wild, im Sommer zugig und unbehaglich und im Frühling ein metereologisches Fegefeuer. Die Zarten sterben früh, und als ein Überlebender in böigen Winden und strömendem Regen war ich manchmal versucht, sie um ihr Schicksal zu beneiden.«

3.

Er ging nach Paris, um den schottischen Klimawechselbädern zu entkommen und um Kunst zu studieren, wo er in Künstler- und Studentenkreisen des Quartier Latin verkehrte. Im täglichen Karneval der Boheme war sein exzentrisches Äußeres freilich konventionell, weil die Konvention aus dem Unkonventionellen bestand. Die geistige Atmosphäre Frankreichs, ja ganz Europas in der zweiten Hälfte des 19. Jahrhunderts war gekennzeichnet vom Übergang eines materialistischen Naturalismus vom Schlage Balzacs und Zolas in Pessimismus und einen morbiden Ästhetizismus, dessen Exponenten Baudelaire und Poe,

Nerval und Huysmans und Wilde waren: Der ungesunde Schatten Schopenhauers lag über Paris. Stevenson war durchaus nicht frei von Dekadenzallüren, und er trug auch den Bazillus des Morbiden in sich. Und eben deshalb ist das Bemerkenswerteste an seiner Pariser Zeit, daß er diesen Modeströmungen nicht verfiel, sondern eine ganz andere, geistig gesundere und optimistischere Richtung einschlug. Er rauchte kein Opium und trank keinen Absinth, um sich im Rausch undefinierbaren, kosmischen Energien zu überlassen. Sein Kopf blieb klar, sein Bewußtsein unterschied sich radikal von dem mystischen Skeptizismus seiner Umgebung. Stevenson war in Paris das wandelnde Paradox eines Décadent, der sich weigerte, dekadent zu werden, eines physisch Kranken, der gesund werden wollte, eines Skeptikers gegenüber dem Skeptizismus.

Der Tod war ihm viel näher als den wachsgesichtigen Todessüchtigen der Dekadenz; er wußte es sehr genau, wenn er hustete und das Blut in seinem Taschentuch sah. Sein Äußeres war Pose – das Blut war echt. Es war das Fehlen von Mut, man könnte auch sagen: Mannhaftigkeit, in der geistigen Situation seiner Zeit, das seinen Widerstand gegen den Pessimismus hervorrief. Ihm fehlte Moral, aber nicht Moral in einem ethischen Sinn, sondern eher in einem der Zivilcourage. Er sah, wie sich die ganze Welt unter dem Schatten des Verfalls duckte, wie sie unter der Totenkopf-Flagge segelte. Aber Stevenson deutete diese Flagge bemerkenswert anders, als Piratenflagge des Abenteuers, als Aufbruchssymbol in eine gesündere Atmosphäre, in reinere Luft.

Gilbert Keith Chesterton, dessen großer Essay von 1927 nach wie vor zum Besten gehört, was je über Stevenson geschrieben wurde, hat dessen Pariser Erfahrungen folgendermaßen zusammengefaßt: »Er weigerte sich entschieden und fast dramatisch, verrückt zu werden oder, was viel schlimmer ist, müßig zu bleiben. Er folgte keinem Ideal von der Art, die üblicherweise von

Idealisten vertreten werden; er versuchte auch keine optimistische Philosophie zu konstruieren wie Spinoza oder Emerson; er predigte nicht, wie William Morris oder Wells, den Anbruch eines guten, neuen Zeitalters; er folgte weder dem Imperialismus noch dem Sozialismus noch Schottland: Er folgte Skelt.

Wiederholung hat das göttliche Paradox abgeschliffen, daß wir Moral von kleinen Kindern lernen sollen. Er vertrat das noch ungewöhnlichere Paradox, daß wir Moral von kleinen Jungen lernen sollen. Das Kind, das uns führen sollte, war der ganz normale, kleine Junge: Der Junge mit der Zwille und der Spielzeugpistole – und des Spielzeugtheaters des Mr. Skelt. Stevenson schien zu den Semi-Selbstmördern, die an den Café-Tischen hingen, Absinth soffen und über Atheismus diskutierten, sagen zu wollen: Hängt euch doch auf! Der Held eines Dreigroschendramas ist mehr wert als ihr! Ein buntes Groschenheft ist für lebendige Menschen künstlerisch wertvoller als die Kunst, die ihr vertretet. Piraten und Admirale auf Pappe zu malen ist mehr wert; es hat Spaß gemacht; es bedeutete Kampf; es war Leben. Und so bot sich der Welt dies unterhaltsame Schauspiel: Umgeben von Staffeleien, vor denen andere Künstler die Feinschattierungen Corots und Renoirs diskutierten, saß ein Kunststudent und malte ganz ernsthaft Matrosen in hellem Preußischblau und vergoß ihr Blut in purpurroten Strömen aus einem billigen Tuschkasten.

Das ist das grundlegende Paradox der frühen Erwachsenenzeit Stevensons; oder, wenn man so will, der wahre Witz über Stevenson. Das Ergebnis des ganzen Intellektualismus der Boheme war die Rückkehr zum Skelt-Theater. Das bemerkenswerte Resultat des gesamten Balzac-Studiums war *Die Schatzinsel*.

Stevenson sah eigentlich nicht nach vorn oder nach draußen in eine Welt größerer Dinge, sondern blickte zurück und nach innen in eine Welt des Kleinen: In Skelts Guckkasten, der immer noch das wahre Fenster zur Welt war.«

Bevor jedoch Stevenson seinen Widerstand gegen den dekadenten Ästhetizismus literarisch Ereignis werden ließ – denn neben allem anderen ist ja gerade *Die Schatzinsel* genau dies: Die Rebellion einer hellen, ins Blaue drängenden Romantik gegen die schwarze Romantik der Blumen des Bösen –, kehrte er Paris den Rücken und ging im unmittelbaren Sinn an die frische Luft: Er ging auf Reisen.

Mit seinem Freund Walter Simpson unternahm er im September 1876 eine Reise von Antwerpen bis Pontoise. Das klingt banal und wäre mit der Eisenbahn eine Fahrt weniger Stunden gewesen, doch Stevenson und sein Freund reisten über die Kanäle und Flüsse, Schelde und Oise, durch Belgien und Frankreich mit besegelten Kanus. *An Inland Voyage*, der Bericht über diese kleine Expedition, erschien zwei Jahre später: Robert Louis Stevensons erstes Buch, das Buch eines romantisch gesinnten großen Jungen, in dem es einmal heißt: »Es gibt niemanden unter Dreißig, der schon so tot ist, als daß sein Herz beim Anblick eines Zigeunerlagers nicht erbeben würde.« Und seiner Mutter schrieb er, sie habe einen Landstreicher zum Sohn.

Der bescheidene Erfolg des Reiseberichts bewies ihm, daß sich Reisen und Schriftstellerei miteinander kombinieren ließen. Die zeitgenössische Kritik nahm das Buch freundlich auf; es sei charmant und liebenswert. Doch *An Inland Voyage*, wie auch die beiden folgenden Reiseberichte aus den Cevennen und aus Kalifornien, ist weniger wegen der charmanten Liebenswürdigkeit seines Autors bedeutsam, sondern vielmehr deshalb, weil Stevenson hier den Grundstein für seine Meisterschaft in der Beschreibung von Landschaften und Wetterverhältnissen legte, die dann zu der, im doppelten Wortsinn: atmosphärischen Dichte seiner späteren Meisterwerke beitrug.

Kurz vor dieser Reise hatte er Fontainebleau und die Künstlerkolonie in Grez besucht. Dort lernte er Fanny Osbourne kennen, eine Amerikanerin, die von ihrem Mann, einem Anwalt aus Kentucky, getrennt lebte. Stevenson verliebte sich in die zehn Jahre ältere Fanny. Attraktiv, lebenserfahren, resolut und praktisch, war dies genau die Frau, die der dauernd kränkelnde Romantiker Stevenson als »bessere Hälfte« brauchte. 1877 hielten sie sich zusammen in Paris und Grez auf, im nächsten Jahr folgte sie ihm nach London und reiste dann in die USA zurück, um dort ihre Scheidung zu betreiben.

Der verliebte Stevenson litt unter ihrer Abwesenheit, und um sich abzulenken, brach er im September 1878 mit einem Esel als Packtier zu einer ausgedehnten Wanderung durch die Cevennen auf. Sein Tagebuch dieser Wanderung verarbeitete er dann später zu dem Bericht *Reise mit dem Esel durch die Cevennen*: »Reisende mit einer pittoresken Neigung hatten mich eine schauerliche Landschaft à la Byron erwarten lassen, meinen schottischen Augen jedoch erschien sie lächelnd und üppig, wie ja auch das Wetter meinem schottischen Körper den Eindruck von Hochsommer machte, obwohl die Kastanien bereits vom Herbst gezeichnet waren und die Pappeln in Vorsorge für den nahenden Winter ein Kleid von mattem Gold angelegt hatten.«

Melancholische Wendungen wie die vom »nahenden Winter« durchziehen, wie beiläufig auch immer, Stevensons Werke, und man wird in ihnen Vorahnungen eines frühen Tods lesen dürfen.

Im August 1879 folgte Stevenson schließlich Fanny Osbourne in die USA, indem er von Schottland aus ein Einwandererschiff nach New York nahm und von dort den amerikanischen Kontinent mit der Eisenbahn bis Monterey in Kalifornien durchquerte. Über die Reisebedingungen auf dem Emigrantenschiff verfaßte er den Essay *The Amateur Emigrant*, und über Monterey, jene kleine Hafenstadt an der Westküste, die später durch die Werke John Steinbecks weltberühmt werden sollte, den Essay *The Old Pacific Capital*.

Nachdem sie sich von ihrem ersten Mann hatte scheiden lassen, konnten Fanny und Stevenson 1880 endlich in San Francisco heiraten. Stevensons Vater jedoch, der die literarischen Ambitionen seines Sohnes mit Wohlwollen begleitete und ihm auch seine bohemistischen Eskapaden durchgehen ließ, spielte diesmal nicht mehr mit: Eine zehn Jahre ältere Frau und auch noch geschieden – das war dem alten Puritaner zuviel! Er verweigerte seinem Sohn sogar vorübergehend die finanzielle Unterstützung, von der Stevenson damals noch abhängig war; als Fanny freilich später der Familie in Edinburgh vorgestellt wurde, verwandelte sich die Aversion schlagartig in Zuneigung zu der attraktiven und in Schottland nahezu exotisch wirkenden Frau aus der neuen Welt.

Seine Flitterwochen hatte das Paar im kalifornischen Napa Valley verbracht. An einer Flanke des Mount St. Helena lagen damals die Überreste einer aufgegebenen Silbermine: Silverado. Die Stevensons bezogen dort einen halbverfallenen Schuppen, der den Minenarbeitern als Unterkunft gedient hatte.

In seinem Buch *The Silverado Squatters* hat Stevenson dann seine kalifornischen Erfahrungen festgehalten, indem er den legendären amerikanischen Westen in einem historischen Augenblick skizzierte, in dem er sich anschickte, seine legendäre Wildheit zu verlieren. Die Geschichte jenes Zahnarztes aus Mendocino etwa, der eines Tages seine Bohrer Bohrer sein ließ und Züge und Postkutschen auszurauben begann, war, als Stevenson sie erzählt bekam, erst einige Jahre alt; dennoch mußte sie 1880 bereits wie die märchenhafte Kunde aus einer längst vergangenen Epoche wirken. Und der Verlust ursprünglicher, nie wiederkehrender Erfahrung, ausgehend von der paradiesischen Erfahrung der Kindheit, und der Versuch, diese Erfahrung literarisch zu rekonstruieren, wurden immer stärker zum Zentrum von Stevensons Produktion.

Später, beim Anblick seiner ersten Südseeinsel, sollte er notieren: »Die erste Erfahrung läßt sich niemals mehr wiederholen. Die erste Liebe, der erste Sonnenaufgang, die erste Südseeinsel sind Erinnerungen eigener Art und rühren an eine Jungfräulichkeit der Empfindungen. Im Osten kündigte eine strahlende lichte Stelle den Tag an, und darunter am Horizont stieg die morgendliche Wolkenbank bereits schwarz wie Tinte empor...« Schwarz wie Tinte, mit der Stevenson die Jungfräulichkeit des ersten Blicks, die Unschuld kindlicher Abenteuerlust, Buch um Buch in Sprache verwandelte und damit krisenfest zu machen versuchte.

Indem er das *Silverado*-Buch schrieb, gelang es ihm auch, gewiß motiviert durch den Konflikt mit seinem Vater, seine Haßliebe zu Schottland zu definieren, wenn es dort heißt: »Schottland mag ein verregneter, wellenumtoster Archipel sein, wo der Wind wütet und salzige Schauer prasseln, aber irgendwie ist das Leben dort wärmer und dichter; der Herd glimmt rötlicher; die Lichter der Häuser scheinen weicher durch die regennassen Straßen; die vertrauten Namen, in Versen und Musik verewigt, legen sich enger um unsere Herzen.«

Kein Zweifel, der frischverheiratete, fernwehkranke Stevenson hatte Heimweh, Heimweh nach Schottland und das unstillbare Heimweh zum versunkenen Land seiner Kindheit. Daß er später, als er sich auf Samoa niedergelassen hatte, seine besten Romane zu schottischen Themen schrieb, erklärt sich aus dieser Spannung, die der Weitgereiste seiner Herkunft entgegenbrachte: Erst die Abwesenheit Schottlands hat Stevenson die Wirklichkeit seiner Heimat so greifbar gemacht, daß er sie literarisch verarbeiten konnte. Eine produktive Spannung, die das englische Sprichwort als *absence makes the heart grow fonder* kennt.

4.

Von der abenteuerlichen Wirklichkeit des amerikanischen Westens war es jetzt jedenfalls nur noch ein vergleichsweise kleiner Schritt zu den imaginären Abenteuern jenes Buchs, mit dem vor allen anderen Stevensons Name verbunden ist: *Die Schatzinsel*.

In seinem Essay *Mein erstes Buch* hat Stevenson die Entstehungsgeschichte des Romans detailliert überliefert. Nach der Rückkehr aus Kalifornien verbrachten Stevenson und seine Frau einen, wie könnte es dort anders sein, verregneten Sommerurlaub im schottischen Hochland. Fanny hatte ihren zehnjährigen Sohn aus erster Ehe mitgenommen, der sich die Zeit damit vertrieb, bunte Tuschbilder zu malen.

»Ich leistete«, erinnerte Stevenson sich, »dem Künstler sozusagen Gesellschaft an der Staffelei, verbrachte die Nachmittage mit ihm in großzügiger Konkurrenz und malte farbige Bilder. Bei einer dieser Gelegenheiten malte ich die Landkarte einer Insel; sie war sauber ausgearbeitet und, wie ich glaube, schön koloriert; ihr Umriß beschäftigte meine Phantasie, ohne sich ausdrücken zu können; es gab Häfen, die mir so gut wie Sonette gefielen; und im Unbewußtsein des vom Schicksal Bestimmten nannte ich meine Darstellung *Schatzinsel*. Wie ich höre, soll es Leute geben, die sich nichts aus Landkarten machen, und ich mag das kaum glauben (...).

Ein Kind aber muß man nicht daran erinnern, wie es im Gras lag, in den unendlichen Wald blickte und sah, wie er sich mit Märchenarmeen bevölkerte. Während ich mich in die Karte der *Schatzinsel* vertiefte, begannen auf etwa diese Weise die zukünftigen Figuren des Buchs dort zwischen imaginären Wäldern sichtbar zu werden. Und ihre gebräunten Gesichter und funkelnden Waffen sahen mich aus unbekannten Gegenden an, während sie auf den wenigen Quadratzentimetern einer einfachen Projektion kämpften und auf Schatzsuche hin- und herwanderten.«

Die Suche nach dem Schatz des Piratenkapitäns Flint auf der imaginären Karibikinsel war für Stevenson also auch und sehr wesentlich eine Suche nach der verlorenen Zeit – und man kann ohne Übertreibung sagen, daß Stevenson, selbst noch in seinen sehr unmittelbar als Jugendlektüre konzipierten Büchern, wie eben der *Schatzinsel* oder *Der schwarze Pfeil*, entfernte Ähnlichkeiten zu Marcel Proust aufweist; mehr Ähnlichkeiten jedenfalls als zu den Großen der Jugendliteratur wie Alexandre Dumas oder auch Karl May. Im Gegenatz zu Marcel Proust war Stevenson jedoch kaum daran interessiert, die psychologischen Mechanismen des Erinnerungsprozesses darzustellen; Erinnerung war ihm offenbar unproblematisch, da die Phantasmagorien seiner Kindheit ihm stets präsent und literarisch verfügbar blieben.

Proust beschreibt ja aus der Perspektive des Erwachsenen Kindheit als verlorene Erfahrung, die nur im komplizierten, vielfach gebrochenen Vorgang des Erinnerns wiedergefunden werden kann. Stevenson entdeckte etwas anderes, nämlich das sprichwörtliche »Kind im Manne«, das sich mit den Jahren in der schartigen Sachlichkeit des Lebens nicht verliert, sondern wie eingeschlafen darauf wartet, zum günstigen Anlaß wieder geweckt zu werden. Genau dies ist der Grund, warum *Die Schatzinsel* bis heute Jugendliche und Erwachsene gleichermaßen entzückt – Stevensons Vater war der erste, dem dies Buch die Bild- und Vorstellungswelt seiner Jugend zurückbrachte.

Parallel zur Arbeit an der *Schatzinsel* verfaßte Stevenson Gedichte, die unter dem Titel *A Child's Garden of Verses* als Buch erschienen (aus dem alle hier zitierten Gedichte stammen). Im angelsächsischen Sprachraum sind viele dieser Verse, von denen es immer noch keine deutsche Übersetzung gibt, so weit verbreitet, so tief ins Kollektivbewußtsein eingesunken, daß sie häufig als Folklore mit unbekanntem Verfasser gelten, vergleichbar Heinrich Heines Lied von der *Loreley*.

Das Widmungsgedicht *An den Leser* zeigt sehr prägnant, beinah programmatisch, Stevensons literarische Methode, seine Art und Weise, nicht *auf*, sondern *in* Kindheit und Jugend zurückzublicken:

> Wie deine Mutter dich gesehn,
> als du im Garten spieltest schön,
> so magst du sehn, schau nur, versuch's,
> durchs Fenster dieses kleinen Buchs,
> im Garten spiel'n ein anderes Kind
> in Tagen, die vergangen sind.
> Doch klopfst du an die Fensterscheiben,
> hört es dich nicht in seinem Treiben,
> es ist versunken in sein Spiel,
> bemerkt dich nicht, tut was es will.
> Es hört dich nicht; es sieht dich nicht,
> du lockst es nicht aus dem Gedicht.
> Die Wahrheit ist: Es ist seit langem
> erwachsen schon und fortgegangen –
> ein Kind aus Phantasie und Luft
> spielt noch in jenes Gartens Duft.

Die nur scheinbar naive Unmittelbarkeit Stevensons kann man vielleicht am besten mit den Filmen Steven Spielbergs vergleichen; hier wie dort wird mit allergrößter künstlerischer Bewußtheit und Disziplin der Erfahrungsmodus von Kindheit lebendig; hier wie dort herrscht die von einem Erwachsenen erinnerte Phantasie der Kindheit, die aber eben alles andere als kindisch ist. *Die Schatzinsel* ist gewiß an die zwanzig Mal verfilmt worden;

als letzte, gewissermaßen endgültige Version wünschte ich mir eine von Steven Spielberg, in deren Eingangssequenz man den dreißigjährigen Stevenson am Schreibtisch sieht: »Während der Regen gegen die Fenster trommelte, saß ich an einem kalten Septembermorgen vor einem hellen Kaminfeuer und begann mit dem *Schiffskoch*, denn das war der ursprüngliche Titel. Ich habe eine Anzahl anderer Bücher begonnen und abgeschlossen, doch kann ich mich nicht entsinnen, an einem von ihnen mit mehr Behagen gearbeitet zu haben. Das ist auch nicht weiter erstaunlich, denn gestohlene Äpfel sind sprichwörtlich süß. Ich komme jetzt zu einem peinlichen Kapitel. Kein Zweifel, der Papagei gehörte einmal Robinson Crusoe. Kein Zweifel, das Skelett ist Poe entwendet. Ich denke nicht viel darüber nach, es sind Kleinigkeiten und Details; und niemand darf die Hoffnung hegen, ein Skelett-Monopol für sich zu beanspruchen oder den Alleinvertretungsanspruch auf sprechende Vögel zu reklamieren. Die Palisade stammt, wie ich höre, aus *Masterman Ready*. Das mag sein, es stört mich kein Jota. Diese nützlichen Schriftsteller haben das Wort des Dichters erfüllt: Indem sie davongingen, hinterließen sie ›Fußspuren im Sand der Zeit, die vielleicht ein anderer...‹ – und der andere war ich!

Meine Schulden gegenüber Washington Irving beschäftigen mein Gewissen, und zwar sehr zu Recht, denn ich glaube, daß Plagiarismus kaum jemals weiter gegangen ist. Billy Bones, seine Seekiste, die Versammlung im Hinterzimmer, der ganze innere Geist und ein guter Teil der sachlichen Details meiner ersten Kapitel – alles war da, alles war das Eigentum Washington Irvings. Aber ich dachte nicht daran, als ich damals am Kamin saß und etwas schrieb, das die Sturmflut einer eher mäßigen Eingebung zu sein schien; und auch nicht, als ich Tag für Tag nach dem Mittagessen meiner Familie vorlas, was ich am Morgen geschrieben hatte. Es kam mir so originell wie die Sünde vor; es schien zu mir zu gehören wie mein rechtes Auge.«

In der Piratengeschichte der *Schatzinsel* erwies sich Stevenson also gewissermaßen als ein ebenso ruchloser wie begnadeter Geschichtenpirat. Dem Satz von Novalis, eine gute Geschichte könne nur aus Quellen entstehen, die selber schon gute Geschichten seien, hätte Stevenson jedenfalls vorbehaltlos zugestimmt.

Am Anfang seiner Karriere, hat Stevenson einmal gesagt, habe er sich zum Affen von Charles Dickens gemacht. Aber seine Werke widersprechen dieser Behauptung. Sehr viel präziser war seine selbstkritische Einschätzung, stets in Versuchung gewesen zu sein, das »Fleisch von den Knochen zu schneiden«. In der Tat haben seine Schreib- und Denkbewegungen etwas Knochiges; sie sind schlank, fast mager wie er selbst. In seinen Geschichten simplifizierte er gelegentlich so stark, daß er die Komplexität der Wirklichkeit beschnitt. Gerade in diesem etwas unwirklichen, sehr schnell auf den Punkt kommenden Realismus unterschied er sich wesentlich von Dickens, der seine Figuren langsam und geduldig, aber auch betulich und langweilig, opulent und von allen Seiten beschrieb und entwickelte. Demgegenüber erinnert die Sprachökonomie des Schotten Stevenson, besonders in seinen Charakterzeichnungen, an seine Herkunft: Er ist so geizig, daß seine Charaktere fast alle dünn sind. Aber aus diesem Mangel resultiert ein wichtiges, produktives Paradox: Seine Figuren tun nämlich nur das Allernotwendigste, um in ihren Handlungen motiviert zu sein und als Charaktere glaubwürdig; dadurch bleiben sie aber als Figuren erkennbar, als Geschöpfe ihres Erfinders, der seine Marionetten manchmal so sichtbar lenkt, daß noch die Fäden und Drähte erkennbar bleiben – fast so, wie in Mr. Skelts Jugendtheater, das in Stevensons Werken zu einem modernen Gestus wurde: In der Illusion erscheint die Illusionserzeugung, Fiktion gibt sich als etwas Gemachtes zu erkennen.

Stevensons direkten, schnörkellosen Stil, der für die angelsächsische Literatur des 20. Jahrhunderts Vorbildfunktion gewann, man denke nur an Maugham, Hemingway oder Chandler, hat Chesterton, der Stevenson selbst viel verdankte, zusammengefaßt: »Er lieferte schnelle Skizzen sehr unterschiedlicher Gesellschaften und Personen; und der Punkt ist der, daß er sie schnell und dennoch präzise beschreibt. Ich sehe nicht ein, warum man ihn als oberflächlich abqualifizieren möchte, denn im Gang oder Profil eines Menschen sah er mehr, als die Modernen aus dessen Komplexen und dessen Unbewußtem graben können; er ging direkt auf das zu, was bezeichnend war; seine Charaktere entstehen weniger aus statischen als vielmehr aus dynamischen Beschreibungen, und sie handeln aus Wort und Tat, nicht aus Vergleichen.

Diese Eile hat etwas von Kampfgeist; sie hat ein Ziel vor Augen und kommt zur Sache und ist ganz gewiß kein eitles Wortgeklingel zum Zweck äußerer Eleganz oder innerer Melodie. Die Bewegung der Sätze ist die Bewegung eines Menschen, der einem Ziel entgegengeht.«

5.

Die Schatzinsel erschien zuerst als Fortsetzungsroman in einer Jugendzeitschrift, wo sie nicht weiter auffiel. Aber als der Roman als Buch auf den Markt kam, wurde er sogleich ein sensationeller Publikumserfolg. Das schrille Gekreisch vom Papagei des genialen Oberschurken Long John Silver: »Piaster Piaster« verwandelte sich nicht nur für die Helden des Buchs in klingende Münze, sondern bescherte auch Stevenson schlagartig finanzielle Unabhängigkeit. Seine Karriere als Schriftsteller dauerte nicht einmal zwanzig Jahre, aber in dieser kurzen Spanne schuf er ein qualitativ originelles und einflußreiches und auch quantitativ imponierendes Werk: zahlreiche Geschichten, über zwanzig lange Erzählungen und Novellen, elf Romane, dazu die Reisebücher, Gedichte, Dramen, ein umfangreicher Briefwechsel, unter anderem mit Henry James und Joseph Conrad, sowie Feuilletons und autobiographische und literarische Essays, in denen er sich auch als scharfsinniger Theoretiker erwies.

In seinem autobiographischen Essay *Ein Kapitel über Träume* berichtete Stevenson unter anderem über die Entstehung jenes Werks, das den Erfolg der *Schatzinsel* noch übertreffen sollte. In einer Dezembernacht des Jahres 1885 wurde er von seiner Frau wachgerüttelt, nachdem er im Schlaf von Angstschreien gequält worden war. Er hatte die Grundzüge der Geschichte des Dr. Jekyll und Mr. Hyde geträumt!

Am nächsten Morgen begann er sogleich mit der Niederschrift; in nur drei Tagen war eine erste Fassung vollendet. Sie wurde auf Anraten seiner Frau Fanny, die eine allegorische Ausdeutung und psychologische Vertiefung vermißte, verworfen. In weiteren drei Tagen schrieb Stevenson die Geschichte um – trotz seines schlechten Gesundheitszustands, wie seine Frau später berichtete: »Er litt an beständigen Blutungen und durfte kaum sprechen; er unterhielt sich gewöhnlich mittels Schiefertafel und Griffel. Zwei Menschen durften sich nicht zur selben Zeit in seinem Zimmer aufhalten, und wenn jemandem vom Arzt dieses Vorrecht eingeräumt wurde, war das Gespräch auf die Dauer von fünfzehn Minuten beschränkt.«

Ohne die Produktionsgeschichte Stevensons als permanente Auseinandersetzung mit seiner Krankengeschichte überzustrapazieren, darf man doch sagen, daß die außerordentliche Beklemmung, die von der Erzählung ausgeht, wohl auch ihre Ursache in der physischen Situation ihres Autors hatte. *Der seltsame Fall des Dr. Jekyll und Mr. Hyde*, erschienen 1886, wurde jedenfalls ein ungeheurer Erfolg und gilt bis heute als das geradezu klassisch und sprichwörtlich gewordene Porträt einer gespaltenen Persönlichkeit, als Literatur gewordene Fallstudie akuter Schizophrenie. Gut und Böse, Tugend und Verderbtheit stehen sich nicht mehr in zwei verschieden profilierten Charakteren gegenüber, sondern in sich selbst. Der tiefsinnige Witz der Erzählung besteht aber nicht darin, daß ein Mensch zwei Persönlichkeiten haben kann, sondern daß zwei Persönlichkeitstendenzen in einem Menschen unheilvoll kollidieren; nicht darin, daß man sich von seinem Charakter trennen, sondern darin, daß man es nicht kann.

Deutlich erkennbar schimmert aber durch den stark psychologischen Ansatz noch etwas anderes, nämlich Stevensons beißende, wenn auch womöglich unbewußte Kritik am schizophrenen Charakter der bürgerlichen Moral und Respektabilität: Tugend und Ehrbarkeit nach außen, tief im Inneren aber ungezügelte Triebe und Laster. Chesterton hat darauf hingewiesen, daß *Jekyll und Hyde* die tiefgehendste Auseinandersetzung Stevensons mit seiner Herkunft aus der calvinistischen Orthodoxie Edinburghs war.

Ein Jahr zuvor hatte Stevenson mit der Erzählung *Markheim*, noch unsicher in der Methode und durchaus melodramatisch, das Prinzip des Bösen in Gestalt eines imaginären Doppelgängers bereits vorbereitet. Dabei sind Parallelen zu Edgar Allan Poes *William Wilson* unverkennbar – und Stevenson wäre der Letzte gewesen, der literarische Tradition geleugnet hätte. Nun haben aber gerade *Markheim*, *Jekyll und Hyde* sowie einige andere Erzählungen, die sich auf das Unheimliche und Düstere der menschlichen Existenz kaprizieren, dazu geführt, daß man Stevenson als einen Epigonen Poes abqualifiziert hat.

Nichts ist falscher, denn gerade im Vergleich mit Poe läßt sich Stevensons Eigenständigkeit besonders gut beleuchten. In Poes Welt herrschen nämlich überall Verfall und Zersetzung, verstärkt durch eine Art luxuriöser Oberfläche aus schwerer Seide und narkotischen Düften, und fast alle Szenen sind in Dunkelheit, Dämmerung oder Zwielicht getaucht; alles ist schweratmendes, staubiges Interieur. Durch Stevensons Szenerien weht demgegenüber klare, meist salzige Seeluft; sie gleichen Holzschnitten, seine Figuren stehen fest umrissen vor weiten Horizonten. Poes Vogel ist der düstere, *nevermore* krächzende Rabe, Stevensons der bunte Papagei. Stevensons Schottlandgeschichten sind durch und durch schottisch, aber ihnen fehlt der schottische Nebel, seine Figuren stehen nie im Zwielicht.

Natürlich gibt es auch immer wieder Nachtszenen, aber Stevensons Nächte sind ganz anders als jene, die drohend über Poe brüten. In der berühmten nächtlichen Duellszene des Romans *Der Junker von Ballantrae* werden Kerzen in den Wald getragen: Die Handlung spielt also bei Nacht, aber eben nicht im Dunkeln. Poes Detektiv Daupin schließt tagsüber die Fensterläden, weil er nur im Dunkeln denken kann. Stevenson bringt Licht in seine Dunkelheiten und schafft damit jene Genauigkeit und Detailfreude, die zum Tageslicht gehört. Sein Ästhetizismus wird nie morbide, seine Romantik ist hell, sie drängt ins Licht der Vernunft.

6.

»Tag für Tag strahlte die Sonne, und Nacht für Nacht leuchtete der Mond, und die Sterne paradierten mit ihrem funkelnden Regiment. Ich wurde mir einer geistigen Veränderung oder vielmehr einer molekularen Wiederherstellung bewußt. Meine

Glieder wurden mir leichter. Ich war in mein Klima gekommen, und voll Verachtung blickte ich zurück auf diese feuchten und winterlichen Zonen, die man fälschlicherweise die gemäßigten nennt.«

Im Mai 1888 war Stevenson auf Anraten seines Arztes mit seiner Familie von San Francisco in die helle Inselwelt der Südsee aufgebrochen, wo sein Gesundheitszustand sich so nachhaltig besserte, daß er sich 1890 auf Opolu, einer der Samoa-Inseln, niederließ. An Henry James schrieb er: »Ich glaube nicht, daß ich noch mehr als einmal nach England kommen werde, und dann, um zu sterben. Gesund bin ich nur in den Tropen.«

Um die Reise zu finanzieren, verpflichtete er sich, für eine amerikanische Zeitschrift Reiseberichte zu liefern, die nach seinem Tod unter dem Titel *In der Südsee* als Buch herauskamen. Stevenson blieb, bei aller Begeisterung über die Schönheit der Archipele, unsentimental und beschrieb den Verlust der Unschuld einer ganzen Hemisphäre: den verheerenden Einfluß der Händler und Missionare, die Folgen eines sehr einseitigen Kulturaustausches, den Alkoholismus und die Seuchen, eingeschleppt von den weißen Kulturträgern, ehemaligen Piraten, Opium- und Sklavenhändlern.

Das reiche Material des Reisebuchs liegt auch den Erzählungen zugrunde, mit denen es Stevenson gelang, die Südseeklischees zu unterlaufen. Anders als etwa Rudyard Kipling, der, im Themenkreis durchaus mit ihm verwandt, den Kolonialismus verklärte und die fremden Kulturen idyllisierte, klagte Stevenson in seinen Südseegeschichten den Imperialismus an, ja die weiße Rasse schlechthin. Damit betrat Stevenson stoffliches Neuland und stieß auf heftige Ablehnung seiner englischen Leser.

Das Fragment des Romans *Die Ebbe* legt offen, wie sich Menschen verhalten, deren moralische Muster zerschlagen sind, deren Weltanschauung aufs nackte Überleben in einer unbekannten Situation reduziert ist. Stevenson bringt hier drei unterschiedliche Charaktere an Bord eines Schiffes zusammen; ein psychologisches Labor, umgeben von Wasser. In diesem Gebrauch eines Schiffs als Emblem einer isolierten, sich selbst und andere zerfleischenden Gesellschaft dürfte Stevenson von Melville beeinflußt worden sein. Doch geht Stevenson, was die Schwärze und Ausweglosigkeit der Situation betrifft, über Melville und dessen Gesellschaft an Bord der Pequod hinaus. *Die Ebbe* war, so Stevenson selbst, eine Erzählung der Häßlichkeit und des Pessimismus, in der kein Platz blieb für Südseerauschen, edle Wilde und Aloa Ohé.

Neben Südseestoffen gelangen Stevenson auf Samoa auch seine besten Bücher zu schottischen Themen, *Catriona*, die Fortsetzung des Romans *Die Entführung*, das Fragment gebliebene Meisterwerk *Weir of Hermiston* und vor allem *Der Junker von Ballantrae*, ein spannendes und erzähltechnisch hinreißend raffiniertes Buch. Walter Benjamin bemerkte dazu, er stelle es »an Bedeutung über fast alle großen Romane«, und Thomas Mann war deshalb davon so begeistert, weil er in ihm den Erzählgestus seines *Doktor Faustus* vorgezeichnet fand: Aus der scheinbar naiven Perspektive eines mittelmäßigen, buchhalterischen Schreibers wird die Entwicklung einer außergewöhnlich komplexen Persönlichkeit dargestellt. In seinem Essay über Stevenson schrieb Lion Feuchtwanger: »Es wird dem Leser kein Urteil imputiert, es wird ihm gezeigt, wie ein schlechter Mann von großem Format und ein wackerer Mann von mittlerem Format und ein sehr wackerer Mann von subalternem Format sich in gewissen Situationen verhalten, und die Stellungnahme dazu wird durchaus dem Leser überlassen.«

Diese Neutralität des Erzählens gehört wesentlich zu Stevensons Methode. In dem Essay *Ein Kapitel über Träume* hatte er programmatisch erklärt: »Ich wollte nie jene Traktätchenmoral, nie jene Beschränktheit in ethischen Dingen, die gute Ratschläge verschleißt, zum Gegenstand meiner Erzählungen machen, sondern die weiteren Grenzen des Lebens vermitteln, oder jene Art von Geistigkeit, die wir in der Arabeske von Zeit und Raum zu gewahren meinen.«

Doch muß der Autor, um solche Reinheit des Erzählten zu erreichen, gleichsam aus dem Text verschwinden, muß seine Eitelkeit bezwingen – für den eitlen Stevenson sicher keine leichte Übung. Denn die Kunst der Erzählung besteht nach Walter Benjamin eben darin, eine Geschichte von Erklärungen freizuhalten, den Lesern, die in die archaische Rolle von Zuhörenden versetzt werden, psychologische Zusammenhänge nicht aufzudrängen und jede Meinung aus dem Gewebe des Textes herauszuhalten, also ein Garn ohne moralische Knoten zu spinnen. In der Erzählung schweigt der Verfasser. Er hat seine Sprache der erzählenden Gestalt geliehen. Es ist Stevensons höchste Kunst, daß er seinen sehr unterschiedlichen Figuren hörbare Stimmen zu geben versteht. Feuchtwanger rühmte: »Jeder seiner Menschen spricht seine eigene Sprache, die ihm einmalig aus dem Mund geht, so natürlich, wie er seine einmalige Haut hat.« Dies gilt nicht nur für die Erzählungen im engeren Sinn, sondern auch für Stevensons Romane: In der *Schatzinsel* spricht der Schiffsjunge; die auktoriale Autorschaft in *Jekyll und Hyde* wird gebrochen, wenn Dr. Lanyon erzählt und Jekyll selbst vor den Vorhang tritt und seine Sicht des Falls darstellt.

Nichts ist schwieriger für einen Autor, als diese Technik des Stimme-Gebens auf Gestalten anzuwenden, die unter dem eigenen Sprach- und Assoziationsniveau angesiedelt sind – zu gern spricht dann aus dem einfachen Mann die romantische Vorstellung des Autors, wie der einfache Mann zu sprechen habe. Stevenson beherrschte diese Technik meisterhaft, und ein Kabinettstück lieferte er mit der Südseegeschichte *Der Strand von Falseá*. Sie wird erzählt aus der Perspektive, nein: aus dem Mund eines Kopra-Händlers, eines wenig sensiblen und mäßig intelligenten Menschen. Die Erzählung wirkt lebendig, weil im Wortsinn sprechend. Der Leser hat das Gefühl, am Kamin zu sitzen und diesem Händler zu lauschen, der sein Garn spinnt; ein Mann, der Stevenson deshalb gleicht, weil er, mit Benjamins Worten, »den Docht seines Lebens an der sanften Flamme seiner Erzählung vollkommen könnte verzehren lassen«.

Benjamin, der seine Theorie des Erzählens ausdrücklich auch auf Stevenson bezog, bemerkte: »Das Märchen lebt insgeheim in der Erzählung fort. Der erste wahre Erzähler ist und bleibt der von Märchen.« Und Stevenson, der am Edinburgher Kamin mit Erzählungen schottischer und keltischer Märchen und Mythen aufwuchs, die ihm sein Vater und sein Kindermädchen erzählten, wurde zum Schluß selbst wieder zum Märchenerzähler. Während seiner kurzen, glücklichen Jahre in der Südsee hatte er die polynesische Lebensart derart intensiv begriffen, daß es ihm gelang, *Die Insel der Stimmen* und *Das Flaschenteufelchen* zu erzählen, als spräche ein samoanischer Erzähler zu seinen eigenen Leuten. *Das Flaschenteufelchen* verschränkte europäische Märchenmotive mit den Vorstellungen und dem Sprachverhalten der Eingeborenen. Die Erzählung wurde von einem Missionar ins Samoanische übersetzt, und die Leute von Samoa, die Stevenson als das an Unterhaltungen reichste Volk unseres Planeten bezeichnete, akzeptierten sie wie selbstverständlich als eine ihrer eigenen, mythologischen Geschichten.

Damit war Robert Louis Stevenson, der aus einer Gesellschaft kam, in der Erzählen und Zuhören immer mehr schwanden, weil erzählwürdige Erfahrungen vernichtet wurden, wieder an den Ursprung des Erzählens zurückgekehrt: ans Märchen wie aus Skelts Kindertheater, ans beschwörende Sprechen auch über einen mythischen Zustand, das goldene Zeitalter der Kindheit. Die Leute von Samoa wußten das. Für sie war der schlaksige, schottische Schriftsteller mit dem traurigen Don-Quichotte-Gesicht schlicht *Tusitala* – das ist: der Geschichtenerzähler.

Am 3. Dezember 1894 traf ihn auf der Veranda seines Hauses, buchstäblich wie der Blitz aus heiterem Himmel, ein tödlicher Gehirnschlag. Sein Grab liegt, wie er es sich gewünscht hatte, auf dem Gipfel des sein Besitztum überragenden Berges Vaea, wo ihn befreundete samoanische Häuptlinge zur Ruhe geleiteten. Ein Stein, unter dem später auch die Asche seiner 1914 verstorbenen Frau Fanny beigesetzt wurde, bedeckt das Grab; dieser Stein hat die Form eines Sarkophags – passender wäre die Form eines Boots gewesen: Denn bereits zehn Jahre vor seinem Tod hatte er bei einem Aufenthalt auf der Insel Hyères an der französischen Mittelmeerküste, als ihn ein schwerer Krankheitsanfall an den Rand des Grabs brachte, sein eigenes *Requiem* geschrieben. Die drei letzten Zeilen stehen nun auf einer Bronzetafel auf dem Grabstein:

> Under the wide and starry sky
> dig the grave and let me lie.
> Glad did I live and glad did I die
> and I laid me down with a will:
> This be the verse you grave to me:
> Here he lies where he longed to be
> Home is the sailor, home from the sea
> and the hunter home from the hill.

Amerikanisches Heilsversprechen

Henry Roths Roman *Nenn es Schlaf*

»Hinter dem Schiff wurde das weiße Kielwasser, das sich bis Ellis Island erstreckte, länger und löste sich in ein fahles Melonengrün auf. Zur einen Seite zog sich die niedrige, triste Küste Jerseys hin, die Spieren und Masten am Ufer wie Fransen vor dem Himmel; zur anderen Seite Brooklyn, flach, mit Wassertürmen – die Hörner des Hafens. Und auf ihrem hohen Sockel ragte vor ihnen aus dem geschuppten, flirrenden Glitzern sonnenbestrahlten Wassers im Westen die Freiheitsstatue auf. Die wirbelnde Scheibe der spätnachmittäglichen Sonne neigte sich hinter ihr, und für diejenigen an Bord, die hinschauten, waren ihre Züge schattenverkohlt, ihrer Tiefe entleert, war ihre Massigkeit zu einer einzigen Fläche geglättet. Vor dem gleißenden Himmel waren die Spitzen ihres Strahlenkranzes finstere Zacken, ein Spornrad in der Luft; Schatten ebneten die Fackel in ihrer Hand zu einem schwarzen Kreuz vor makellosem Licht – zum geschwärzten Heft eines zerbrochenen Schwerts.«

Die Freiheitsstatue in der New Yorker Hafeneinfahrt, den Einwanderern aus aller Welt sonst das verheißungsvolle Symbol einer besseren Welt, erscheint im Prolog dieses Romans als ein düsteres Omen. Der Leser ahnt sogleich mit einigem Unbehagen, daß den Neuankömmlingen am Ende ihrer langen Reise kein leichtes Schicksal beschieden sein wird. Wem nämlich Miss Liberty so vor Augen kommt, als schwarzer, abweisender Engel, der gewissermaßen das Paradies bewacht, dem wird sich das Gelobte Land Amerika zwangsläufig als Jammertal erweisen, dem muß der amerikanische Traum zum Alptraum werden.

Man schreibt das Jahr 1906. Der bereits zwei Jahre zuvor aus Galizien eingewanderte Albert Schearl hat seine Frau Genya und ihren gemeinsamen, anderthalbjährigen Sohn David aus der östlichen K.u.K.-Provinz in die USA nachkommen lassen, nachdem Albert in Brownsville, einem Bezirk im südlichen Brooklyn, Arbeit als Drucker gefunden und mühsam Fuß gefaßt hat. Der Mann ist ein jähzorniger Choleriker, der seine Frau und seine Umwelt tyrannisiert und seinen Sohn haßt. Die Familie zieht 1912 ins düstere und miefige Emigrantenviertel der Lower East Side um, wo der Vater eine Anstellung als Milchkutscher bekommt und sich die sozialen Verhältnisse der Familie auf bescheidenem Niveau stabilisieren. Aber die Tyrannei des Vaters gegen seinen Sohn geht unvermindert weiter und steigert sich noch. Der Leidensdruck des Kindes, das nur Schutz bei seiner liebevollen Mutter findet, führt zu einer radikalen Introvertiertheit Davids: »Für ihn war schon das bloße Vergehen der Zeit eine Freude. Der Körper war sich einer gefühligen Trägheit bewußt, eines goldenen Räkelns in sich selbst.« Und diese Introvertiertheit führt wiederum zu einem nahezu autistischen Verhalten Davids gegenüber seiner Umwelt, mit Ausnahme der Mutter.

Deshalb kommt es auch zu einer merkwürdigen Wahrnehmung der Stadt New York, die dem Kind zu einem diffusen Brei aus Impressionen wird: »Die Häuser, die Fahrbahnen, Gespanne, die Menschen auf der Straße besaßen nicht mehr ihre Einzigartigkeit und Gewißheit wie zuvor. Festumrissene Formen verwirrten ihn jetzt, entzogen sich ihm durch eine verschwommene Verschiebung der Konturen. Nicht einmal den Rhythmus und das Klappern der Hufe vermochte er richtig zu erkennen; etwas Fremdes und Böses hatte sich mit all den vertrauten Geräuschen und Erscheinungen der Welt verbunden. Die Sonne, die ihn zuvor noch so geblendet hatte, war nun auf rätselhafte Weise trübe, wie von einem unsichtbaren Film gefiltert, Stein war etwas von seiner Gewißheit genommen, Eisen etwas von der unbeugsamen Präzision. Flächen waren ein wenig hohl geworden, waren eingesackt, Ränder verwischt. Die festen Züge der Maske der Welt überschnitten einander, hatten ihre Anordnung so heimlich und unmerklich verändert wie Uhrzeiger, so plötzlich wie ein Augenzwinkern.«

Die Stadt wird zum Vexierbild der seelischen Leiden eines gequälten Kindes, und selbst die Straßen des Viertels sind in diesem Roman im wesentlichen zu Chiffren für ein auswegloses Seelenlabyrinth geworden. »Eine dichte, feuchte Trostlosigkeit sog die Dinge auf, laugte alle Farben zu Dunkel aus, schmolz das Besondere ein, ließ Geschiedenes ineinander verschwimmen.«

Henry Roth projiziert in der Perspektive des Kindes seine Bilder von Amerika und von der Stadt New York fast ausschließlich nach innen, und zwar sowohl räumlich als auch psychologisch und mythologisch. »Auf der Straße, zu tief unter dem Fenster, als daß man sie hätte sehen können, hatte sich mit dem Morgen die tumulthafte Flut erhoben, und ein wildes Durcheinander von Geräuschen und Stimmen ergoß sich über den Sims wie über einen Deich. Die Luft war außergewöhnlich kühl. Zwischen den aufgezogenen Vorhängen eines offenen Fensters auf der anderen Straßenseite kämmte eine Frau einem kleinem Mädchen mit einem viereckigen Kamm die Haare. Letzteres zuckte jedesmal, wenn der Kamm niederging, zusammen; sein dünnes Greinen tanzte auf den verschlungenen Wellen des brausenden Getöses der Straße.«

Diese Passage ist für den Wahrnehmungsmodus des Buchs ebenso typisch wie aufschlußreich. Die Stadt, das Leben da draußen, bleibt meistens ein diffus-urbanes Grundrauschen, aber sobald der Blick sich nach innen richtet, auf Gefühle einerseits, andererseits auf die Interieurs der Häuser und Wohnungen, setzt sogleich eine überaus scharfe, detail- und nuancenreiche Erzählkunst ein. Die Zeichnung des proletarischen bis kleinbürgerlichen Milieus der jüdischen Einwanderer mit ihren alltäglichen Sorgen und Nöten und kleinen Freuden und mit ihren Rivalitäten zu anderen ethnischen Gruppen gelingt Henry Roth mit ungeheurer Präzision und einer fast greifbaren, riechbaren, auf jeden Fall aber hörbaren, atmosphärischen Verdichtung. Hörbar deshalb, weil weite Teile des Romans in wörtlicher Rede geschrieben sind; und wörtliche Rede bedeutet hier jenen aus jiddisch und englisch gemischten, dazu häufig aus Kindermund vorgebrachten Slang, den Eike Schönfeldt in seiner auch sonst sehr soliden und textnahen Neuübersetzung mit Bravour ins Deutsche gebracht hat. Schönfeldt hat auch der Versuchung widerstanden, den gelegentlich leicht gravitätischen Ton, den Roth in beschreibenden Passagen gern anschlägt, zu lakonisieren und damit zu modernisieren. Wir haben es also weniger mit einer interpretierenden als vielmehr mit einer Übersetzungsstrategie zu tun, die sich der Autorenintention verpflichtet weiß.

Die mythologische und religiöse Metaphorik und damit auch eine entsprechende Diktion nehmen übrigens im Verlauf der Geschichte zu. Als David nämlich 1913 von einem Rabbi eine jüdische Erziehung bekommt, laden sich seine Erlösungsphantasien immer stärker mit religiösen Motiven auf, vermischen sich mit den Minderwertigkeitsgefühlen und präpubertären Verwirrungen des Jungen, die durch die starke, ödipale Mutterbindung noch verstärkt werden. Der Familienkonflikt treibt auf eine Tragödie zu, als der Vater aus diversen Verdachtsmomenten zu dem falschen Schluß kommt, David sei nicht sein leiblicher Sohn, sondern ihm lediglich untergeschoben. In seiner Not und Verwirrung flieht der Junge aus dem Haus und provoziert mit einer Milchkelle aus Metall auf den Schienen der elektrischen Straßenbahn einen Kurzschluß. Der Elektroschock tötet ihn zwar nicht, löst in ihm aber eine visionäre Ekstase aus, in der alle Tagträume und Evasionsphantasien zusammenschießen und zugleich transzendiert werden. Zur Schilderung dieser Halluzination nutzt Roth den psalmodischen, alttestamentarischen Sprachduktus, den David bei dem Rabbi gelernt hat. »Und er / wand sich bewegungslos im Griff einer / tödlichen Pracht, und sein Gehirn schwoll an / und dehnte sich, bis die Galaxien davor klein wurden / in einer Leuchtblase – zuckte zurück, der / letzte Nerv klammerte sich gellend ans Überleben.«

Auch wenn Roth hier, auf dem Höhepunkt des Romans, nicht mehr nur ausschließlich aus der Perspektive Davids erzählt, sondern recht überraschend plötzlich mosaikartig Stimmen und Blicke derjenigen hinzufügt, die den Lichtbogen des Kurzschlusses wahrnehmen, bleibt *Nenn es Schlaf* doch im Ganzen absichtsvoll monoperspektivisch. Anders als etwa John Dos Passos mit *Manhattan Transfer* entwirft Henry Roth also kein Gesellschafts- und Stadtpanorama, sondern er liefert eine Detailvergrößerung aus Psyche und Milieu.

Henry Roth, der 1995 gestorben ist, kam 1908, als zweijähriges Kind, mit seinen Eltern aus Galizien nach New York. Das Kindheitsmuster, das *Nenn es Schlaf* entwirft, ist deutlich autobiographisch – für einen Debütroman sehr typisch, weil der zentrale Erfahrungsfundus eines jungen Autors zuerst einmal die eigene Geschichte ist. Der Roman erschien 1934; Roth war also erst Mitte Zwanzig, als er ihn niederschrieb. Mit diesem Erstling gelang ihm aber nicht nur ein dickes Buch, sondern gleich ein großer Roman, der als solcher wohl bedeutend genug ist, daß er drei Einwände aushalten kann, die sich gegen ihn vorbringen lassen. Die Schwächen dieses Buchs sind nämlich für Debütwerke ebenso typisch wie deren autobiographische Aufladung.

Erstens huldigt Roth hier einem Fanatismus der Deutlichkeit, der nicht immer von der beabsichtigten, naturalistischen Detailtreue beziehungsweise psychologischen Nahsicht gedeckt wird. Vielmehr vertraut er offenbar noch nicht ganz seiner erzählerischen Kraft, sondern belegt, was er erzählend entfaltet, noch mit einem allgemeinen Begriff, als wolle er auf Nummer Sicher gehen. Ein Beispiel: »Dezembersonnenlicht, porös und wolkentrüb, auf oberen Fensterscheiben geschmolzen. Obwohl es noch früher Nachmittag war, stand der Pegel kalter Schatten an Holzhäusern und Backstein schon hoch. Graue Schneeklumpen hielten sich noch im Schutz des abgetretenen Bordsteins. Die Luft war kalt, aber windstill.« So weit, so atmosphärisch dicht und präzise. Aber dann läßt Roth als eine Art erzählerisches Ausrufezeichen leider noch das Wort fallen, das im Kontext dieser Winterevokation das überflüssigste alle Worte ist: »Winter« – als könne ein Leser auf die Idee kommen, hier handele es sich um einen Sommertag.

Solche und ähnliche Verdoppelungen durchziehen den gesamten Text und verleihen ihm damit – zweitens – eine manchmal schwer erträgliche, mäandernde Redundanz, die zum Überschlagen und Weiterblättern reizt; ich bin davon überzeugt, daß der Roman, um hundert Seiten eingekürzt und kondensiert, erheblich an Präzision gewonnen hätte. Diese Redundanz, hinter der offenbar die Befürchtung steckt, irgendwie falsch verstanden werden zu können, führt gelegentlich auch zu einer hemmungslosen Schwarz-Weiß-Zeichnung innerhalb der psychologischen Charakteristik der Eltern: So madonnenhaft-grundgütig und tröstend lächelt da die Mutter und legt dem kujonierten Knaben die Hand auf, so grottenschlecht-verbissen und brutal prügelt da der cholerische Vater, daß sie manchmal wie Pappfiguren in einer von Käthe Kollwitz gemalten Theaterkulisse namens Familiendrama herumgeschoben werden.

Drittens, und auch das ein Anfängerfehler, wie er in diesem Buche steht, versucht Roth häufig zu beweisen, was er kann; er läßt gewissermaßen seine poetischen Muskeln spielen. Denn obwohl er in der Beschreibung des Schlichten und dessen existentieller Wucht, die ja alles andere als eine schlichte Beschreibung ist, Meisterschaft erkennen läßt, scheint er seiner eigenen Größe, die wie jede echte Größe bescheiden ist, noch nicht ganz zu vertrauen; so kommt es häufig zu manieristischen Verrenkungen, die erzählperspektivisch nicht gedeckt sind und zur kindlichen Wahrnehmungsstruktur Davids, die sonst in nahezu schmerzhafter Radikalität beibehalten wird, befremdlich quer stehen. Auch dafür ein Beispiel: »Zierwerk, geborgen im Mörtel des Verlangens, das Vergnügen daran die Kelle, die Laune des Baumeisters. Eine Wand, ein Turm, stark, sicher, unglaublich, den Geist ummauernd gegen einen Hagel Pfeile, das Denken, die Erfahrung, den Strom der Zeit durchpflügend, wie ein Fels das Wasser pflügt.«

Doch derlei stilistisches Zierwerk aus schiefen Bildern und philosophischem Begriffsbombast hinterläßt zwar einen schalen Beigeschmack, wird von der unbestreitbaren Leistung des ganzen Romans aber durchweg abgefedert und dürfte auch nicht der Grund dafür sein, daß das Buch lange vergessen war. Bei seinem Erscheinen erhielt es zwar zustimmende Kritiken und verkaufte sich auch recht gut. Auf dem Hintergrund der Großen Depression hatte sich in den USA allerdings inzwischen ein Rezeptionshorizont entwickelt, vor dem individualistische und psychoanalytische Entwürfe wie der Roths kaum noch Chancen hatten. Der Zeitgeschmack, aus dem sich der amerikanische Roman der 30er Jahre speiste und auf den er reagierte, entwickelte sich in ganz andere Richtungen: in historische Romanzen wie Mitchells *Vom Winde verweht* einerseits, andererseits in zynisch-sozialkritische Detektivromane vom Schlage Chandlers und in dezidiert systemkritische Werke wie Steinbecks *Von Mäusen und Menschen* oder auch James T. Farrells *Studs Lonigan* von 1932, einem Roman, der thematisch mit Roths *Nenn es Schlaf* vergleichbar ist, aber einen völlig anderen Ansatz verfolgt. Denn Aufstieg und Niedergang von Farrells Held aus den Chicagoer Slums wird als Reflex einer materialistischen, brutalen Gesellschaft gezeigt, während bei Roth das kapitalistische System kaum thematisiert und nie und nirgends in Frage gestellt wird. Die Familie Schearl lebt zwar in ärmlichen Verhältnissen, hat aber durch die harte Arbeit des Vaters ihr einigermaßen gesichertes Einkommen. Ein politisches, gar ideologiekritisches Bewußtsein gibt es in diesem Buch nicht; es herrscht Übereinstimmung mit den Verhältnissen, was beispielsweise dadurch zum Ausdruck kommt, daß Roth einige Male Polizisten auftreten läßt, die stets als gutmütige Freunde und Helfer in Erscheinung treten. Selbst die Emigration der Familie aus Galizien wird nicht ökonomisch, sondern familienpsychologisch motiviert und begründet, wenn Davids Tante Bertha einmal bemerkt: »Ich gehe, egal wohin! Ich habe Europa doch bloß verlassen, um einem tyrannischen Vater zu entkommen.«

Es sind freilich exakt die gleichen Gründe, die den Roman bei Erscheinen durchfielen ließen, die ihn dann bei seiner Wiederentdeckung dreißig Jahre später zu einem Millionenerfolg, zu einem amerikanischen Klassiker machten, den insbesondere die jüdische Intelligenz als eine Art Verständigungstext über die Probleme ihrer Emigration und Assimilation in die amerikanische Gesellschaft begriff. Der Roman wurde zur Schullektüre. Denn 1964, auf dem Höhepunkt des Kalten Krieges, wäre in dieser Form kein Text kanonisierbar zu machen gewesen, der sich gegen die Grundüberzeugungen des kapitalistischen Systems ausgesprochen hätte. Dem auf intakte Familienstrukturen fixierten amerikanischen Selbstverständnis kam es allerdings sehr entgegen, daß in Roths *Nenn es Schlaf* die Schattenseiten des amerikanischen Traums als Seelendrama radikal subjektiviert und psychologisiert sind. Und nicht zuletzt wartet der Roman mit einem Schluß auf, der zwar kein plattes Happy-End verspricht und keine Erlösung aus allem Übel, aber doch, im doppelten Wortsinn, Versöhnlichkeit. Angesichts von Davids unfreiwilligem Opfer zeigt die harte Schale des Vaters erstmals Risse. Wenn David aus seinem heilsamen Schlaf erwachen wird, das darf der Leser vermuten, wird die Welt dieser Familie immer noch nicht heil sein – aber immerhin besser. Und eine »bessere Welt« war und ist allemal das pathetische Heilsversprechen Amerikas.

Elektronische Nervosität

Über ein Motiv im amerikanischen
Gegenwartsroman

> *Warum dies letzte? Nur der vage Wunsch, end-*
> *lich einmal jemanden auf der richtigen oder*
> *realen Seite des Fernseh-Bildschirms zu finden?*
> *Was machte sie so sicher, daß sie glauben konnte,*
> *ein Mensch zu sein?*
>
> Thomas Pynchon

I.

In Edgar Allan Poes Erzählung *Der Malstrom* (1841) berichtet ein Fischer, wie er mit seinem Bruder in den tödlichen Sog eines gigantischen Meereswirbels gerät. Während der Bruder sich panisch an die vermeintliche Sicherheit des Schiffs klammert, untergeht und zermalmt wird, reagiert der (überlebende) Fischer bemerkenswert anders: »Es mag seltsam erscheinen, aber jetzt, da wir mitten im Rachen des Abgrunds waren, fühlte ich mich gefaßter als zuvor, als wir uns ihm nur näherten. Indem ich jegliche Hoffnung aufgab, schüttelte ich auch zum großen Teil das Entsetzen von mir ab, das mich zuvor entmannt hatte. Ich vermute, es war die Verzweiflung, die meine Nerven spannte. (...) Nach einer kleinen Weile bemächtigte sich meiner eine glühende Wißbegier über das Wesen des Wirbels. Ich fühlte tatsächlich eine Sehnsucht danach, seine Tiefen zu erforschen, selbst um den Preis, den ich zu zahlen im Begriff stand, und mein größter Kummer war, daß ich meinen alten Freunden an der Küste von den Geheimnissen, die ich schauen sollte, niemals würde erzählen können. (…) Es war kein neuer Schrecken, der mich so sehr ergriff, sondern etwas, das mich weit mehr erregte: das Aufdämmern einer Hoffnung. Diese Hoffnung entsprang teils meiner Erinnerung, teils der gegenwärtigen Beobachtung.« Der Fischer kann sich retten, weil er auch in scheinbar unüberschaubarer Gefahr bestimmte physikalische Phänomene präzise beobachtet. Zwar fehlen ihm exakte Termini für diese Phänomene (er hört sie erst später von »einem alten Schulmeister unseres Distrikts«) und teilt sie in ästhetischer Bildhaftigkeit mit, doch zieht er aus »Erinnerung«, also Traditionsbewußtsein, und »gegenwärtiger Beobachtung«, also wacher Zeitgenossenschaft, unwillkürlich die richtigen Schlüsse und richtet sein Verhalten dementsprechend ein. Abgesehen vom puren Überlebensinstinkt und der intuitiven Analysiergabe ist das entscheidende Moment, das den Fischer vor der Selbstaufgabe rettet, das Bedürfnis, von den Geheimnissen des Malstroms erzählen zu können. Er wird davon erzählen, doch niemand glaubt ihm.

Die Lehre der Erzählung Poes ist exemplarisch und nützlich zur Bestimmung literarischer Strategien gegenüber der Entwicklung von Wissenschaft und Technik in einer Epoche, in der unablässig aufeinander folgende und sich zunehmend beschleunigende, zivilisatorische Umwälzungen uns betäuben und ängstigen und den Erkenntniswert literarischer Wirklichkeitserfassung obsolet zu machen scheinen. Gleicht denn nicht der Bruder des Fischers, der sich blind vor Angst ans bereits mastenlose, nur noch notdürftig zusammenhaltende Schiff klammert, bis dies mit ihm zertrümmert wird, einer Literatur, die im Strudel der technischen Entwicklung, besonders der Informationstechnologien, ihre tradierten Qualitäten zu retten versucht? Ein kulturkonservativer, zivilisationspessimistischer Grundzug widersetzt sich der globalen Vernetzung und Verrasterung und betont die humanen Wirkungen eines überkommenen literarischen Formen- und Motivfundus' gegenüber den telematischen Deformationen von Welt und Wahrnehmung. In diesem gelegentlich heroischen, häufig aber bloß anachronistischen und epigonalen Verhalten soll aufgehoben und bewahrt werden, was durch die technische Entwicklung zerstört wird. Zwar taucht auch in solcher wertkonservativen Literatur die technische und mediale Welt auf, als apokalyptischer Topos oder Motiv der Bedrohung, doch bleiben ihre Erscheinungsformen meist äußerlich, im Grunde unbegriffene und deshalb nicht darstellbare Symbole einer entfesselten Technik, die eben wegen ihrer bloß symbolischen Anschauung wiederum zu einem Naturereignis stilisiert wird.

Gewiß würde niemand leugnen, daß die Erfahrung des Natürlichen als Unmittelbarkeit von Anschauung und Ausdruck heute auf verlorenem Posten steht, weil Natürliches kaum noch Raum hat und weil Erfahrung aus zweiter, medienvermittelter Hand sich Erfahrung im strikten Sinn nicht mehr nennen kann. Zwischen die Dinge und uns schieben sich Maschinenfilter. Unsere Wahrnehmungsfähigkeit wird umgebaut, weil und indem wir die Welt umbauen. Früh zeigte sich das, wenn einen der Blick auf Landschaft plötzlich eher an eine bestimmte Kameraeinstellung in einem gesehenen Film denn an gelebte Erfahrung erinnerte, Bewegungen oder Gesichter von Menschen eher Ähnlichkeiten mit der zweiten Wirklichkeit der Filme aufwiesen als mit Personen, die unseren Lebensweg kreuzten.

Die Gegenwartsliteratur ist bereits voll von solchen Vergleichen, die aus medial vermittelten Erlebnisräumen schöpfen: ein bislang dennoch kaum ausgeloteter Fundus, der sich ständig vermehrt. Vergegenwärtigt man sich, wie produktiv das Wechselverhältnis von Film und Literatur im Verlauf des 20. Jahrhunderts für beide Seiten war, dann ist vielleicht auch die Frage nicht allzu beängstigend, wie die Literatur an der Schwelle zum 21. Jahrhundert auf die Herausforderung durch elektronische Medien in einer zunehmend durchtechnisierten Welt reagieren kann, ohne im Malstrom von Untergangsvisionen zerrieben zu werden. Vielleicht gibt es im historischen Prozeß keine Verfallserscheinungen, sondern nur eine widersprüchlich und vermittelt fortschreitende Evolution, in der das verlorene Alte fruchtbarer Mutationsdünger ist, Ferment jener Hoffnung, die in Poes Erzählung teils der Erinnerung, teils der gegenwärtigen Beobachtung und der Beobachtung des Gegenwärtigen entspringt. Was verlorenzugehen droht, das wird nach einem Wort Walter Benjamins Bild. Aber als Bild bewahrt es sein Wesen, weist womöglich noch über seine vormals natürliche Existenz hinaus. Es ist heute eine, wenn nicht *die* Aufgabe der Kunst und Literatur, das Verschwindende sichtbar zu machen und damit festzuhalten in der Erinnerung, als bewußte Tradition, zugleich jedoch das erscheinen zu lassen, was es verschwinden läßt. In solchem Erzählen vom Verschwinden erscheint bereits ein Neues, ein zuvor nie Gesehenes und bislang nie Beschriebenes.

»Man könnte«, mit einer Formulierung Heinrich von Kleists, »die Menschen in zwei Klassen abteilen; in solche, die sich auf eine Metapher und 2) in solche, die sich auf eine Formel verstehn. Deren, die sich auf beides verstehen, sind zu wenige, sie machen keine Klasse aus.« Es handelt sich aber bei jenen, die dichterische Metaphorik und wissenschaftlichen Diskurs in einer neuen Synthese zu verschmelzen verstehen, um die Produzenten einer Literatur, die sich als kritischer Reflektor, als Filter einer technologischen Entwicklung verstehen, deren Fluchtpunkt heute noch nicht absehbar ist, über den auf der Basis von Erfahrung und Beobachtung allerdings erzählerische Aussagen gemacht werden können – und seien sie spekulativ und utopisch. Dieser Ansatz ist in der deutschen Literatur die Ausnahme, in der amerikanischen weit verbreitet: Es handelt sich um literarische Projekte, in denen die instrumentelle Ambivalenz der Technik im sprachlichen Planspiel offengehalten wird; Projekte, die ohne Kenntnis des technologischen Standards nicht zu konstruieren wären – was nicht ausschließt, daß sie zum Teil heftige Kritik an diesem Standard üben. Diese Literatur fragt etwa danach, inwieweit sich wahrnehmungspsychologische Strukturen ändern, wenn von Apparaten formierte Phänomene zum repräsentativen Zeichenkodex einer – unserer – Epoche werden und wie diese veränderten Wahrnehmungen ins Verhalten zurückwirken. Dies Hinterfragen und Testen neuen Zeichen-, Wahrnehmungs- und Reproduktionsmaterials schlägt sich in Motiven, aber auch im Sprachmaterial und seiner kompositorischen Organisation selbst nieder. Solch eine Haltung gegenüber dem Verhältnis Technik – Kunst entspricht der Haltung, die die Literatur der Moderne gegenüber dem Film eingenommen hat. Denn die Technik des Films und der filmischen Apparatur als Ganzes (Kamerafahrten, wechselnde Einstellungen, Schnitt, Montage, Blenden, Großaufnahmen, Zeitraffer und -lupe etc.) hatte in dem Moment Wahrnehmungsformen und -möglichkeiten des Menschen freigelegt, als die literarische Technik, zumal die des Romans, mit den subjektiven wie objektiven Veränderungen der Wirklichkeit nicht mehr Schritt halten konnte. Die technischen Möglichkeiten des damals neuen Mediums erwiesen sich für die Literatur produktions- wie rezeptionsästhetisch als wirksam, da sich Autoren und Publikum am Film als Maßstab einer neuen Ästhetik orientierten. Bertolt Brecht: »Der Filmesehende liest Erzählungen anders. Aber auch der Erzählungen schreibt, ist seinerseits ein Filmesehender.« Und der Videosehende oder am Bildschirm arbeitende Leser liest anders. Weder Autoren noch Leserschaft können sich vom Wahrnehmen und Verhalten strukturierenden Zustrom der Informations- und

Kommunikationsmedien freistellen – es sei denn, um den Preis des Anachronismus, dem »die alten Freunde an der Küste« vielleicht noch eine Zeitlang zuhören. Bald werden sie jedoch bemerken, daß die Erzählung des Fischers die Wahrheit sagte, und sie werden bereuen, ihm nicht geglaubt zu haben.

»Technik und Wissenschaft«, schrieb Walter E. Richartz, »sind wahrhaft unerschöpfliche Gegenstände, wenn sie in die rechten Hände kommen. Aber wie interessant, wie facettenreich sie sind, ergibt sich erst mit der denkerischen Durchdringung, und durch die Angemessenheit der Sprache, die zur Vermittlung aufgewandt wird. Das Wissenschafts-positivistische Weltbild hat uns die Wahrheit versprochen: durch bloßes Nennen, durch bloßes Aneinanderreihen von Tatbeständen. Ob das Versprechen eingelöst wird, ist schon egal: Der Preis ist jedenfalls zu hoch. Positivismus bedeutet: die fortgesetzte Verarmung der Anschauungsformen – die Welt wird entleert, wenn die ›Probleme gelöst‹ werden. Er bedeutet Kümmerlichkeit, trostlose Eingleisigkeit im Umgang mit Worten und Sachen.« Gegenüber einer zügel- und regellos stampfenden Fortschrittsmaschine kann Literatur in der großen, archaischen Geste des Buchs sich nur behaupten, wenn sie die Mechanismen dieses »Fortschritts« denkerisch durchdringt. In angemessener Sprache muß sie sagen und zeigen, wie und warum wir stehen, wo wir heute stehen. Die Metaphernverständigen Kleists müssen Formelverständige sein, damit die Metaphern wahr werden und wir die Formeln verstehen.

2.

Die technikproduzierende Rationalität erschafft nicht nur Geräte und Maschinen, mit denen oder gegen die der Mensch lebt, vielmehr wirkt sie aufs Denken, Fühlen und physiologische Sein des Menschen zurück. Maschinenwelt ist nicht mehr nur die andere, kalte Welt, dem Menschen vom Menschen zur Seite gestellt, sondern ein wachsender Wirklichkeitsbereich, der, wiewohl vom Menschen erzeugt, diesen auch disponiert. Deshalb hat Friedrich Dürrenmatt in seiner Frankfurter Poetikvorlesung die Techniker als »Werkzeuge der Evolution, die wahren Karl Marxe« bezeichnet, die die Welt und den Menschen nicht interpretierten, sondern veränderten. »Was die Dinosaurier, die bis jetzt erfolgreichsten Lebewesen, während der vielen Millionen Jahre ihrer Herrschaft aus ihrem Skelett schufen, indem sie ihre Knochen umfunktionierten, so daß die Bestien die Luft, das Land und das Meer beherrschten, schafft der Mensch durch die Prothesenwelt seiner Maschinen. Auch sie gehören zur menschlichen Biologie, die Technik durchwächst den Menschen, wird ein Teil von ihm, von seinem Leib und seinem Geist.« Innerhalb dieses sich ständig beschleunigenden Prozesses ergeben sich Schnittpunkte zwischen Mensch und Maschine auf zwei Linien: Die eine verläuft nach außen und erweitert vom Mikroskop bis zum Weltraumflug menschliche Wahrnehmungsfähigkeit; die andere führt ins Innere und substituiert biologische Defizite, von der Zahnkrone bis zum Herzschrittmacher, ist aber auch als medienbedingte, elektronische Nervosität der Reflex der Wahrnehmung auf die äußere.

Das Einwandern technischer Substanz in Physis und Sensorium mit dem Fluchtpunkt einer vollständigen Mimese zwischen beseelter und technischer Materie ist längst nicht mehr nur die Domäne von Science-Fiction-Phantasmagorien, obwohl diese das Problem eigentlich erst auf den Begriff brachten. Man denke beispielsweise an die Horror-Visionen des *Alien*-Films; das zivilisationsbedrohende Ungeheuer reproduziert sich erst durch den Zusammenprall von biologischer Substanz mit technischer Ma-

terie. Man denke aber auch an die Vision des dialektischen Um-
schlags, den der Film *Silent Running* vorführte: Die letzte Flora
des Planeten Erde wird von umprogrammierten Robotern vor
der Vernichtung bewahrt. Inzwischen reflektieren zahlreiche
gesellschaftskritische Gegenwartsromane aus den USA die noch
unscheinbaren Vorstufen solcher Entwicklungen – motivisch,
kompositorisch, bis hinein in veränderte Syntaxstrukturen, die
sich verändernde Wahrnehmung indizieren. Abgesehen von der
Tatsache, daß innerhalb der elektronisch-telematischen Com-
puterkommunikationsgesellschaft in den USA biochemische,
bio- und neurotechnologische Entwicklungen am weitesten
fortgeschritten sind, wären die Entwürfe und Szenarien zeitgenössischer US-Autoren vielleicht weniger avanciert ohne die
kühnen Antizipationen des gesamten Kontextes, die Thomas
Pynchon in den 60er und 70er Jahren mit seinen Erzählungen
und Romanen vorlegte.

   Pynchons Hauptthema, »daß die industrielle, technologische
Rationalität weltweit die Lenkung der menschlichen Geschicke
übernommen habe« (Dieter Wellershoff) und politische und individuelle Entscheidungs- und Verhaltensraster lediglich schein-
haft seien, in Wahrheit gesteuert von der »verhängnisvollen Ge-
setzmäßigkeit« eines automatisierten Leviathan, wird in seinen
drei Romanen mit unterschiedlichen Gewichtungen durchgespielt. V. (1961) zeigt auf der Grundlage einer nur teilweise
absurden Fabel einer gigantischen Weltverschwörungs-Phan-
tasmagorie eine technologisch auf den Kopf gestellte Kosmogo-
nie: die Menschenwelt im Konflikt mit dem Unbeseelten,
zugleich jedoch im Begriff, ein mimetisches Vermögen ans
Unbeseelte zu entwickeln. Eine Überlegung Lars Gustafssons
könnte als Motto über V. stehen: »Die Maschine beunruhigt uns
auf ähnliche Weise wie die Idee des Gespenstes: Etwas Lebloses
bewegt sich und lebt, das heißt: es simuliert Leben. – Eine Erfah-

rung, die uns nötigt, diese Hypothese ins Auge zu fassen: die Möglichkeit nämlich, daß wir bloße Marionetten sind, mechanische Puppen, Homunculi. Und daraus folgt unvermeidlich die Frage: Wenn dies so wäre, würde es einen Unterschied machen?« Als sich ständig wandelnde Chiffre steht die ungeklärt bleibende Abkürzung V. für die Offenheit dieser Frage. Pynchon setzt zwischen beiden Möglichkeiten einen Interaktionsprozeß in Gang, der in monströsen Phantasien konkret wird. V. könnte ein Fetisch-Gebilde sein, das »für Freudianer, Verhaltensforscher, Kirchenleute und so weiter zu einem vollkommen determinierten Organismus geworden wäre, zu einem Automaten, kunstvoll aus menschlichem Fleisch konstruiert. Oder hätte sich statt dessen gegen den oben beschriebenen Prozeß aufgelehnt, (...) wäre tiefer in das Land des Fetischismus gezogen, bis sie vollkommen und wirklich (...) zu einem unbeseelten Ziel der Sehnsucht geworden wäre. (...) Mit frischer Haut, hier und da vielleicht ein neues Stück glänzenden Plastikmaterials; zwei Glasaugen, die jetzt jedoch fotoelektrische Zellen enthielten, von denen aus Sehnerven aus reinstem Kupfer über Silberelektroden ins Gehirn führten, das nicht delikater hätte konstruiert sein können. Solenoidische Relais waren ihre Ganglien, automatische Spannvorrichtungen bewegten ihre makellosen Glieder, eine Herzpumpe aus Platin war das Zentrum eines hydraulischen Systems, das eine Flüssigkeit durch Adern und Venen aus Butyrat trieb. Vielleicht (...) gab es sogar ein kompliziertes System von Energieumwandlern, das in einer herrlichen Polyäthylenvagina eingebaut war; alle Zeiger der dort montierten Wheatstonebrücke mit einem silbernen Draht verbunden, der die Lustspannungen direkt in die entsprechenden Register ihres Elektronenrechners im Schädel leitete.«

Solche makabre Fleischwerdung technischer Substanz wird im Roman in zahlreichen Variationen durchgespielt, allerdings auch immer durch sein grauenhaftes Gegenteil kontrastiert: die Zerstörung des Lebendigen und Unschuldigen durch tote Materie. Am Subtilsten beschreibt Pynchon dies Wechselverhältnis, wenn er das Verhalten der Kinder Maltas während der Bombenangriffe im II. Weltkrieg als eine Art spielerisch-naive Mimese mit der todbringenden Technik deutet: »Zwischen den Bombenangriffen seid ihr zu etwa zwölfen auf die Straße gelaufen, habt die Arme ausgebreitet wie Flugzeuge und seid schreiend und brummend durch die Ruinen, über die Schuttberge und durch die Bombentrichter der Stadt gerannt. Die größeren und stärkeren Jungen waren natürlich die Spitfires. Die anderen – unbeliebte Jungen und Mädchen oder die kleineren Kinder – mußten die gegnerischen Flugzeuge spielen. (...) Diese Kinder wußten, was vorging: wußten, daß Bomben töten. Doch – was ist letztlich ein menschliches Wesen? Nichts anderes als eine Kirche, ein Obelisk, ein Denkmal. Nur eines zählt: die Bombe gewinnt.«

Im Roman *Die Enden der Parabel* (1973) hat Pynchon dann den Gedanken der technikgelenkten Menschheit mit einem entwicklungsgeschichtlich motivierten Sujet verkoppelt, der defekten, fehlgeleiteten männlichen Sexualität. Technik wird als spezifisch männliche Perversion, als Ergebnis einer zwanghaften Fixierung auf tote beziehungsweise zerstörerische Gegenstände gedeutet. Die (bewußt albernen) »Raketen-Limericks« sprechen für sich:

»Ein Gefreiter, mit fröhlicher Miene,
bestieg eine Walter-Turbine.
Das ist die wahre Minne,
Wenn ich bin bei der drinne,
Sagt er, und sie summt wie 'ne Biene.«

Der Roman beläßt es aber nicht dabei, Sexualität und Gewalt miteinander zu parallelisieren. Slothrop, der Held des Buchs, der ohne es zu wissen immer dann Erektionen bekommt, wenn deutsche V2-Raketen England anfliegen, wird im Lauf der Handlung als vollständig konditioniertes bzw. programmiertes Subjekt vorgeführt, von Kindheit an ferngesteuert durch die wahnsinnigen Verfahren des Wissenschaftlers Jamf – Slothrops Erektionen sind also nicht das Perverse; pervers ist der von Jamf programmierte, bedingte Reflex, dem Slothrop unterliegt. Die Absurdität dieser »Pointe« läßt sich leicht als nur mäßig übertriebene Extrapolation realen Forschungsunwesens erkennen, hält man sich Überlegungen des englischen Kybernetikers Alan Turing vor Augen, der an der künstlichen Herstellung menschenähnlicher Intelligenz durch die »Erziehung« von Computern interessiert war: »Vermutlich ist das kindliche Gehirn so etwas wie ein Notizbuch, wie man es beim Schreibwarenhändler kaufen kann. Wenig Mechanismus und eine Menge leerer Blätter. (…) Unsere Hoffnung besteht darin, daß es in einem kindlichen Gehirn so wenig vorgeprägte mechanische Funktionen gibt, daß man sie leicht einprogrammieren kann. Der Arbeitsaufwand bei der Erziehung – der Maschine – ist, so können wir in einer ersten Überschlagsrechnung annehmen, etwa derselbe wie für ein menschliches Kind.« Die zweite, von Pynchon wieder und wieder angestellte Überschlagsrechnung, führt zu der Annahme, daß die ganze Sache umgekehrt genau so funktionieren könnte…

Pynchon ist aber weder Kulturpessimist noch, allen apokalyptischen Szenarien seiner Werke zum Trotz, Untergangsprophet. Wohl bezeichnet er die von ihm beschriebenen und ästhetisch »hochgerechneten« Prozesse innerhalb eines chaotischen Geschichtsverlaufs als »Niedergang«, als »ein Abfallen vom Humanen, und je tiefer wir fallen, desto unmenschlicher werden wir«. Pynchon ist vielmehr – vielleicht besteht darin seine wahrhaft konstruktive Größe – Dialektiker, dessen Geschichtsbild auf einen Umschlag des Inhumanen in ein wieder Menschliches zielt: Je tiefer wir fallen, desto eher spüren wir wieder festen Boden. »Meine unvermeidlichen Bemerkungen will ich auf folgende Bitte beschränken: achte darauf, wie oft menschliche Eigenschaften auf unbeseelte Dinge übertragen werden«, weshalb sich weite Teile des Romans *V.* lesen wie eine Parabel auf das mögliche »Wiederaufkeimen des Menschlichen in einem Automaten, wie das Gesundwerden während eines Niedergangs«. Das ist Pynchons Hoffnung; eine Hoffnung, die, wie schon Poes Erzählung lehrt, ohne Schrecken nicht zu haben ist.

Besonders deutlich wird dies Denkmuster auch in Pynchons Kurzroman *Die Versteigerung von No. 49* (1967), der unter dem labyrinthisch-chaotischen Zerfall einer postindustriellen Metropole eine neue, wiedergefundene Ordnung zum Vorschein bringt – eine Re-Archaisierung und Re-Magiasierung aus dem Geiste der Beatnik- und Hippie-Kultur, die den Abfall der Industriegesellschaft umfunktioniert und als Humus für humane Technologien nutzt. Pynchon verbindet, wie Heinz Ickstadt anmerkt, so »die Idee des entfremdeten Untergrunds mit der Möglichkeit eines anderen Amerika, das sich in den Träumen und apokalyptischen Sehnsüchten seines menschlichen ›Abfalls‹ konstituiert«. Oedipa, die Heldin der Story, erkennt bei ihrem Weg durch die nächtliche Stadt das Chaos als Ausdruck des Verfalls, zugleich aber auch als Nährlauge eines Widerstands gegen die allmächtige Dominanz des technologischen Systems, das diesen Abfall produzierte. »Sie blickte einen Abhang hinunter (...) und sah genau auf ein weites Feld von Häusern hinunter, die wie gut gedeihende Saat alle mit der gleichen Geschwindigkeit aus der dunkelbraunen Erde gewachsen waren. Sie erinnerte sich, daß sie einmal ein Transistorradio aufgemacht hatte, um eine neue Batterie einzusetzen, bei dieser Gelegenheit hatte sie zum erstenmal einen Schaltplan gesehen. Von ihrem erhöhten Beobachtungspunkt aus sprang ihr jetzt dieser wohlgeordnete, von Straßen durchzogene Häuserhaufen mit derselben unerwarteten und erstaunlichen Klarheit in die Augen wie damals der Schaltplan. Obwohl sie über Radios womöglich noch weniger wußte als über Südkalifornien, war in beiden Fällen in den Mustern, die nach außen hin sichtbar wurden, ein hieroglyphisch verschlüsselter, aber unzweifelhaft vorhandener Sinn zu erkennen, eine feste Entschlossenheit zur Kommunikation.« Das Stadtbild geht in einen Schaltplan über, und die Strukturen dieses Schaltplans werden zu magisch-geometrischen Zeichen. Am Ende des Romans sind Stadt, Computer-Inneres und Natur ineinander verschmolzen: »Jetzt war es, als ginge man zwischen den Matrizen eines riesigen Digitalrechners spazieren, über einem und vor einem hingen symmetrisch geordnet, nach links und rechts genau ausbalanciert wie Mobiles, die Nullen und Einsen, dick und fett, vielleicht endlos weit. Entweder es verbarg sich irgendein transzendenter Sinn hinter diesen hieroglyphischen Straßen, oder es war nur einfach Erde da, am Ende der Wege.«

3.

Die Bedeutung der Werke Pynchons besteht nicht zuletzt darin, daß sie in ihrer Positivismuskritik die Wechselverhältnisse zwischen Wirklichkeit und ästhetischer Fiktion selbst inszenieren, statt voreilige und entsprechend eindimensionale Antworten zu suggerieren. Das gilt insbesondere für den Problemkomplex Körper-Maschine: Offen bleibt, inwieweit eine Bewegungstendenz des quasi autonom agierenden Artefakts in menschliche Körperfunktionen und -räume dominiert oder inwieweit der Mensch sich freiwillig selbst zur Maschine mutiert. Für beide Möglichkeiten bieten die Romane und Erzählungen zahlreiche Planspiele; reale und erträumte Kopulationen zwischen Mensch und Maschine spielen dabei eine wichtige Rolle und werden in *Die Enden der Parabel* zum eigentlichen Thema. Schon der Roman *V.* läßt die Sexualität von Automaten planvoll mit der automatisierten Sexualität des Menschen verschwimmen und entlarvt so pornographische Phantasien als technisch fehlgeleitete Wunschvorstellungen. Die Kopulation einer Tänzerin mit einer »romantischen« Tanz-Gliederpuppe des 19. Jahrhunderts korrespondiert mit den Vorstellungen des Helden Profane, als dieser mit einer Prostituierten schläft: »Könnte irgendeiner ihrer Widerstände in Ohm gemessen werden? Eines Tages, Gott möge es geben, würde eine vollelektronische Frau auftauchen. (…) Alle Schwierigkeiten mit ihr könnte man von einem Armaturenbrett ablesen. Einheitsschema: Fingergewicht, Herztemperatur oder Mundgröße außerhalb der Toleranzwerte? Ausbauen und ersetzen, nichts sonst. Er stieg drauf, egal.«

Pynchon, der bei der US-Marine als Funker diente, hat Kommunikation und deren Störungen durch unberechenbar-emotionale Faktoren immer wieder ironisch mit elektronischem Informationstransport verglichen, ein Bild, das bereits in der frühen Erzählung *Entropie* (1960) auftaucht: »Sag einem Mädchen: *I love you.* Keine Probleme mit zwei Dritteln davon, ein geschlossener Regelkreis. Nur du und sie. Aber dieses widerwärtige Vier-Buchstaben-Wort in der Mitte, *das* ist der Punkt, auf den du achten mußt. Mehrdeutigkeit. Redundanz. Völlige Bedeutungslosigkeit womöglich. Streuverluste. All das ist Rauschen. Das Rauschen macht dir dein Signal kaputt, sorgt für Unordnung im Regelkreis.« Unordnung im Regelkreis, Entropie als »Maß der Unordnung innerhalb eines geschlossenen Systems«, ist eine der zentralen Metaphern Pynchons, denn diese Unordnung birgt Hoffnung, bietet einem Computer-Virus vergleichbar die Chance, den technologischen Gewaltzusammenhang subversiv zu unterlaufen, ihn womöglich zu sprengen.

Der Roman *Das Gottesprogramm* (1986) von John Updike hat das bei Pynchon vorbereitete Motiv sexueller Interaktion zwischen Mensch und Maschine ins Zentrum gerückt. Fast 30 Jahre nach *V.* geschrieben, wird hier Pynchons gewissermaßen noch elektrische Metaphorik in digital-elektronische Computermedien überführt. Bei dem alternden Theologie-Professor Roger Lambert erscheint der junge Student Dan Kohler, ein Fachmann für Computer-Graphik. Er konfrontiert Lambert mit dem Vorschlag, per Computer einen Gottesbeweis zu errechnen, »seine Version einer Urform, eines Zauberbilds hinter allen Formen sichtbar werden zu lassen«. Die Rechenarbeit der Maschine soll sich einem »Grenzbereich annähern, der Gott eine Gelegenheit gibt, sich zu erklären«. Lambert hält die Idee für wahnwitzig, verschafft dem Studenten aber dennoch ein Stipendium seiner Fakultät, um das Programm durchzuführen. *Roger's Version*, so der Originaltitel, Lamberts Sicht der Dinge also, gruppiert sich um zwei längere Gedankenspiele, in denen der eifersüchtige Lambert in halluzinatorischer Intensität imaginiert, wie Kohler mit Lamberts Frau schläft – und wie Kohler mit dem Computer arbeitet. Beide Vorstellungen korrespondieren aufs engste miteinander: Die durch Lamberts pornographische Phantasie aufgeladene Liebesszene funktioniert die Körper zu seelenlosen Maschinen um, und die erotische Beziehung Kohlers zum Computer verschmilzt die Physis mit der Maschine. Ein fraktal erzeugtes Computermodell mit der Bezeichnung »Baum« wird zum Penis: »Durch einen raffinierten Algorithmus, den Dale (...) ersonnen hat, verdicken sich der Stamm und die unteren Äste proportional zur zunehmenden Verzweigung der feinen Linien ganz außen. Sobald dieser *Baum* ausgewachsen ist, kann er in jedem Winkel auf den Schirm gestellt, kann im Detail oder (mit erheblichen

Verlusten in der Bildauflösung) als Ganzes betrachtet und weiteren, blitzschnellen Manipulationen unterzogen werden, die der Computer nur aus seinen Tiefen abzurufen braucht. (…) Dale läßt die Werte ansteigen (…) und an den Rand des Bildschirms zurückweichen, in dessen Zentrum sich nun Flecken vergrößern und miteinander verschmelzen: die Astgabeln im unteren Teil der Krone, deren kopulierende Umrisse dem Kathodenstrahl gleichgültig übermittelt werden. Schließlich bleibt dem Querschnitt nur noch der Stamm selbst (…)«. Der Computer wird zur Vagina, sein Bildschirm simuliert den Frauenkörper; Dale gibt Kommandos ein, die »die elektrischen Ströme folgsam durch die Schaltkreise, die Flipflops, die Addierer und Halbaddierer, die endlosen und unfehlbaren Transistor-Gatter fließen lassen, die nur zwanzig Mikron weit sind, feiner als das feinste Haar auf Esthers Brust. Die Bilder auf dem leicht vorgewölbten Bildschirm verdichten sich« und beginnen schließlich »klebrigen Strängen aus vielfarbigen Fäden zu gleichen. Sie wirken organisch (…)«. Parallel zu diesem Begattungsakt, dem »statistischen Bestäuben der biologischen Modelle«, vollzieht sich zwischen Kohler und dem Computer eine Symbiose: »Er ist sich nicht sicher, ob das tanzende Flimmern der roten Kreise am Rand seines Gesichtsfelds – das Gefühl einer unterschwelligen Botschaft, die an geheimnisvolle Nervenbahnen andockt – von einer den Zufall übersteigenden statistischen Anomalie herrührt oder nur von seiner Übermüdung (…). Eine rötliche Leere schwimmt vor seinen Augenlidern, eine verschwommen pulsierende Leere, die Struktur zu haben scheint, eine mikroskopische Körnigkeit, die rasch abwärts strömt, wie Regen auf einer Glasscheibe. Er lehnt sich mit der Stirn gegen den leicht gekrümmten Bildschirm; er ist kühler als seine Haut, aber doch warm. Von Strahlung. Er impft sich selbst mit Hirnkrebs. (…) Aber heute nacht spürt er einen Höhepunkt nahen, eine Krise und die darauf folgende

Versöhnung, Ver-Söhnung im Wurzelsinn von Sohnschaft. Nach einigen Stunden am Gerät spürt er ein Kribbeln in den Fingerspitzen, wenn er die Tastatur berührt, so als flösse elektrischer Strom in ihn über: Seine Nerven und die majestätische elektronische Architektur der Zentraleinheit sind miteinander kurzgeschlossen.« Die elektronische Nervosität, von Updike, der den Roman auf einem Computer schrieb, glänzend dargestellt, mündet ins Bild der Technik als Teil der Evolution, von der Dürrenmatt schrieb. In Lamberts Vorstellung wird der Computerfreak Kohler »eine hochspezialisierte Fledermaus (...), zwischen deren monströs verlängerten Fingern die Flughäute gewachsen sind, die er für sein strebendes, bebendes Flattern benötigt«.

Diese auf Identität zwischen Mensch und Maschine zusteuernde Kopulation eines Fanatikers mit dem Computer ist der Höhepunkt des Romans. Updikes Modernität beruht, abgesehen von dieser Passage, die auch formal innovativ ist, weil sie die eigentümliche »Sprache« des Computers narrativ aufzulösen versteht, ohne simplizistisch zu werden, wesentlich auf dem gewählten Stoffkreis und seiner gedanklichen Durchdringung, vorgeführt in ausführlichen Dialogen. Allerdings zeichnet gerade diese Reibung zwischen einer ganz tradierten, an europäischen Modellen geschulten Romanform (durch die stark interpretierende und europäisierende Übersetzung noch verstärkt) und einem Gehalt, der genau diese Form zersetzen könnte, den Roman aus. Man könnte *Das Gottesprogramm* in dieser Hinsicht mit Hermann Hesses *Der Steppenwolf* vergleichen, der ja sprachlich aus dem 19., kompositorisch und stofflich aber aus dem 20. Jahrhundert lebt.

Kohler versteht den Computer »als das Werkzeug (...), mit dem wir das Material verknüpfen« und das »auch neues Licht auf einige alte Fragen, zum Beispiel das Körper-Geist-Problem«

werfen soll. Analog versteht Lambert in der Tradition Tertullians den Körper als Medium des Geistes und der Seele. Doch beide Medien versagen, weil die Herabsetzung des Körpers zur mechanischen Fickmaschine »seine Rolle bei solchen Spitzenleistungen verweigert« und der Computer auf die hybride Herausforderung, einen Gottesbeweis zu liefern, mit dem Ausdruck »Zu viele Variablen im Prozeß« reagiert. In der digitalen Computertechnik ist das den Regelkreis störende Grundrauschen ausgefallen; insofern ist die »Revolution des Digitalen« tatsächlich ein Schwund »an Widerstand, an Reibung mit ihrem Stoff«, wie es Martin Burckhardt formuliert hat: »Die Digitalisierung einer Nachricht bedeutet mithin »nicht eine Perfektion des Trägermaterials, sondern genaugenommen seine Überwindung«. Statt stofflichen Widerstands also die Inflation widerstandsfreier Informationsmengen – die zum Zusammenbruch, zur Entropie führen: zu viele Variablen im Prozeß. Eine »digitale Erotik«, Sexualität gar, wäre mithin ihr eigener Schwund, die perverse Hingabe ans Tote beziehungsweise Nicht-Existente.

4.

Neulich im Kino: Ein dem Hauptfilm vorgespannter Werbespot zeigt, in futuristischem Wohnambiente, eine Frau im Streit mit ihrem Liebhaber. Als der wütend das Haus verläßt, schaltet sie ein Videogerät ein und beobachtet auf dem Monitor, wie er sich von ihr entfernt, wobei die Leinwand zur mäßigen Video-Bildqualität verflimmert. Die Frau schmollt vollelektronisch, indem sie auf ihrem Computermonitor *No Contact* aufleuchten läßt. Trotzdem (oder etwa deshalb?) steht der entschwundene Geliebte plötzlich wieder im Raum. In Zeitlupe flammt ein Streichholz auf, man gibt sich Feuer – und dank *Philipp Morris* und einem

widerstandslos funktionierenden, vollelektronischen Emotions-
transport ist endlich alles, alles gut.

Dann der Hauptfilm: der Sänger und Schauspieler Tom Waits
in Chris Blums *Big Time*. Die erste Einstellung zeigt Waits, wie er
gelangweilt vor einem TV-Gerät hockt und in den verschiedenen Kanälen und Programmen herumschaltet. Jedes der empfangenen Programme zeigt Waits selbst, in immer verschiedenen
Rollen und Maskierungen. Er kommuniziert in einer Art elektronischer Telepathie mit dem TV-Gerät, indem er zum Beispiel
mit ausgestreckten Fingern die Geste des Schießens macht, ein
Befehl, den der Apparat mit entsprechenden Knallgeräuschen
und einer Bildstörung beantwortet beziehungsweise ausführt.
Schließlich wandert das Kinobild als Fiktion des Realen in das
Bild des TV-Geräts hinein (oder umgekehrt): Die Fiktion des
Realen mischt sich untrennbar mit der Wirklichkeit vollständi-
ger Fiktion. Es ist das alte Spiel vorm Affenkäfig mit anderen
Mitteln: Wer ist draußen, wer ist drin? Schnitt: Waits träumend
im Bett, am Arm fünf Uhren übereinander (Uhren, neben Bril-
len die ersten Apparate, die sich dem Körper so anschmiegen,
daß sie bereits zu neuen Sinnen werden). Er träumt sich in verschiedenen Rollen, und jeder Rollenwechsel wird angezeigt
durch einen Wechsel des TV-Kanals: kurze, leinwandfüllende
Bildstörungen.

Das erinnert an Fergus aus Pynchons *V.*, jenen gescheiterten
Künstler, dessen Hauptzeitvertreib das Fernsehen ist: »Er hatte
einen raffinierten Schlaf-Schalter konstruiert, der von zwei
Elektroden, die unter der Haut seines Unterarms angebracht waren, gesteuert wurde. Fiel seine Aufnahmefähigkeit unter einen
bestimmten Wert, wurde der Hauptwiderstand so hoch, daß der
Schalter reagierte. Damit war Fergus ein Zusatzgerät des Fern-
sehapparats geworden.« Solche Vernetzung zwischen Mensch
und bilderschaffendem Medium ist in Blums *Big Time* in ein Sta-

dium übergegangen, in dem die elektronische Nervosität sich so ausdifferenziert hat, daß Kontakte zwischen Psyche und Maschine mental zustande kommen, ohne Schalter, ohne Chip, ohne Rauschen. Es handelt sich um die Konsequenz eines Sozialisationsprozesses innerhalb der telematischen Gesellschaft, der bildproduzierende Medien so intensiv in sich aufgesogen hat wie Luft und Wasser. Vorstufen zu dieser elektronischen Nervosität hat Pynchon in seiner bedeutenden Erzählung *Die heimliche Integration* (entstanden zwischen *V.* und *Die Versteigerung von No. 49*, erschienen erstmals 1964) dargestellt, indem er dort eine Gruppe Kinder in eine Wirklichkeit hineinwachsen läßt, die bereits medial durchtränkt ist und zum Umbau von Wahrnehmungsstrukturen führt. Der Amateurfunker Grover etwa »surft« nächtelang auf allen Wellen. Ein globales Informationsgespinst sinkt in ihn ein, »filterte durch seine Träume und bevölkerte sie, so daß er am Morgen niemals wußte, was wirklich gewesen war und was er halluziniert hatte«. Das kleinstädtische Amerika der 50er Jahre, in denen das Fernsehen zum Massenmedium wird, bildet den Erfahrungsraum, in dem sich die Anschauung des Natürlichen mit dem Erlebnis ihres medialen Abbilds zu vertauschen beginnt: »Der Feldweg führte durch ein Kieferngehölz, in dessen Ästen hoch oben Rebhühner herumschwirrten. Wasser tropfte, die Schuhe quietschten im Schlamm. Auf die Bäume folgte ein Hang, den einst glatter Rasen bedeckt hatte, glatt wie der Rücken einer Woge auf dem Meer, der aber nun voll Unkraut, Kaninchenbauten, wildem Roggen war. Tims Vater erzählte, daß vor vielen Jahren Pfauen den Hang herab über die Wiese gelaufen kamen, sobald ein Wagen auf dem Wegstück erschien, um ihre leuchtenden Räder zu schlagen. ›Au ja‹, sagte Tim, ›genau wie im Fernsehen, wenn ein Programm in Farbe kommt. Wann kriegen wir einen Farbfernseher, Dad?‹«

Die zunehmende Vertauschbarkeit von medienproduzierter

Fiktion und natürlicher Wirklichkeit innerhalb der fortgeschrittenen Telekommunikationsgesellschaft hat Gérard Raulet als Vollendung des von Max Weber prognostizierten »Polytheismus der Werte« bezeichnet. Was das für die Erzählbarkeit von Welt und für die formale Veränderung literarischer Techniken bedeutet, macht Raulet mit einem Zitat des französischen Soziologen Louis Quéré klar: »Die Stimme der großen Erzählungen ist unhörbar geworden. Sie ist von einer Vielfalt von Stimmen, genau der, die die Medien zitieren, abgelöst worden. Man kann durch drei Merkmale die narrative Produktion, deren Matrix sie gehorchen, charakterisieren: Sie schlägt sich in zerstreuten, miniaturisierten und polyvalenten Formen nieder. Ihre Zerstreuung ist mit dem Verlust einer einheitlichen Referenz, d. h. der Auflösung einer stabilen objektiven Instanz und eines normativen anderen verbunden. (...) Die mediatisierten Erzählungen berichten nurmehr besondere Geschichten: Familiengeschichten, lebensnahe Erzählungen, Autobiographien, Originaltöne, wie sie der neue Journalismus liebt, etc. Diese Mikroerzählungen inszenieren Subjektivitäten, da sie das fiktive Subjekt der bürgerlichen Öffentlichkeit nicht weiter imstande sind zu produzieren. Sie entvielfältigen den sozialen Raum, in dem sie unwissentlich eine Unzahl von besonderen Aktionsfeldern artikulieren, in denen sich Individuen und Gruppen bewegen.« Dem entspricht die These Martin Burckhardts, daß sich die großen Diskurse und romanhaften Weltentwürfe von innen her zersetzten, indem Computertechnologien die Zeichen selbst zertrümmerten: deformierbar und deformiert sei jedes Ding bloß Aggregatzustand seiner Veränderbarkeit, flüssige Erscheinungsform, Einerlei. Konsequenz daraus sei »die vollkommene Reversibilität und der Umstand, daß alles, was geschieht, nur Konvention und Verabredung ist – und daß alles genausogut ganz anders sein könnte«.

Chris Blums *Big Time* ist ein filmisches Exempel auf die Richtigkeit dieser These; aber auch in der Literatur lassen sich Spuren jener »Erzählmuster« immer kürzerer, zugleich massenhafter auftretender TV-Programme, von Video-Spielen und Video-Clips, schließlich von der »pointillistischen« Pixel-Segmentierung des Bildaufbaus einer Computergraphik wiederfinden. In Tama Janowitz' Story-Sammlung *Großstadtsklaven* ist die Ästhetik des computerisierten Videoclips Wort geworden, in »zerstreuten, miniaturisierten und polyvalenten Formen«, unterlegt mit dem Originalton der Vielstimmigkeit New Yorks: urbanes Grundrauschen. Beschreibungen von Physiognomien werden fast ausnahmslos zurückgebunden ans Äußere von Film- oder TV-Darstellern: »Sie hätte ein Filmstar aus den vierziger Jahren sein können, und er der tapsige, schwitzende Jimmy Stewart.« Die allgemeine Vernetzung mit Medien und Technik ist das wesentliche Körpergefühl der deutlich inszenierten, nicht eigentlich aus sich heraus handelnden Figuren: »Ich wurde als eine Art Abnehmer oder Kanal für überschüssige elektrische Energie mißbraucht. Sie strömte direkt aus der Wand in mich hinein.« Wo alles auch alles andere bedeuten und sein kann, kann jede Existenz in ein anderes Medium fluten. Durchaus komisch bis satirisch exerziert Tama Janowitz diese Möglichkeiten an ihrem Personenarsenal durch, das sich wie eine skurrile Mischung aus Comic-Strip-Helden und künstlichen Menschen aus Music-Video-Clips durch die Texte bewegt. Am radikalsten erscheint dieser Übergang aus der Realität in eine ultravermittelte Medienwelt in der Story *Du und »Der Boß«*, in der die schrille Idee durchgespielt wird, die Frau von Bruce Springsteen einer Lobotomie zu unterziehen, um selbst an ihre Stelle zu treten. Natürlich hast »du diese chirurgische Technik in der Francis Farmer Story im Fernsehen gesehen« – und dies »du« ist jeder, der sich mit den Musik- und Medienstars identifiziert – und mit dieser Geschichte selbst in einen Video-Clip gerät. Man muß einen der fast choreographisch inszenierten TV-Auftritte der Tama Janowitz gesehen haben, etwa zur Buchmesse 1988 in Frankfurt, um zu begreifen, daß die Funktionsweise der Pop-Videos hier auch insofern in den Literaturbetrieb übertragen ist, als ihnen von außen der »Interpret«, der Star zugeordnet werden muß. Die Autorin, die so ähnlich schreibt, wie Nina Hagen singt, präsentiert sich, als sei sie soeben einer ihrer Geschichten entsprungen und als könne sie jederzeit wieder in ihr verschwinden – oder verlorengehen auf irgendeinem TV-Kanal, um plötzlich als tanzende Randfigur in einem anderen Clip wieder aufzutauchen. Ihre Texte bieten keinen Widerstand gegen den »Verlust einer einheitlichen Referenz«; sie funktionieren vielmehr wegen dieses Verlustes. Sie können (und wollen vielleicht auch) gelesen werden, wie man Musik im Walkman hört oder Fast-Food zum Mitnehmen verzehrt: »Ich gab fast $ 30 für die Bücher aus und hatte mir vorgenommen, mit dem Auspacken bis zu Hause zu warten, aber sobald ich auf der Straße war, riß ich eins aus der Tüte, und noch während ich durch den Regen zur U-Bahn ging, begann ich, darin zu lesen.«

5.

Pynchons Romane, besonders *Die Enden der Parabel*, bilden einen vermutlich nicht mehr einzuholenden Höhepunkt filmischer Schreibweisen. Zwischen der Thematik des Werks und seiner erzählerischen Organisation besteht ein untrennbarer Zusammenhang. Nach Pynchon besteht nämlich eine »eigentümliche Affinität des deutschen Geistes zum Suggerieren von Bewegung durch eine rasche Folge sukzessiver Einzelbilder – seit Leibniz, als er den Infinitesimalkalkül entwickelte, den gleichen Ansatz gewählt hatte, um die Flugbahnen von Kanonenkugeln aufzulösen«.

Friedrich Kittler hat in seinem instruktiven Essay über Pynchon diesen Zusammenhang folgendermaßen kommentiert: »Das technische Medium aber, das Bewegung als Infinitesimalkalkül implementiert, heißt Film. Alle Kinoillusionen von kontinuierlich bewegten Bildern sind seit Mareys photographischer Flinte Einfachintegrationen wie die Geschwindigkeit der V2, abhängige Variablen einer Zeitachsenmanipulation, die beim Optimieren von Vernichtungswaffen einzig zählt.«

Nun unterscheidet sich von der Filmtechnik die Videotechnik, die sich in den 70er Jahren ausbreitete und in den 80er Jahren durch den Einsatz digitaler Computertechnik optimiert wurde, sowohl produktions- wie rezeptionsästhetisch auf signifikante Weise: produktionsästhetisch, weil ihr Einsatz nicht mehr von einem Spezialistenteam abhängig ist, sondern praktisch von jedermann bedient werden kann; rezeptionsästhetisch, weil bei Video- und Fernsehen das Erlebnis von realen Zeitabläufen, die Gleichzeitigkeit von Ereignissen, assoziiert wird: *absolutely live*. Darüber hinaus hat die traditionelle Filmkamera eine unmittelbar abbildende Funktion. Die Videokamera aber »bildet die empfangenen Lichtstrahlen nicht ab, sondern codiert sie in abstrakte Werte, die beim Abspielen wieder entschlüsselt werden. Dieser Abstraktionsprozeß macht die Videobilder (…) zu einem von der Natur unabhängigen Bildmaterial«, wie Edith Decker in ihrer Monographie über den Video-Künstler Nam June Paik ausführt. *Closed circuit*, der von Pynchon als Kommunikationsmetapher häufig benutzte Begriff des geschlossenen Regelkreises, bedeutet in der Videotechnik, daß die von einer Kamera erzeugten Signale über ein Kabel direkt zu einem Monitor gelangen und von diesem in ein Bild zurückverwandelt werden. Die Aufnahme kann dabei *gleichzeitig* auf dem Monitor überprüft werden. Abgesehen von der Nutzung dieser Technik bei Filmaufnahmen, zur Überwachung in Warenhäusern oder auch zur psychologischen

Selbsterfahrung, zeigt sie bereits tiefgreifende Evidenzen in der Literatur (die von Tama Janowitz eher beiläufig und wohl auch zufällig berührt worden sind).

Planvoll, mit langem Atem und auf dem Boden einer ungeheuren Kunstfertigkeit spielt die Video-Technik eine zentrale Rolle in Robert Coovers gesellschafts-satirischem Roman *Geralds Party*. Der bekannte Topos der »geschlossenen Gesellschaft« eines Fests, hier eine aus allen Fugen geratene Party der amerikanischen Oberschicht, wird von Coover als Miniaturmodell der amerikanischen Gesellschaft inszeniert. Die Erzählstruktur entspricht genau der eines geschlossenen Video-Regelkreises und wird auch als solche vorgeführt: »Hinter dem Apparat arbeitete inmitten von auf dem Boden verstreutem Werkzeug ein Techniker und montierte eine Art Schalter zwischen dem Recorder obendrauf und der Glotze selbst, auf der nun Mavis in extremer Nahaufnahme erschien, als würde sie interviewt, und sagte: ›Ich mache mich auf die Suche nach ihr, aber ich kann sie nicht finden ...‹ Der Techniker drückte einen Schalter, und das Bild von Mavis machte einer statischen Weitwinkelaufnahme von einem Mann mit hochhackigen Stiefeln, einer Lederweste und dichtem schwarzem Bart Platz, der mit einem Stativ über der Schulter durch die Haustür kam. Es war der Techniker selbst, erkannte ich, auf dem Bildschirm genauso humorlos wie bei der Arbeit. (...) Steve hockte wieder hinter dem Fernsehapparat und assistierte dem bärtigen Techniker. In unregelmäßigen Abständen flackerten Einzelbilder und manchmal auch Montagen über den Schirm, als seien Schaltkabel irgendwie verschmolzen. ›Solche Unruhen flackerten früher bei öffentlichen Hinrichtungen auf – und auch heutzutage, wissen Sie‹, bemerkte Lloyd Draper, der über seine Nase auf den Apparat schielte« – ein für Coovers brillante Intertextualität typischer, in diesem Fall selbstreferentieller Querverweis auf seinen Roman *Die öffentliche Ver-*

brennung, in dem er die Hinrichtung der angeblichen Atom-
spione Ethel und Julius Rosenberg als gigantisches, quasi gesamt-
gesellschaftliches Showprogramm inszenierte und den Antikommunismus der 50er Jahre als Medienhysterie entlarvte – »(ich
bekam dort flüchtige Einstellungen auf Jims Hinterkopf mit, auf
Noble, der einen obszönen Taschentuchtrick vorführte, Fats auf
dem Fußboden, die verstopfte Toilette, Elstob, der kreischte und
schnaubte, Mee, der eine Rasierklinge auf der Handfläche aus-
probierte, einen Flicken auf Sally Anns Hosenladen, auf dem
stand: ›VORSICHTIG ÖFFNEN UND ZIPFEL HIER EINFÜHREN‹, Hor-
ner, der bei ihr stand und etwas ins Ohr geflüstert bekam, eine
Faust in einer Schale Erdnüsse, unscharf eingestellte strahlend
helle Lampen),« – das Außen der Party verdichtet sich also auf
dem TV-Bild, die Einzelelemente eines unübersichtlichen
Puzzles flimmern dort zusammen wie ein elektronisches Mosaik –
»und Pardew sagte: ›Ich weiß. Ansteckende hysteroide Reak-
tionen dieser Art treten überall da auf, wo Massen versammelt
sind – das ist eine nachahmende Ritualisierung der bizarren und
halluzinatorischen Neigungen einiger weniger und immer, habe
ich bemerkt, von einem Stich ins Burleske begleitet. (...)« Pardew, der ermittelnde Kriminalbeamte, ist die Folie, auf der Coover zahlreiche Positionen der gegenwärtigen philosophischen
und ästhetischen Diskussion abzieht: Er redet wie eine Enzyklopädie postmoderner Definitionswut. »›Ich glaube, jetzt haben
wir's‹, sagte Cynthia, zog ein paar Kabel heraus und steckte andere hinein. Die Einstellung war bei Mavis stehengeblieben (...)
und wechselte dann zu Quagg, der interviewt wurde oder sich
vielleicht selbst interviewte. ›Okay‹, sagte der Techniker, kroch
hinter dem Apparat hervor und justierte die Farbeinstellung.
›Dann hole ich mal die Kamera.‹«

Das orgiastische Chaos dieser Party, in der Mord, Smalltalk,
Sex, Albernheit, Gewalt und verblasene philosophische Speku-

lation zu einem furiosen Gemisch verschmelzen, erhält seine Ordnungsstruktur ausschließlich durch die Arbeit der Videokamera, die bis in die intimsten Verrichtungen hinein alle Bewegungen, Regungen und Verhaltensweisen verfolgt. Personen, die im Lauf der Party überhaupt keinen Kontakt miteinander haben, werden im Regelkreis des Monitors miteinander kurzgeschlossen: Kommunikation ist Medienkommunikation. Coover löst die Grenze zwischen Realität und deren medialem Schein vollständig auf. Die eigentliche Pointe besteht darin, daß das gastgebende Ehepaar, im Morgengrauen schließlich in ihrem völlig demolierten Haus allein gelassen, auf der Couch im Fernsehzimmer miteinander schläft. Zur »Anregung« lassen sie Sex-Videocassetten laufen, doch diese Cassetten zeigen wiederum Stationen der eben beendeten Party – als ob Schnitzlers Reigen, radikal ins Pornographische verzerrt, nicht mehr im Wien der Jahrhundertwende ablaufe, sondern in den endlosen Tiefen einer elektronischen Vexierwelt. Das Leben ist simuliertes Leben, aus den Videocassetten vorübergehend in ein »wirkliches« Leben getreten. Oder ist es umgekehrt? Coover gibt keine Antwort – außer der offenen (und ironischen) seines allwissenden und nichts beweisenden Kommissars: »Nachahmende Ritualisierung der bizarren und halluzinatorischen Neigungen einiger weniger.«

Hier ist also die Welt zum Medium geworden – oder aber die Welt und die Menschen sehen, denken und verhalten sich so, wie sie sich verhalten, weil das Medium allgegenwärtig und allmächtig ist. Nicht nur Wirklichkeit und Abbild im maschinenproduzierten Schein vermischen sich untrennbar, auch das Verhältnis von Öffentlichkeit und Privatheit verschwimmt ins Bodenlose, löst sich auf. Die durchgehend erotische Komponente des Romans entlarvt eine mediengeile, exhibitionistische Pornographie, die alles gestattet, mitmacht und vorführt, wenn nur die Kamera zusieht, um den verzweifelten Versuchen, Nähe herzustellen, ihre zweifelhafte Dauer auf dem Monitor zu verschaffen. So führt einer der Gäste an der Leiche einer ermordeten Frau einen absurd-obszönen Penis-Tanz vor laufender Kamera auf, dessen »Resultat« jedoch wie ein Filmtrick symbolisch bleibt: »Während sein Samen noch verspritzte (wir alle wichen zurück), schien er sich in Luft aufzulösen. Leute schnappten vor Verwunderung nach Luft, und andere fielen zu Boden. Regina, die aus ihrer Trance erwachte, untersuchte ihr Kleid: Es war trocken. Der Teppich auch. Es war wie eine Joghurtexplosion gewesen, und nun konnten wir keine Spur davon sehen. Mee lag keuchend und zitternd da, die Augen, zwischen denen das Blut heruntertropfte, fest geschlossen. Regina packte mit herrschaftlichen und zugleich ergebenen Gesten seinen Penis weg und zog den Reißverschluß seiner Jeans zu. ›Gut!‹ rief Zack Quagg strahlend und schlug dem Kameramann auf die Schulter. ›Wunderbar!‹« Nicht nur Verhaltensweisen, selbst vegetative Reflexe bequemen sich dem Medium und seinen Inszenierungswünschen an, als ob das Medium sich vom Blut und Samen der lebendigen Subjekte nähre. *Geralds Party* ist der Tanz eines hochtechnisierten Marionettentheaters: Die Menschen hängen wie kabelgelenkte Puppen in einem Studio, das die Welt selbst ist. Ihre Bewegungen sind von der Kamera präfiguriert. Die Kamera aber ist, wie schon *The Camera-Eye* des John Dos Passos, ein Perspektiveinstrument des Erzählers, der durch die Mechanismen der Medienproduktion hindurchgeht, um »den Freunden an der Küste« berichten zu können.

Die sprachlich radikalste Darstellung medial durchsetzter Sprech-, Denk- und Verhaltensweisen liefert der Roman *Die Erlöser* von William Gaddis. Der Autor »will die Dinge nicht von außen in Erscheinung setzen, er will ihre Gegenwärtigkeit vielmehr fühlbar machen. Daher zeigt er die Welt so, wie sie den Menschen begegnet, wie sie in ihre Seelen und Verhaltensformen eindringt« (Hanns Josef Ortheil). In Form eines abgründig verschachtelten Dialogromans führt Gaddis unaufdringlich, wie nebenbei, doch um so eindringlicher und unausweichlicher am Verfall menschlicher Sprache vor, wie sehr Medientechnik in die Körper und Seelen gedrungen ist und aus diesen nun als ein unendlicher Schwall von Kommunikationsmüll wieder herausquillt. Telefon und Fernseher sind nicht mehr bloß Instrumente des Informationstransports, sondern sie greifen wie Vampire nach ihren Besitzern – eine »Umarmung« durch Technik, die von den Personen teils erwartungsvoll, teils widerwillig, zumeist jedoch gleichgültig bis automatisch erwidert wird. Der Erzählrhythmus des ganzen Romans wird durch das Anschlagen des Telefons bestimmt und wiederholt sich in den Binnenepisoden der Handlung. Der Geschlechtsakt zwischen dem zynischen Moralisten McCandless und der von allen ausgebeuteten Millionärserbin Elizabeth Booth vollzieht sich also nicht im Rhythmus zweier seelisch aufeinander eingestimmter Körper, sondern im abrupten Takt des unterbrechenden Telefons. »Hör endlich auf, hier anzurufen, will dir das denn nicht in den ... und er hielt das tote Telefon noch einen Augenblick lang fest, bevor er es hinüberreichte, flach auf dem Rücken ausgestreckt, damit ihre Hand, die zurück war vom Auflegen, ausgestreckt die Ebene seines Bauchs hinablaufen konnte und zurück, und wieder dorthin zurück, wo die Anschwellung, die sie in ihrem Griff heiß hatte emporwachsen lassen, abgeschlafft auf sie wartete und unter ihrem Griff weiter schrumpfte, – dieser verdammte Idiot. (...) – Aber ich wollte nicht ... und ihre Hand schloß sich fest um ihre zur Farbe des Zorns angelaufene Beute, und sie kam gleichgewichtssuchend hoch, streckte sich nach dem Telefon – Wer, hallo ...? Sie schluckte und räusperte sich. – Ja, wer, wer ... ihr blieb die Luft weg, – was ...?«

Das im Schlafzimmer fast ständig laufende Fernsehgerät schiebt seine Projektionen über die verzweifelten Versuche des Ehepaars Booth, miteinander zu schlafen; eine falsche Aura elektronischer Romantik hüllt die Krampfhaftigkeit dieser Versuche in den Abglanz einer vergangenen Welt: »– Aber, aber was heißt hier du allein, sieh mal, was hier alles los ist, du mußt hiersein. Muß bloß dieses Geschäft mit Ude in Gang bekommen, und dann werden da morgen drei oder vier Anrufe kommen, du mußt hiersein wegen des Telefons . . . Er zog sie zurück, lenkte ihren Blick weg von der Narbe, die von den Rippen bis zu den Lenden bläulich anlief, als er seine Beine dem Bildschirm entgegenstreckte, wo ein warmer Schein auf die unteren Stufen einer Eichentreppe fiel; er drang aus dem großen Speisezimmer, dessen Flügeltüren offenstanden und den Blick auf ein gemütliches Feuer im Kamin freigaben, und erstrahlte auf Marmorherd und kupfernen Feuereisen, während Wandteppiche und polierte Möbel im Glanz angenehmsten Wohlseins aufleuchteten, das durch die wachsende Schwellung in seiner Hand gestört wurde, – hast du diesen Arzt angerufen, Liz? Dieser Termin wegen deinem Versicherungsanspruch? Seine Hand fuhr hinab, um sanft ihre Knie auseinanderzudrücken, und sein Bein glitt darüber. – Liz? – Ja ich, morgen rufe ich da an . . .«

Was hier im Fernsehen läuft, ist eine Verfilmung von Charlotte Brontës Roman *Jane Eyre*, mit Orson Welles in der Hauptrolle. In der genialen Montagetechnik Gaddis' verschmilzt der Originaltext des Buchs mit der Beschreibung der TV-Adaption und mit der zerstreuten Wahrnehmung dieser TV-Adaption durch Elizabeth Booth. Sie ist die einsamste Figur des Textes. Ihre halb unbewußten Kommunikationsversuche mit dem Fernsehgerät zeigen den vergeblichen Versuch, aus der Scheinwelt des Mediums eine lebendige Rückkopplung zu bekommen. Paul Booth, ihr skrupelloser Mann, arbeitet als Medienmanager für den Fernsehprediger Ude, dessen Form von »Gottesprogrammen« den vollständigen Bankrott metaphysischen Trostes bedeutet. Kulturindustrielle Medien und Informationstechnologien prägen aber nicht nur Sprache und Bewußtsein, sondern beginnen damit, den Leib zu durchwachsen. In den wenigen auktorialen Passagen des Werks läßt Gaddis mit seiner verknappten Beschreibungstechnik Wangenknochen nahtlos in Telefonhörer übergehen; Rippenbögen unter einem kaputten Auto verschmelzen mit dem Bodenblech; und über allem und durch alles flimmert der unruhige Schein des Fernsehgeräts.

6.

Gesellschaftlicher Wandel wird heute mehr denn je von technologischen Entwicklungen bestimmt, welche wiederum auf Geist und Körper der Subjekte einwirken. Literatur, die diesen Zusammenhang registriert, muß, um ihn zu durchschauen und zur Darstellung zu bringen, auf Formeln sich verstehen; sie darf aber andererseits, um der Entwicklung nicht affirmativ zu verfallen und dem Zusammenhang kritisch gewachsen zu bleiben, auf ihr metaphorisches Moment, aufs Offene und wider alle Formelsprache sich entfaltende, ästhetische Opponieren gegen eben diese Entwicklungen nicht verzichten. »Fortgeschrittenes Bewußtsein«, notierte Adorno in der *Ästhetischen Theorie*, »versichert sich des Materialstandes, in dem Geschichte sich sedimentiert bis zu dem Augenblick, auf den das Werk antwortet; eben darin ist es aber auch verändernde Kritik der Verfahrensweise; es reicht ins Offene, über den status quo hinaus.« In jeder Epoche »scheinen tatsächlich die ästhetischen Produktivkräfte, Begabungen heranzuwachsen, die gleichwie aus zweiter Natur auf den Stand der Technik ansprechen und in einer Art sekundärer Mimesis ihn weitertreiben; so sehr sind Kategorien, die für außerzeitlich, für Naturanlagen gelten, zeitlich vermittelt; der kinematographische Blick als Angeborenes«.

Diese Denkfigur erinnert an Heinrich von Kleists *Über das Marionettentheater* (1810): Ähnlich wie Poes *Malstrom*-Erzählung eine metaphorische These über die Entwicklungsrichtung des menschlichen Geistes nach dem Verlust der Unschuld, thematisiert Kleist den Gedanken »sekundärer Mimesis« ans technische Potential – als Hoffnung: »Wir sehen, daß in dem Maße, als, in der organischen Welt, die Reflexion dunkler und schwächer wird, die Grazie darin immer strahlender und herrschender hervortritt. – Doch so, wie sich der Durchschnitt zweier Linien, auf der einen Seite eines Punkts, nach dem Durchgang durch das Unendliche, plötzlich wieder auf der andern Seite einfindet, oder das Bild des Hohlspiegels, nachdem es sich in das Unendliche entfernt hat, plötzlich wieder dicht vor uns tritt: so findet sich auch, wenn die Erkenntnis gleichsam durch ein Unendliches gegangen ist, die Grazie wieder ein; so, daß sie, zu gleicher Zeit, in demjenigen menschlichen Körperbau am reinsten erscheint, der entweder gar keins, oder ein unendliches Bewußtsein hat, d. h. in dem Gliedermann, oder in dem Gott.« Mit der Formel »Vorwärts ins Paradies« hat Walter E. Richartz Kleists Denkbild aufgegriffen und am Beispiel des amerikanischen Medientheoretikers Marshal McLuhan entwickelt, daß die Dienstbarkeit von Wissenschaft und Technik für den Menschen jederzeit zwar in ihr Gegenteil umschlagen könne – daß es aber keinesfalls ausgemacht sei, daß dies zwangsläufig der Fall sein *müsse*. »Die mündliche ›orale‹ Kultur (…) beruhte auf harmonischem Sozial-Kontakt mit allen Sinnen. Die Gutenberg-Epoche zerstörte diesen, begründete die Vorherrschaft des Auges, des zergliedernden Denkens und der arbeitsteiligen, monoton-mechanischen Industrieproduktion.« Die Bedingungen der telematischen Gesellschaft, in die wir derzeit übergehen, könnten jedoch den zerstückelten Menschen wieder zusammenfügen: »Sie ermöglicht simultane Allgegenwart durch die Massenmedien, ein fließendes ›räumliches‹ Bewußtsein, die Befreiung von zwanghaft linearem Denken.« Die amerikanischen Romane, von denen hier die Rede war, können als Beispiele dafür gelesen werden, wie Innovationen der Gutenberg-Epoche den Zerfall dessen überleben können, was sie hervorbrachte: Simultanität und Befreiung vom linearen Denken des Positivismus sind jedenfalls Grundzüge von Schreibweisen, in deren Strukturen die Allgegenwart von Medien kritisch reflektiert ist. Die Entwicklung der elektronisch-digitalen Medien folgt tendenziell einer »Ökonomie der Signale«: Die Techniken überwinden mit möglichst minimalem Aufwand für die Einzelkommunikation möglichst große Räume in möglichst wenig Zeit mit möglichst vielen Informationsmengen. Der Micro-Chip ist die repräsentative Form dieser Entwicklung. Es gibt allerdings sehr viele (und vielschichtige) Beziehungen, Bedürfnisse und Verhaltensweisen, in denen diese Ökonomie der Signale nicht nur keinen Sinn macht, sondern die im Gegenteil ihr Überleben organisieren, indem sie sich der Ökonomie reiner Praktikabilität widersetzen. Diese Gegenströmung trägt dazu bei, daß die alten Instrumente, zu denen der Roman gehört, die im erweiterten Ensemble der Medien an Bedeutung verlieren, in stärkerem Maße als zuvor Qualitäten transportieren, deren Funktion von den neuen Medien nicht geleistet werden kann. Das schließt nicht aus, daß der Roman den Erkenntnisgewinn neuer Medien seinen Techniken zuführt.

Die Reduzierung des medientransportierenden, technologischen Aufwands in der Ökonomie der Signale hat die Tendenz, die Medien immer weiter zu entmaterialisieren. Es ist nicht auszuschließen, daß solche Selbstsublimierung der Technik diese langfristig aufheben könnte, indem vormals technische Funktionen (wieder) von physiologischen und psychologischen Sensorien übernommen werden. Eine elektronische Nervosität, wie sie in den amerikanischen Gegenwartsromanen als Motiv erscheint, könnte die Vorschule zu Kontakten unmittelbarer Art sein, ohne technisches Medium. »Ein Beispiel wäre die Sublimierung des mechanischen Fluges zur Elevation oder der Telephonie zur Telepathie. (…) Es gibt seltene Ausnahmen, in denen Radiosendungen direkt, also ohne Apparat, empfangen werden – offenbar spielt ein Gehörknöchelchen oder ein anderes Organ die Rolle des Empfängers dabei« (Ernst Jünger, *Autor und Autorschaft*). In diesen Zusammenhang gehört die große Bedeutung, die Pynchon in *Die Enden der Parabel* den PSI- und Telepathie-Forschungen zumißt.

Zwar wäre, mit Kleists Worten, der Zirkelschlag der Technik zurück ins Unmittelbare »das letzte Kapitel von der Geschichte der Welt«; aber vielleicht ist die elektronische Nervosität ein erster Hinweis auf den Wahrheitsgehalt eines Satzes von Jean Paul: »Menschen sind Maschinen der Engel.«

Was Amerika ausmacht
Der pessimistische Satiriker William Gaddis

> . . . most of his work was recovered too,
> and it is still spoken of, when it is noted,
> with high regard, though seldom played.
> William Gaddis: *The Recognitions*

I.

»... kommt die Sprache darauf, wird sein Werk immer noch in den höchsten Tönen gelobt, gespielt freilich nur selten.« So lautet der Schlußsatz eines ebenso berühmten wie weithin unbekannten Romans, der von Kennern und einer wachsenden Fan-Gemeinde längst hoch geschätzt, freilich immer noch zu wenig gelesen wird; letzte Worte also, die sich zwar auf einen fiktiven Komponisten beziehen, die aber zugleich selbstironisch die paradoxe Wirkungsgeschichte eines Werks vorweggenommen haben, dessen weltliterarische Bedeutung inzwischen außer Zweifel steht. Es handelt sich um *The Recognitions*, den Erstlingsroman von William Gaddis, der im März 1955 bei Harcourt, Brace & Co. in New York erschien: Mit fast tausend engbedruckten Seiten ein monumentales Werk, dessen bloßer Umfang offenbar bereits dazu angetan war, Rezensenten und Leser abzuschrecken.

Danach befragt, ob er *The Recognitions* gelesen habe, antwortete der Romancier John Barth: »Ich kenne das Buch nur von außen. 950 Seiten: länger als *The Sot-Weed Factor*. Ich wurde aufgefordert, die neue Ausgabe zu rezensieren, aber ich lehnte ab, weil ich mir nicht vorstellen kann, daß es in der Literatur etwas gibt, was der Rede wert ist und mehr als 806 Seiten beansprucht.« Die Antwort ist zwar leidlich lustig, handelt es sich bei *The Sot-Weed Factor* (deutsch: *Der Tabakhändler*) doch um Barth' eigenen Roman; die Antwort umreißt in ihrer selbstgefälligen Blasiertheit jedoch zugleich exemplarisch die gnadenlose Mixtur aus Arroganz, Dreistigkeit und Dummheit, mit der die Literaturkritik seinerzeit auf *The Recognitions* reagierte.

Denn der Roman erwies sich zu allem Unglück ja nicht bloß als dickes Buch, sondern als großes und schwieriges Werk. »Es scheint«, wie George Stade angemerkt hat, »doppelt so lang wie seine tausend Seiten zu sein, aber nicht, weil es etwa langweilig wäre, was es durchaus nicht ist, sondern weil hier Wort für Wort mehr als üblicherweise geschieht.« Am abschreckendsten dürfte die ungeheure Konstruktion des Romans gewirkt haben, das breitgefächerte, symbolische Netzwerk, das nahezu den gesamten Plot grundiert, der umfangreiche Gebrauch von zum Teil obskurem, alchimistischem Quellenmaterial und der labyrinthische Plot selbst, der sich kaum nacherzählen läßt; es bedürfe, so Steven Moore in seinem Werk-Kommentar, mehrerer intensiver Lektüren, »um überhaupt zu begreifen, was geschieht (vom *warum* ganz zu schweigen).« Die kompositorische Genialität, mit der Gaddis in *The Recognitions* (wie, dann noch weit perfektionierter, auch in seinen folgenden Romanen) die bizarren, episch wuchernden, zugleich extrem ökonomisch erzählten Handlungsführungen in Gang setzt, entfaltet, auseinandertreibt und dennoch alle Fäden zusammenhält, läßt sich nicht einmal andeutungsweise im Rahmen einer Rezension oder eines Essays nachvollziehen. Gaddis' Werke sind in gewisser Hinsicht nicht einmal »zitierfähig«, weil praktisch jeder Satz, ja, jedes Wort, Bezüge zum Mittelpunkt, zum geistigen Kraftfeld dieser Romane aufweist und jedes noch so »schlagkräftige«, aus dem Zusammenhang dieser ungeheuer dichten Gewebe gerissene Zitat zu fast aussageloser Kargheit verkümmern muß: William Gaddis' Romane gehen nämlich mit einer in der Weltliteratur beispiellosen Entschiedenheit »Aufs Ganze«, und sie sind auch nur als literarische Ganzheiten adäquat erfahrbar.

The Recognitions war von Gaddis ursprünglich »nur« als Parodie auf den Faust-Mythos geplant, wuchs sich in den sieben Jahren seiner Entstehung dann aber zu einem grotesken Pandämonium aus, in dem mit großem Ernst und unvergleichlicher Komik letzte Fragen nach Echtheit, Wahrheit und metaphysischer und mystisch-alchimistischer Erfahrung gestellt werden. »Man kann sich des Eindrucks nicht erwehren, daß die Menschen gemeinhin mit falschen Maßstäben messen, Macht, Erfolg und Reichtum für sich anstreben und bei anderen bewundern, die wahren Werte des Lebens aber unterschätzen.« So beginnt Freuds *Das Unbehagen in der Kultur*. Ohne hier den hoffnungslosen Versuch zu unternehmen, die ausufernde Struktur von *The Recognitions* ins Prokrustesbett einer Formel zu zwängen (zumal Gaddis weniger von Freuds Tiefenpsychologie als vielmehr von C. G. Jungs Archetypenlehre beeinflußt war), läßt sich über die Grundidee des Romans doch immerhin soviel sagen, daß er die Geschichte einer Reihe von Personen auffächert und miteinander kombiniert, die in und gegenüber der modernen Kultur Unbehagen empfinden, nach »den wahren Werten des Lebens« suchen bzw. diesen gegenüber blind sind. Der Roman schildert vor allem die Probleme, in einer Wirklichkeit, die zunehmend von Nachbildungen, Fälschungen und Kopien überwuchert wird, zu Erkenntnissen, zum Wiedererkennen (zu *recognitions* also) und zu Erfahrungen von Unmittelbarkeit und Echtheit zu gelangen. An der Spitze dieser Suche steht Wyatt Gwyon, ein genial begabter Maler, der zum Fälscher der alten, flämischen Meister wird, weil er in deren Werken die absolute »Reinheit der

Kunst« erkannt zu haben glaubt. »Der Prozeß der Kunst ist Arbeit des Künstlers an seiner Selbsterlösung«, notierte Gaddis in seinen umfangreichen Entwürfen zum Roman, und aus diesem Grund wird der Kunst in *The Recognitions* eine säkularisierte Erlösungsfunktion zugeschrieben. In seinen folgenden Romanen hat Gaddis dann den Glauben an diese Funktion von Literatur durch satirische Relativierungen immer weiter zurückgenommmen, aber nie vollständig aufgegeben. Eine Gaddis bekannte Parallele aus der von C. G. Jung rezipierten, alchimistischen Tradition spricht vielleicht für sich selbst: Jung erzählt die Geschichte des Alchimisten Michael Majer, der am Ende seines Lebenswerks einräumt, daß er im Verlauf seiner großen peregrinatio, der Wanderung, weder Mercurius, den Stein der Weisen, noch den Phoenix der Unsterblichkeit gefunden habe, sondern nur eine Feder – seine Scheibfeder! Das ist ein subtiler Hinweis auf die Einsicht, daß das große Abenteuer zu nichts anderem geführt hat als zu umfangreicher, literarischer Produktion. Doch anders als die Alchimisten, die massenweise nahezu unlesbare Schriften hinterließen, die heute nur noch minimalen Wert als Metaphoriken psychischer Vorgänge haben, bereichert Gaddis mit seinem faszinierenden, sehr lesbaren Roman – der eine große peregrinatio durchs Wüste Land darstellt – die Welt beträchtlich.

Das auf marktgängiges Lese-Fast-Food fixierte Rezensententum war gegenüber solchen Problemstellungen und deren sprachlicher Bewältigung in einer Art manieristischem Neo-Barock jedenfalls restlos überfordert und blamierte sich bis auf die Knochen, bekam dafür jedoch 1962 die verdiente Quittung, als Jack Green in einer fulminanten Fallstudie mit dem Titel *Fire the Bastards!* der Kritik ihre Pfuschereien, Vorurteile und bornierte Ignoranz anhand der skandalösen Rezeption des Romans nachwies. Das Buch selbst war längst vom Markt verschwunden;

der Verlag, der es von Anfang an nur halbherzig vertreten und mit lediglich einer einzigen Anzeige gestützt hatte, verlor nach dem konzertierten Rufmord der Rezensenten völlig die Lust an *The Recognitions* – obwohl kaum verkauft, war der Roman nach wenigen Monaten nicht mehr lieferbar.

Beste Voraussetzungen also, ein Kultbuch zu werden! Und in der Tat begann *The Recognitions* bald ein merkwürdiges Geisterleben in den Köpfen radikaler, literaler Minderheiten sowie in abseitigen und obskuren Publikationen. 1959 veröffentlichte beispielsweise ein gewisser David Markson einen drittklassigen Kriminalroman mit dem Titel *Epitaph for a Tramp*. In dem Buch gibt es eine Szene, in der ein Privatdetektiv in der Wohnung eines College-Studenten in Greenwich Village herumschnüffelt. In der Schreibmaschine steckt eine Seite eines entstehenden Literaturreferats; der berufsbedingt neugierige Detektiv nimmt das Blatt heraus und liest: »Und somit komme ich zu dem Schluß, daß *The Recognitions* von William Gaddis nicht nur der beste amerikanische Roman unserer Epoche ist, sondern vielleicht sogar die bedeutendste Einzelpublikation innerhalb der amerikanischen Belletristik seit Moby Dick, handelt es sich doch um ein Buch, dessen weitgespannter Blickwinkel, dessen Komik und tiefsinniger Beziehungsreichtum derart –«

Richtig und wichtig ist, daß Melvilles *Moby Dick* und *The Recognitions* tatsächlich in mehr als einer Hinsicht vergleichbar sind. Mit *Moby Dick* trat die amerikanische Literatur endgültig in die Moderne ein, und Gaddis' Debütroman gilt heute als die große Ouvertüre zur sogenannten Postmoderne; auch die Reaktion der Kritik auf Melville war seinerzeit so vernichtend und ignorant gewesen wie die auf *The Recognitions*. Wie es kam, daß der literarischen Welt die Bedeutung von Gaddis Roman erst spät dämmerte, und inwieweit das Werk Positionen der Postmoderne präfigurierte bzw. schuf, hat John Aldridge zusammengefaßt: »Wie bei radikal originellen Werken üblich, mußte erst eine gewisse Zeit vergehen, bis ein Publikum dazu erzogen werden konnte, *The Recognitions* zu akzeptieren. Das Problem bestand nicht nur einfach darin, daß der Roman zu lang oder zu verwickelt oder daß sein Erfahrungsbegriff zu ungewöhnlich gewesen wäre, sondern auch in der Tatsache, daß selbst das gebildete Lesepublikum der fünfziger Jahre mit der Fiktionsform, die das Buch repräsentiert, noch nicht vertraut war. Obwohl inzwischen die radikalsten Experimente durch die Meister der Moderne Anerkennung gefunden hatten, gab es kurioserweise immer noch Widerstand gegen Experimente, wenn diese von lebenden Romanciers gewagt wurden. Die bestimmende Schreibweise in der seriösen Belletristik der fünfziger Jahre war in erster Linie realistisch geprägt, während der fabulierende, vom Schwarzen Humor geprägte Roman – dem *The Recognitions* dann später als herausragendes, auch vorausgehendes Beispiel zugerechnet wurde – sich noch nicht durchsetzen konnte. Tatsächlich waren die Schriftsteller, die zu den führenden Repräsentanten des Schwarzen Humors wurden, um 1955 entweder völlig unbekannt oder blieben unentdeckt. John Barth veröffentlichte erst 1956 seinen ersten Roman, und Thomas Pynchon, dessen V. offenbar zutiefst von Gaddis beeinflußt war, betrat erst 1963 die Szene. (…) *The Recognitions* nahm das Interesse vorweg, daß diese und andere Autoren später dann den Techniken der Parodie und Selbstparodie entgegenbringen sollten, dem Einsatz von Fiktionen innerhalb der Fiktion zur Erzeugung von Komik und insbesondere dem Themenkomplex Fälschung und Fabel. Im Verlauf der letzten 20 Jahre haben diese Werke einen Kontext geschaffen, der Gaddis' Roman überhaupt erst als das Werk erkennbar macht, das eine völlig neue Strömung innerhalb der amerikanischen Literatur ausgelöst hat.«

2.

William Thomas Gaddis wird 1922 in Manhattan geboren. Als das Einzelkind drei Jahre alt ist, verläßt der Vater die Familie. Die Mutter schickt den Jungen als Sechsjährigen auf ein Internat in Connecticut, wo er sieben elternlose Jahre verbringt, Jahre, deren traumatische Erfahrungen sich tief einprägen: Die Suche nach abwesenden Vätern wird zu einem Grundmotiv aller seiner Romane. Die Mutter lebt inzwischen in Massapequa auf Long Island, wo Gaddis die High School besucht. Als Vierzehnjähriger infiziert er sich mit einer seltenen Tropenkrankheit, die ihn ein Jahr ans Bett fesselt; Nachwirkungen dieser Krankheit sorgen später dafür, daß er nicht in den ii. Weltkrieg muß. Von 1941 bis 1945 studiert er in Harvard, verläßt die Universität jedoch ohne Abschluß und nimmt eine Stelle als Dokumentar beim *New Yorker* an; die stupende Detailbesessenheit seiner Romane läßt sich unter anderem auf diese Tätigkeit zurückführen. Er lebt im Greenwich Village der Nachkriegszeit das Leben der Boheme, kehrt dem künstlerdarstellenden, narzißtischen Jahrmarkt der Eitelkeiten, mit dem er dann in *The Recognitions* satirisch abrechnen wird, aber bald den Rücken und reist, das ständig wachsende Konvolut von *The Recognitions* in Koffern und Kartons mitschleppend, durch Mittelamerika, Nordafrika und Europa und hält sich lange in Spanien auf: »Von Spanien«, sagt er, »bin ich immer noch sehr angetan, dieser besondere Ästhetizismus. Die Szene in New York hat mich deprimiert. Ich hatte die Schnauze voll. 1952 kam ich wieder nach New York und schrieb das Buch zu Ende. Und hatte Flausen im Kopf: Jetzt hast du's geschafft, dachte ich.«

Dachte er... Die Rezensenten dachten bekanntlich anders, und die potentiellen Leser glaubten der Kritik. *The Recognitions* wurden zu einem Phantom. Gaddis, der inzwischen geheiratet und zwei Kinder hatte, hielt sich mit Jobs als Lehrer und im PR-Bereich über Wasser, arbeitete für die pharmazeutische Industrie, schrieb Festschriften und sogar Lehrfilme für die Amerikanische Armee – der Kommentar der Wirklichkeit über die Rolle des Künstlers und der Kunst schrieb sich also deprimierend anders als die ästhetischen Erlösungsphantasien von *The Recognitions*. Der Autor Gaddis schwieg zwanzig Jahre, aber er schrieb. Und wie. Die Erfahrungen, sich mit ungeliebten Jobs durchschlagen zu müssen, gingen in Gestalt der Romanfigur mit dem sprechenden Namen Thomas Eigen in jenes Werk ein, mit dem er 1975 den Durchbruch schaffte, nicht bei breiten Leserschichten, aber immerhin bei der Kritik. Für *JR*, so der Titel des »nur« 726 engbedruckte Seiten starken Romans (der übrigens mit dem gleichnamigen Helden aus der Dallas-Seifenoper nichts zu tun hat), bekam Gaddis den begehrten National Book Award und enthusiastische Rezensionen: »Gaddis hat den lange erwarteten, großen amerikanischen Roman geschrieben ... Ein wunderbares Buch und ein brillanter Autor.« »*JR* ist irrsinnig komisch ... Gaddis ist einer der größten amerikanischen Schriftsteller dieses Jahrhunderts ... Eine erstaunliche Leistung.« »Hinter der wilden Komödie, dem enormen Tempo, der präzisen Satire, der ungeheuren Kunstfertigkeit versteckt sich eine dunkle Stimmung, die man in Ermangelung eines besseren Worts durchaus als tragisch bezeichnen darf.«

Im Mittelpunkt des irrwitzig komischen Romans über »das freie Unternehmertum« Amerikas steht JR – ein elfjähriger Sechstkläßler in zerrissenen Turnschuhen, der mit verstellter Stimme aus Telefonzellen und durch postalische Geldanweisungen ein gigantisches Wirtschaftsimperium errichtet. Ebenso begierig wie naiv, auf entwaffnende Weise unschuldig und eben wegen dieses mangelnden Schuldbewußtseins skrupelloser als der gerissenste Profi, dabei traumwandlerisch erfolgreich, folgt er dem Beispiel der raffgierigen Erwachsenenwelt. Auf der Basis einer Ladung Picknick-Gabeln überproduzierter Armeebestände, einer wertlosen Schuldverschreibung und einer einzigen Aktie kauft er sich durch geschickte Transaktionen ein riesiges Unternehmen zusammen und kontrolliert schließlich Holzwirtschaft, Mineralabbau, Schürf- und Bohrrechte für Öl und Gas, Verlage, eine Brauerei, Altersheime und Beerdigungsunternehmen. Dabei folgt er peinlich genau dem Buchstaben des Gesetzes, umgeht jedoch raffiniert dessen Geist. *JR* wird zum tragikomischen Helden seiner selbst und zum Opfer des amerikanischen Geld-Mythos. Damit ist *JR* vor allem eine gigantische, aberwitzige Wirtschaftssatire, eine sarkastische Abrechnung mit dem amerikanischen Traum vom großen Geld. Die prophetische Qualität des Buchs hat sich in den kapitalistischen Enthemmungen und Rücksichtslosigkeiten der *Reagenomics* und den daraus resultierenden Börsenkrächen erst in den achtziger Jahren auf geradezu unheimliche Weise bestätigt. Gaddis' großes Thema, was Amerika eigentlich ausmacht, bekommt mit *JR* eine erste, bündige Antwort: Geld.

Der fast ausschließlich aus Dialogen und wörtlicher Rede aufgebaute Roman erschöpft sich darin allerdings nicht; er ist auch ein kommunikationskritisches Werk über den Verfall von Sprache im Medienzeitalter: Je komplizierter die Botschaft, desto höher die Irrtumsquote. Damit ist das Stichwort Entropie genannt, ein Thema, das den Roman leitmotivisch auf fast allen Ebenen durchzieht. Da Gaddis, im Rückgriff auf Theorien Oswald Wieners, des »Vaters der Kybernetik«, hier Analogien zu Thomas Pynchon aufweist, kamen bald Gerüchte auf, Gaddis sei lediglich ein Pseudonym von Pynchon, was Gaddis rückblickend so kommentiert: »Das ist diese typische amerikanische Obsession, daß es zu allem irgendeine Inside-Story geben müsse, die Verdrängung des Werks durch die Person ... Wir haben halt die-

sen Appetit auf Seifenopern. Es ist im Grunde ja auch ganz amüsant, und vielleicht kann ich das in meinem nächsten Buch sogar
verarbeiten.«

JR ist zugleich eine ironische Studie über Kunst und Künstler
im Schatten des Marktes, über den klassischen Konflikt zwischen Kunst und Gesellschaft; allerdings mit der für Gaddis sehr
typischen, selbstkritischen Pointe, daß seine Künstlerfiguren fast
alle, freiwillig oder unfreiwillig, jenen Kräften in die Hände
arbeiten, die ihre Kunst zerstören, mithin selbstzerstörerisch wirken oder aber versuchen, sich vor ihrer Berufung und Verantwor-
tung als Künstler zu drücken. Die in *The Recognitions* noch gefei-
erte Erlösung durch die Kunst verdüstert sich hier zu einem
Kaleidoskop des Scheiterns. Darüber hinaus bietet der Roman
eine sarkastische Abrechnung mit der Bildungskatastrophe des
amerikanischen Schulsystems und ist auch, aber nicht zuletzt,
eine gigantische Studie über die Korruption von Liebe und
Sexualität durch die ominöse, allgegenwärtige »Macht des
Geldes«.

Mit geradezu abenteuerlicher Detailgenauigkeit fädelt Gaddis
auch hier einen ungeheuer spannenden, folgerichtigen und
unaufhaltsamen Plot ein, dessen Verästelungen zu folgen für ge-
duldige Leser zu einem einzigartigen Lesespaß wird. Die komplizierten Abläufe und eigentlich doch eher »trockenen« Prozesse
und Winkelzüge der Börsenspekulanten und Finanzjongleure
werden präzise, zugleich jedoch hochkomisch, zu einem beispiellosen, literarischen Ereignis. Allerdings läßt sich auch Gaddis'
Komik, so wenig wie seine Plots, nicht auf nacherzählbare Witze
abziehen, weil die Pointen oft wie nebenbei an Stellen eingefä-
delt werden, an denen man nicht ahnt, daß sie dann Hunderte
von Seiten später »zünden«.

Der unverwechselbare Gaddis-Sound, in dem Alltagsdialoge,
Telefongespräche, Mißverständnisse, Sprachfetzen und mediales

Hintergrundrauschen zu wahren Stimmen- und Geräuschsymphonien verschmelzen, erscheint erst mit *JR*. *The Recognitions* war noch völlig anders instrumentiert, sprachlich konventioneller, und operierte auch noch mit einem allwissenden Erzähler, auf den Gaddis dann in *JR* weitgehend verzichtete, um Handlungs- und Erzählzeit so weit wie möglich analog zu schalten, was sich jedoch als nicht durchgängig realisierbar erwies. »Es ergab sich das Problem«, erläutert Gaddis, »daß der Roman, wenn er nur aus Dialogen besteht, in Echt-Zeit geschrieben sein mußte. Aber dann kam ich an eine Stelle, wo *JR* zwei Wochen nach bestimmten Ereignissen aufs Postamt geht, und da konnte ich ja nun nicht plötzlich ›zwei Wochen später‹ sagen. Ich konnte den Erzähler also nicht vollständig eliminieren. Übrigens: Was solche Theorien wie die Derridas über den Tod des Autors angeht, damit kann ich überhaupt nichts anfangen.« Gaddis löste das Problem mit extrem dicht komponierten, auktorialen Passagen, die im riesigen Textkörper dieses Romans gewissermaßen Gelenkfunktionen einnehmen.

Es geht also nicht um den »Tod des Autors« als postmodernen Gestus; das zwar nicht vollständige, aber doch recht demonstrative Verschwinden des Erzählers aus seinem Text verweist vielmehr auf einen Zusammenhang, den Gaddis bereits ins Zentrum von »The Recognitions« gestellt hatte, wenn auch nur erst als Motiv, noch nicht als Form gewordenes, literarisches Ereignis. Dort stehen nämlich die Gemälde der alten flämischen Meister als Beispiel für wahre Kunst – und zwar eben deshalb, weil in diesen Bildern die Maler als Individuen sozusagen verschwanden, sich völlig im Werk auflösten und dem Werk unterordneten. Der Künstler blieb unsichtbar, der autobiographische Narzißmus wurde im künstlerischen Material restlos eingeschmolzen. Und alle Romane Gaddis' sind beißende Satiren auf Künstlerexistenzen, die ihrer Bestimmung auszuweichen versuchen und von

Künstlern zu Künstlerdarstellern degenerieren. Gaddis selbst hat sich den Äußerlichkeiten des Literaturbetriebs eben deshalb stets entzogen; er lebt zurückgezogen in East Hampton, Long Island, gilt als öffentlichkeitsscheu und alles andere als interviewfreundlich. Als er für *JR* den National Book Award bekam, sagte er in seiner Dankesrede: »Ich empfinde mich als Teil jener verschwindenden Art, die glaubt, daß ein Schriftsteller gelesen und nicht gehört werden sollte«, und er kritisierte Tendenzen, im Medienzeitalter »die Person an Stelle des Werks zu setzen«. Die Fixierung auf die Person, auf Publicity und Werbung statt aufs Werk empfindet er als einen Fluch: »Ich schreibe ja schließlich keine Romane, damit man mich in eine Talkshow einlädt.« Insofern ist das, was als »Tod des Autors« erscheinen könnte, lediglich der Versuch des Autors, seine künstlerische Energie auf sein Werk zu konzentrieren.

3.

1985 erschien dann *Carpenter's Gothic*, ein, mit etwa 300 Seiten Umfang, für Gaddis eher kurzer Roman, der als »Fingerübung« und »Kammerspiel« angelegt war und auf den ersten Blick lediglich eine Art Nachspiel zu *JR* zu sein scheint. Einige Motive ähneln sich, manche Figuren könnten auch im Ensemble von *JR* mitspielen, und einmal heißt es sogar ausdrücklich: »Dieser Roman ist nur eine Fußnote, ein Postskriptum.« Gleichwohl ist das Buch, in dem es um die Verfilzungen zwischen Politik, Wirtschaft und religiösem Fundamentalismus geht, das die Künstlerproblematik anhand eines vexierten Gaddis-Selbstporträts noch pessimistischer und sarkastischer zuspitzt und dessen Humor noch schwärzer und zynischer ist, ein selbständiger und bedeutender Roman. Es rückt nämlich die für Gaddis' Gesamtwerk zentrale Frage in den Mittelpunkt, inwieweit das, »was wirklich geschehen ist«, die sogenannten Tatsachen des Lebens also, stets hinter einem verwirrenden Gewebe aus Fiktionen verschwinden. Damit wird das Problem aufgeworfen, ob ein Roman überhaupt »Wahrheit« vermitteln kann oder lediglich zeigt, »daß man nichts wissen kann«. Im Gespräch hat Gaddis sich zu dieser Frage folgendermaßen geäußert: »Die Idee der Wahrheit ist ja eine höchst amorphe Vorstellung. Auf der einen Seite steht das Absolute, all diese Großbuchstaben, Wahrheit, Gott, diese eindimensionalen Vorstellungen. Auf der anderen Seite steht die Relativität, der Zufall, das Beiläufige, das mir viel näher liegt. Es gibt derzeit eine akademische Strömung, über die ich zufällig gestolpert bin, der ich aber wohl zuzurechnen wäre: Sie nennt sich Aporia. Das ist die Denkrichtung, die sich der Desorganisation widmet. Und da gehöre ich zu. Wir alle vielleicht ...«

Wenn die Wirklichkeit lediglich ein Gewebe aus Fiktionen ist, stellt sich die Frage: Wozu das alles? Und wie soll man sich angesichts eines Weltzustands verhalten, der keine »Wahrheiten« liefert? »Das beste ist«, sagt Gaddis, »so zu tun, als ob bestimmte ethische Grenzziehungen wahr sind. Es sind natürlich nur Hypothesen, Fiktionen, und wir leben in Hypothesen und Fiktionen.« Diese Ethik des Als Ob bezieht der pessimistische Moralist William Gaddis aus einem Buch, von dem er sagt, das es ihn neben Dostojewski, Eliot und Waugh am tiefsten beeinflußt habe. Es handelt sich um *Die Philosophie des Als Ob*, geschrieben 1911 von dem neukantianischen Philosophen Hans Vaihinger, der alle Werte und Ideale als bloße Fiktionen darstellt. Echte Moralität, so Vaihinger, müßte immer auf einer fiktiven Basis beruhen. Aber sobald dies Als Ob zu einem Weil werde, verflüchtige sich der ethische Charakter unseres Verhaltens.

Die überraschende Popularität von Gaddis' letztem Roman *A Frolic Of His Own* in den USA hängt weniger damit zusammen, daß Gaddis hier, wie schon in *Carpenter's Gothic/Die Erlöser*, den Fluß der Dialoge und O-Töne durch etwas kräftigere, erzählende Einschübe lesbarer strukturiert hat – die Lektüre ist immer noch eine Zumutung, eine höchst produktive Zumutung, wie es in der Literatur des 20. Jahrhunderts kaum eine zweite gibt. Nein, der Erfolg hängt mit seinem Stoff zusammen, denn Gaddis' ständig variierte Grundfrage, was Amerika eigentlich ausmacht, wird hier auf dem weiten, wirren und grotesken Feld des amerikanischen Zivilrechts durchgespielt. Und da in den USA das Verklagen und Verklagtwerden von allem und jedem wegen allem und jedem inzwischen zu einer Art zynischem, soziolo-gischem Volkssport und zu einem beträchtlichen Sektor der Unterhaltungsindustrie geworden ist, fühlen sich, wenn schon nicht alle, so doch viele angesprochen. »Ich habe«, erzählt Gaddis, »viele Briefe von Anwälten bekommen, in denen steht: Wunderbares Buch, das Witzigste, was ich seit Jahren gelesen habe, und so weiter. Das ist deshalb interessant, weil einige der Rezensenten behauptet haben, ich würde den Berufsstand der Anwälte in der Luft zerreißen. Aber die Anwälte sehen das anders. Die sagen: So ist es, und das Ganze ist saukomisch.«

Das erste Wort in *JR* lautet »Geld…?«, das erste Wort in *A Frolic Of His Own* lautet »Gerechtigkeit?« (mit dem überaus wichtigen Fragezeichen). Diese ersten Worte, gewissermaßen als offene Fragen formuliert, umreißen jeweils, was dann in den Romanen entfaltet wird. *A Frolic Of His Own* erzählt die Geschichte des Schriftstellers Oscar Crease, der, während er mit einer Haftungsklage gegen eine Autofirma beschäftigt ist, auch noch einen Copyright-Prozeß gegen eine Filmgesellschaft anstrengt, die in einer ihrer Hollywood-Produktionen offenbar ein (mißglücktes) Theaterstück Oscars plagiiert. Mit der Frage nach Authentizität und Echtheit im Spannungsfeld zwischen Fälschung und Plagiat schließt Gaddis hier wieder an Problemstellungen an, die bereits *The Recognitions* prägten, und *A Frolic Of His Own* fokussiert im Stoffbereich Recht oder Gerechtigkeit noch einmal alle großen Themen des Autors: »Was ist in Amerika los? Und was passiert mit einer bestimmten Unterströmung der Zivilisation, wenn es juristisch wird? Dann kommt natürlich die Sprache hinzu, denn das Gesetz ist ja lediglich Sprache, es besteht nur aus Worten, egal ob vor Gericht oder auf dem Papier. Und ich bin fasziniert von Sprache und lese gern juristische Kommentare, weil dort zumindest der Versuch vorliegt, Sprache präzise zu gebrauchen. Und das ist eigentlich alles.«

Kaleidoskop der Leidenschaften

Susan Sontag und ihr Roman
Der Liebhaber des Vulkans

I.

Susan Sontag, geboren 1933 in New York, ist in Deutschland vor allem durch ihre kulturkritischen und literaturtheoretischen Essays bekannt geworden, aber auch als Autorin von zwei sehr schwierigen, spröden, fast hermetischen Romanen. In *Der Wohltäter* von 1963 führte sie, stark von der Psychoanalyse beeinflußt, die Demontage einer zerrütteten, modernen Identität vor, indem sie Traumwelten und äußere Wirklichkeiten immer übergangsloser miteinander verknüpfte. Heraus kam ein radikal subjektiver Roman, gespickt mit programmatischen, poetologischen, teilweise streng apodiktischen Thesen über das Spannungsverhältnis von Mitteilbarkeit und subjektiver Wahrhaftigkeit: »Wenn es überhaupt möglich ist, etwas zu schreiben, das wahr ist, dann nur, weil wir jeden Gedanken an eine andere Person verbannt haben. Wenn wir die Wahrheit schreiben, sollten wir uns an uns selber wenden. Wenn wir schreiben, um zu belehren und zu ermahnen, müssen wir bedenken, daß wir nur uns selber belehren und ermahnen, einzig und allein unserer eigenen Schwächen wegen. Der Leser ist ein glücklicher Zufall. Man muß dem Leser seine Freiheit lassen, seine Freiheit, dem zu widersprechen, was geschrieben steht, seine Freiheit, zwischen Alternativen hin- und hergerissen zu werden. Daher wäre es ungehörig, wollte ich versuchen, den Leser von allem zu überzeugen, was in diesem Buch steht.« Aufgabe der Literatur wäre in dieser Bestimmung also die intime Selbstaussprache des Schreibenden, ein selbstreferentieller Reflexionsprozeß, der im strengen Sinn nicht auf Öffentlichkeit zielt, diese allerdings in Form eines zufällig hinhörenden Kommentators billigt.

1967 publizierte Susan Sontag ihren zweiten Roman *Todesstation*, in dem sich der Verzicht auf Eindeutigkeit und durch den Text herstellbare Intersubjektivität, von Unterhaltsamkeit und Leselust zu schweigen, fast bis ins Autistische radikalisierte. Das Bewußtsein des Helden wurde in eine Sequenz traumartig komplexer Räume umgesetzt und aufgelöst und endete in einer phantasmagorischen Realität, die sich zunächst als zerstörte, als von Bruchstücken aus Tabellen und Zitaten übersäte Trümmerlandschaft darstellte, um schließlich in eine restlos gesättigte, von Tautologien, Duplikaten und Redundanzen erfüllte Welt überzugehen. Das Subjekt, so der Fluchtpunkt dieser Denkbewegung, ist nur mit sich selbst schlüssig. Der menschliche Körper erschien hier konsequenterweise als Modell der Erzählung selbst.

Susan Sontag hatte es ihren Lesern also durchaus nicht leicht gemacht. Ihre beiden ersten Romane waren in gewisser Hinsicht ebenso praktische wie, was Leser betrifft, rücksichtslose Verwirklichungen der programmatischen Forderungen, die diese scharfsinnige und formstrenge Autorin in ihren Essays aufgestellt hat – Forderungen nach einer autonomen Literatur, die nicht Wirklichkeit abbildet, sondern eine andere, hermetische Wirklichkeit herstellt, eine nicht kommunizierbare, sondern bestenfalls nachvollziehbare Gedankenwelt, die sich gegen jede Form der Funktionalisierung sperren sollte. So lautete auch der zentrale Abschnitt von Susan Sontags programmatischem Essay *Über den Stil*, der 1965 erschien, folgendermaßen: »Obgleich die Frage, inwieweit die künstlerische Darstellung der Wirklichkeit entspricht, ... einigermaßen aus der Mode gekommen ist, spielt die Entsprechung von Kunst und Leben bei der Beurteilung von Romanen, Dramen und Filmen in den meisten Fällen nach wie vor eine gewichtige Rolle. ... Diese Betrachtungsweise ist zwar nicht grundsätzlich irrelevant, sie läuft jedoch auf eine Nutzbarmachung der Kunst hinaus – sei es für die Erforschung der Ideengeschichte, die Diagnose der zeitgenössischen Kultur oder die Schaffung sozialer Solidarität. Derlei hat wenig zu tun mit dem, was tatsächlich in einem Menschen ... vorgeht, wenn er mit einem Kunstwerk konfrontiert ist. Ein Kunstwerk, dem man als Kunstwerk begegnet, ist ein Erlebnis, nicht aber eine Aussage oder die Antwort auf eine Frage. Kunst *handelt* nicht nur von etwas; sie *ist* etwas. Ein Kunstwerk ist ein Teil der Welt, nicht bloß ein Text oder Kommentar *über* die Welt.«

Gleichwohl schränkte Susan Sontag ihre These insofern ein, als sie die Interferenzen zwischen Kunst und Wirklichkeit nicht leugnete und zugleich im Prozeß der Wirkung eines Werks dessen rational nicht mitteilbare Kraft sah: »Natürlich beziehen sich Kunstwerke ... auf die reale Welt – auf unser Wissen, unsere Erfahrung, unsere Werte. Sie bieten Information und Wertung. Ihr wesentliches Merkmal ist jedoch, daß sie nicht zu begrifflichem Wissen führen (das ein wesentliches Merkmal der diskursiven oder wissenschaftlichen Erkenntnis ist – wie zum Beispiel der philosophischen, soziologischen, psychologischen und historischen), sondern zu einer Art von Erregung, einem Engagement, einer Wertung im Zustand der Hörigkeit oder der Faszination. Das heißt, daß das Wissen, das uns die Kunst vermittelt, ein Erlebnis des Stils oder der Form des Wissens ist, nicht aber die Kenntnis einer Sache (wie eines Faktums oder eines moralischen Urteils) als solche.« Nicht in den Themen, nicht in den Sujets liegt der Sinn eines Werks, sondern in der Art und Weise, wie sich diese im Medium wahrnehmender Subjekte filtern, im

Künstler zuerst, und dann – eben doch – auch im Betrachter oder Leser.

2.

In der ausgezeichneten Übersetzung von Isabell Lorenz erschien 1993 unter dem Titel *Der Liebhaber des Vulkans* ein neuer Roman Susan Sontags, der auf den ersten Blick fast allem zu widersprechen scheint, was diese Autorin bis dahin in Form von Essays und Romanen hervorgebracht hatte. Es handelt sich um ein über weite Strecken durchaus spannendes Buch, deutlich für Leser geschrieben, ja geradezu an Leser geschrieben, von Ironie und Witz funkelnd; ein historischer Roman voller Liebeslust und -leid, bevölkert von historischen und erfundenen Figuren, von eleganten Dandies, schurkigen Verrätern und schönen Frauen, gespickt mit farbenprächtigen Interieurs und romantischen Landschaften, und all das vor dem Hintergrund der Schockwellen, die die französische Revolution über das Europa der prunkvollen Herrscherhöfe rollen ließ.

In einem Kaleidoskop gelebter und unterdrückter Leidenschaften erzählt Susan Sontag ihre Version der skandalösesten, der verhängnisvollsten Affäre im Europa des ausgehenden 18. Jahrhunderts: Die Liaison zwischen Lady Hamilton, der Frau des britischen Gesandten am Hof von Neapel, und dem englischen Seehelden Admiral Lord Nelson. Und dieser opernhafte, fulminante Schmöker, der sich zwar auf die verbürgte Historie stützt, diese aber zugleich mit der allergrößten Souveränität mißachtet, wenn sie sich nicht dem Konzept der erzählten Geschichte fügt, dieser von Vitalität geradezu berstende Stoff, der längst schon von Hollywood zu einem rührseligen Melodram ausgebeutet wurde, stammt ausgerechnet aus der

Feder jener Autorin, der Stil alles, Inhalt wenig bis nichts bedeutete.

Fast scheint es, als wollte diese Autorin in einem einzigen, großen und bunten Wurf ihre Leser für die theoretischen und formalistischen Farblosigkeiten entschädigen, die sie ihnen bislang zugemutet hat. Denn *Der Liebhaber des Vulkans* ließe sich entlang seiner opulenten Oberflächen ganz anstrengungslos als gehobener Unterhaltungsroman konsumieren; und doch ist er viel mehr als das, denn im epischen Faltenwurf dieser Geschichte nisten überall, teils versteckt, teils ironisch gebrochen, teils in offener Ansprache an den Leser, die alten, allerdings gewandelten, in ihrer Strenge gemilderten Ideen und Theorien der Susan Sontag. Sie ist sich mit diesem Roman durchaus treu geblieben, aber sie hat eine Form gefunden und entwickelt, von der sie sagt, daß sie befreiend auf sie selbst gewirkt habe. Und wie befreiend erst auf die Leser…

Susan Sontag hat zu ihrem Roman Anmerkungen publiziert; sie berichtet hier unter anderem von der Enstehung des Buchs und davon, wie sie auf den Stoff gestoßen ist. Als engagierte Sammlerin alter Bücher und Architekturstiche des 18. Jahrhunderts besuchte sie vor Jahren ein Antiquariat in London: »Ich sah mir ein paar Piranesis an und war gerade ein bißchen frustriert, weil ich nichts fand, was mir wirklich gefiel oder was ich mir leisten konnte. … Ich begann, einen Stapel von Stichen in einer anderen Ecke durchzuschauen und stieß auf etwas. Zwei Dutzend kolorierte Stiche, eindeutig alle von einer Hand, Bilder eines Vulkans, merkwürdige Geröllandschaften, Detailansichten von Steinen und Materialien. – Ich holte die Stiche hervor und breitete sie auf einem Tisch aus. Je länger ich sie mir ansah, desto mehr faszinierten sie mich, obwohl ich nicht verstand warum. … Diese Bilder paßten überhaupt nicht in eine der Kategorien, die ich sammelte. Aber sie sprachen mich an.«

Der Künstler ließ sich nicht feststellen, da die Stiche nicht signiert waren; aber den Autor des Buchs, dem sie ursprünglich als Illustrationen beigegeben waren, konnte Susan Sontag mit Hilfe des Antiquars ausfindig machen: Sir William Hamilton, der britische Botschafter in Neapel, also im sogenannten Königreich beider Sizilien, das den südlichen Teil Italiens und Sizilien umfaßte. Er hatte das Buch, einen Bericht seiner jahrelangen Beobachtungen des Vesuv, 1776 veröffentlicht. Während Susan Sontag weiter in den Stichen blätterte, zeigte der Antiquar ihr den Eintrag zu Hamilton im *Dictionary of National Biography*: »Oh, *der* Sir William Hamilton. Nun begriff ich, warum mir der Name so bekannt vorkam: ich kannte ihn aus dem Film mit Laurence Olivier als Nelson und Vivian Leigh als Emma Hamilton, durch den ich mich als kleines Mädchen hindurchgeflennt hatte. Also *dieser* Mr. Hamilton. Emmas Ehemann. ... Ich konnte mir selbst nicht erklären, warum ich einige dieser Stiche kaufen wollte, aber es war etwas wie Liebe auf den ersten Blick, und das ist in meinen Augen ein Gefühl, das immer geachtet und befolgt werden muß.«

Susan Sontag kaufte schließlich 17 dieser Drucke, ließ sie rahmen und hing sie in ihrer New Yorker Wohnung auf; im Lauf der Zeit mischten sich die Bilder in ihre Träume und Phantasien, bis sich in ihr der Drang entwickelte, »die unerklärliche Faszination dieser Drucke zu artikulieren«, und der Plan entsteht, »eine Geschichte zu erzählen, eine Geschichte vom Autor dieses Buches, aus dem die Bilder herausgerissen worden waren: dem Mann, der ein Liebhaber der Vulkane war, ein Liebhaber der Kunst und der Schönheit und der Katastrophen-Landschaft. Es sollte eine Geschichte der Leidenschaften werden. Der Sammelleidenschaft. Der Leidenschaft für die Schönheit. Der Leidenschaft für den Vulkan, der nicht nur Zerstörung symbolisiert, sondern ein Symbol der Leidenschaft ist. Anfangs glaubte ich, es wäre nur oder in erster Linie die Vulkan-Liebhabergeschichte, die ich erzählen wollte, aber als ich dann schrieb, vernahm ich immer deutlicher die sehr unterschiedlichen Stimmen der weiblichen Hauptfiguren der Geschichte. Und schließlich hatten diese Frauen das letzte Wort.«

Die weiblichen Hauptfiguren, nämlich Sir Hamiltons erste Frau Catherine und dann natürlich seine zweite Frau Emma, eine ehemalige Prostituierte, der wegen ihrer außerordentlichen Schönheit, aber auch wegen ihrer bodenständigen Intelligenz und ihrem natürlichen Charme der gesellschaftliche Aufstieg gelingt, haben zwar in der Tat das letzte Wort – die zentrale Figur des Romans ist jedoch Sir William Hamilton, den die Autorin mit emblematischer Geste zumeist nur als den *Cavaliere* bezeichnet. Er besitzt all jene Charaktereigenschaften, die Susan Sontag in ihrem großen Essay über Walter Benjamin als »saturnische Persönlichkeit« bezeichnet hat: Melancholisch, analytisch, einzelgängerisch und distanziert; ein Liebhaber von Wissenschaft, Kunst und Literatur und vor allem ein großer Sammler. In diese historische Figur hat die Autorin so noch einmal das Porträt Walter Benjamins eingeblendet und zugleich ein ironisch vexiertes Selbstbildnis versteckt.

Von Benjamin stammt der Satz, die wahre Methode, die Dinge sich gegenwärtig zu machen, bestehe darin, sie in unserem Raum vorzustellen, nicht uns in ihrem – ein Satz, der Motto und Leitmotiv dieses Romans sein könnte. Denn weit davon entfernt, sich historistisch-einfühlsam den Geschichten und Legenden der Vergangenheit auszuliefern, zerstört Susan Sontag die Legenden von historischer Größe und Heldentum, indem sie das Personal der Historie aufs menschliche Maß ihrer Leidenschaften und Schwächen zurückführt. Sie holt die Figuren von den Sockeln und Postamenten ihres Nachruhms und deckt damit die Aktualität und Lebendigkeit des Vergangenen in unserer Gegenwart auf.

»Und da ich eine Autorin bin, die das späte 18. Jahrhundert am Ende des 20. schildert, mußte mein Roman ein modernes Buch werden. Denn während es so akkurat wie möglich von der damaligen Zeit erzählt, will es natürlich – und kann auch gar nicht anders – ein Buch sein, das in der heutigen Zeit geschrieben ist, mit all dem Genuß und der Anschauungskraft und der Wehmut der späten Einsicht.« Immer wieder betont Susan Sontag, daß sie als Autorin, daß wir als Zeitgenossen über die Figuren entscheidend mehr wissen als diese von sich selbst, wodurch Interpretationen ihres Verhaltens möglich werden, die einer rein mimetischen Darstellung, die sich getreu an einen »Geist der Zeit« hielte, verwehrt bleiben muß. Gewiß, *Der Liebhaber des Vulkans* ist ein historischer Roman, aber er geht mit dem Genre ebenso souverän um wie er es zugleich ironisiert und parodiert. Ein gutes Beispiel für diese Methode ist die Charakteristik von Lord Nelson, der übrigens – ein einfacher, aber wirkungsvoller Kunstgriff dieser Distanzierungstechnik – immer nur »der Held« genannt wird. »Er nahm sich vor, ein Held zu werden. Er wollte sich Lob verdienen, wollte ausgezeichnet werden, im Gedächtnis bleiben, eine Rolle in den Geschichtsbüchern spielen. Er sah sich auf Historienbildern, als Porträtbüste, als Statue auf einem Sockel oder sogar oben auf einer hohen Säule auf einem öffentlichen Platz.«

Die Form und der Stil des Romans sind durch solche Distanzierungen und ironische Emblematisierungen geprägt, und es zeigt sich nun, inwieweit ausgerechnet der als Gattung fast obsolet gewordene historische Roman für Susan Sontag zu einem Medium werden konnte, mit dem sie eine sinnvolle Verbindung zu ihrer nur scheinbar abgestreiften Literaturtheorie des Essays *Über den Stil* herstellt. Dort nämlich hieß es bereits:

»Alle Kunstwerke basieren auf einer gewissen Distanz zu der erlebten Wirklichkeit, die in ihnen dargestellt wird. Diese

Distanz ist per definitionem bis zu einem gewissen Grade unmenschlich und unpersönlich; denn um uns als Kunst zu erscheinen, muß das Werk die gefühlsmäßige Intervention und die emotionale Teilnahme – Funktionen der Nähe also – einschränken. Grad und Handhabung dieser Distanz, die Konventionen der Distanz, sind es, die den Stil des Werkes ausmachen. Letztlich ist Stil identisch mit Kunst.«

Die wichtigste Funktion dieser sich als Stil konkretisierenden Romankunst besteht nun darin, geistige und künstlerische Traditionen, die sonst verlorengingen, vor dem Vergessen zu bewahren. Das ist die wahrscheinlich produktivste Wendung jener postmodernen Tendenz in der Gegenwartsliteratur, mit vorgefundenem Material neu und überraschend anders umzugehen und damit eine kritische Konstellation zur Gegenwart herzustellen. Zitate, Paraphrasen und Anspielungen, mit denen *Der Liebhaber des Vulkans* reich versehen ist, werden hier im wahrsten Sinn des Wortes eingesammelt und in einer neuen Form gerettet.

Susan Sontag beruft sich bei dieser Methode auf Paul Valéry: »Die Form eines Werkes ist die Summe seiner wahrnehmbaren Charakteristika, deren physische Wirkung die Anerkennung erzwingt und den vielfältigen Ursachen der Auflösung entgegenwirkt, von denen die Äußerungen des Denkens bedroht sind.« Diese Bedrohung kann aus Vergeßlichkeit und Gleichgültigkeit resultieren, aus wechselnden Moden und Ismen, sie kann aber auch durch äußere Einflüsse wie beispielsweise die Bilderstürme von Revolutionen entstehen. Auf diesem Hintergrund bekommt in Susan Sontags Roman die Einbettung der privaten Haupthandlung in die destruktiven Turbulenzen von Revolution, Terror und Gegenrevolution ihren ideengeschichtlichen Sinn, der aufs engste mit der Poetologie des Werks korrespondiert.

Deshalb kommt die Sammelleidenschaft des Cavaliere, die zuvor etwas Willkürliches hatte, in dem Augenblick zu ihrer wahren Bestimmung, als die Revolution seine Sammlung bedroht: Nun nämlich wird die Katalogisierung der Sammlung zur Rettungsaktion verstreuter Dinge, die sonst in den Autodafés und Bilderstürmen des entfesselten Mobs zerstört würden. Deshalb auch beginnt Susan Sontag ihren Roman mit folgenden Worten: »Am Eingang zu einem Flohmarkt. Keine Gebühr. Eintritt frei. Lässige Leute. Schlau und listig, heiter und ausgelassen. Warum reingehen? Was hoffst du zu sehen? Ich schaue. Ich prüfe nach, was noch auf der Welt ist. Was noch übriggeblieben ist. Was die Leute weggeworfen haben. Was sie nicht mehr wollen. Was geopfert werden mußte. Wovon jemand glaubte, es könne einen anderen interessieren. ... Etwas, das ich haben möchte. Das ich retten möchte. Etwas, das zu mir spricht. ... Ein Spiel des Wiedererkennens.«

Ja, *Der Liebhaber des Vulkans* ist ein großes, vielschichtiges, manchmal kompliziertes und dennoch wunderbar leichtes Spiel des Wiedererkennens. Denn die stilistische Form des Romans bildet ein Verfahren sensorischer Einprägung, ein Instrument, das zwischen der sinnlichen Wahrnehmung des Werks durch den Leser und der Erinnerung an eine ganze Kette weiterer Werke der Vergangenheit vermittelt. Diese mnemotechnische Funktion erklärt, warum jeder Stil auf einem Prinzip der Wiederholung und der Akkumulation beruht.

3.

Literarische Stile lösen sich heute nicht mehr langsam und über längere Zeiträume sukzessive voneinander ab, sondern sie wechseln in schneller Folge, vermischen und überlagern sich bis zu einer unüberschaubaren Gleichzeitigkeit alles Möglichen. Dadurch wird es immer schwerer zu erkennen, wie ein Werk mit Traditionen umgeht, diese also wieder*holt* und *wieder*holt. Es ist aber das Erkennen der Wiederholung, das ein Werk erst in seiner Textur verständlich macht; und dies Erkennen ist das Medium, in dem die Traditionen gerettet und aufgehoben werden.

Insofern hat dieser Roman natürlich auch etwas absichtsvoll Museales. In seinen kunstvoll miteinander verbundenen Erzählräumen hat Susan Sontag eine große Sammlung zusammengetragen, und sie fungiert dem Leser gegenüber wie eine Führerin oder Kustodin, die uns kommentierend, erzählend, wertend auch und engagiert durch diese Sammlung leitet. Und sie läßt keinen Zweifel daran, daß wir uns in der Gegenwart befinden, daß wir uns also die Vergangenheit in unserem Raum vergegenwärtigen.

Die eigentliche Erzählhandlung wird immer wieder unterbrochen durch Maximen und Reflexionen, Essays im Miniaturformat, lebenskluge Betrachtungen der Autorin. Da ist das schillernde Kaleidoskop der Leidenschaften zwar manchmal in Gefahr, zu einer etwas trockenen Enzyklopädie zu werden, aber dann werden wir sogleich wieder vor Werke der bildenden Kunst geführt, vor allem vor solche Werke, denen Lady Hamilton als Modell diente – und der Gang durch dies Museum der Imagination und Gelehrsamkeit belebt sich wieder. Das größte Vergnügen hat es der Autorin aber offenbar gemacht, Motive verschiedener Opern in die Handlung einzubauen: Mozarts *Cosi fan tutte* und *Don Giovanni* werden in beiläufigen Abbreviaturen dem Handlungsablauf eingearbeitet, vor allem aber Puccinis *Tosca*, deren dunkles Pathos dem Schluß des Romans zu einer geradezu schmelzenden Abschiedsapotheose eingeblendet ist.

Und dann natürlich immer wieder die Bücher und das Lesen, die Literatur und die Schriftsteller; die Lektüre Rousseaus etwa, die dem Sammler Hamilton zum Refugium wird, als seine Welt in Trümmer fällt: »Der Cavaliere hat sich in sein Arbeitszimmer zurückgezogen und liest, er versucht, ruhig zu bleiben, versucht, nicht an das zu denken, was um ihn herum vor sich geht – einer der wichtigsten Zwecke, die ein Buch erfüllt.« Susan Sontag, diese Büchersammlerin aus Leidenschaft, hat der Sammlung ihres Romans natürlich die entsprechenden Bücher einverleibt – zum Beispiel Elias Canettis *Die Blendung*: »Vielleicht hat jeder Sammler schon von einer Brandkatastrophe geträumt, die ihn von seiner Sammlung erlöst – die alles zu Asche verwandelt oder unter Lava begräbt. Zerstörung ist nur die heftigste Form der Beraubung. Der Sammler ist womöglich von seinem Leben so enttäuscht, daß er sich seiner selbst berauben will, wie in dem Roman über den bücherverrückten, zurückgezogen lebenden Wissenschaftler mit seiner sagenhaften Menge von fünfundzwanzigtausend wichtigen, unersetzlichen Bänden (dieser Traum, die vollkommene Bibliothek), der sich auf den Scheiterhaufen wirft, den er aus dem errichtet hat, was er am meisten liebt.«

Ein Kabinettstück ganz besonderer Art, an dem auch Susan Sontags Methode des Zitats als Erinnerungs- und Wiedererkennungsmedium sehr anschaulich wird, bildet der Auftritt Goethes. Auf seiner *Italienischen Reise* war er in Begleitung des Malers Tischbein zwischen März und Mai 1787 mehrfach zu Gast im Hause Hamilton am Fuß des Vesuv. Und Goethe hat ausführlich und nicht ohne Ironie über das merkwürdige Verhältnis des alten Sammlers zu seiner jungen Schönheit berichtet: »Der Ritter Hamilton ... hat nun nach so langer Kunstliebhaberei, nach so langem Naturstudium den Gipfel aller Natur- und Kunstfreude in einem schönen Mädchen gefunden. Er hat sie bei sich, eine Engländerin von etwa zwanzig Jahren. Sie ist sehr schön und wohlgebaut. Er hat ihr ein griechisch Gewand machen lassen, das sie trefflich kleidet, dazu löst sie ihre Haare auf, nimmt ein paar Schals und macht eine Abwechslung von Stellungen, Gebärden, Mienen etc., daß man zuletzt wirklich meint, man träume. Man schaut, was so viele tausend Künstler gerne geleistet hätten, hier ganz fertig in Bewegung und überraschender Abwechslung.... Der alte Ritter hält das Licht dazu und hat mit ganzer Seele sich diesem Gegenstand ergeben. Er findet in ihr alle Antiken, alle schönen Profile, ja den Belvederschen Apoll selbst. So viel ist gewiß, der Spaß ist einzig!«

Der Spaß ist doppelt, wenn man nachliest, was Susan Sontag aus Goethes Aufzeichnungen über Lady Hamiltons Begabung gemacht hat, sogenannte Lebende Bilder darzustellen – und dazu ein äußerst lebendiges Bild Goethes zu entwerfen. Im Gespräch mit Hamilton kommt es zu Mißverständnissen, und in der Perspektive Goethes kritisiert Susan Sontag dann auch die Figur, die ihr wie sonst keine dieses Romans am Herzen liegt: »Schönheit, dachte der Dichter verächtlich. Was für ein schlichter Epikureer dieser Engländer doch war. Als wenn es nichts Wichtigeres auf der Welt gäbe als Schönheit! Hier war ein Mann, der unfähig war, tief in das vorzudringen, was ihn interessierte. ... Und beide hatten sie recht. Doch die Überzeugungen des Dichters sind für uns von größerem Wert; seine Eitelkeit verzeihlicher; sein Gefühl der Überlegenheit ... überlegener. Dem Genie wird, wie der Schönheit, alles, ja fast alles, verziehen.«

Das Sammeln allein genügt nicht, um hinter den Oberflächen der Schönheit die Wahrheit des Wirklichen zu erkennen. Deutung ist nötig, Kommentar, Interpretation – die Gesten dieses Romans. Doch sind das Sammeln und die Kunst verwandt: Beide sind Formen des praktischen Erinnerns. Sammler heben die Gegenstände aus ihren Funktionszusammenhängen und befreien damit die Dinge von der Fron, nützlich zu sein. Damit erschließt sich ein Blick, der dem interesseloser Betrachtung im Sinne Kants und Schopenhauers entspricht. In seinem *Passagen-*

werk, selbst eine der bedeutendsten Materialsammlungen der Literatur, notierte Walter Benjamin: »Dem Sammler ist in jedem seiner Gegenstände die Welt präsent und zwar geordnet. Geordnet aber nach einem überraschenden, ja dem Profanen unverständlichen Zusammenhang. Der steht zu der geläufigen Anordnung und Schematisierung der Dinge ungefähr wie ihre Ordnung im Konversationslexikon zu einer natürlichen.«

Solcher natürlich wirkender, doch kunstvoll konstruierter Ordnung entspricht die Form des Romans, der das Disparate einsammelt und in neue Konstellationen bringt. Der Sammler, so Benjamin, »nimmt den Kampf gegen die Zerstreuung auf (und) vereint das Zueinandergehörige; es kann ihm derart gelingen, über die Dinge durch ihre Verwandtschaften oder durch ihre Abfolge in der Zeit zu belehren.«

Susan Sontag, die ihre Leser nie belehren wollte, ist mit dem *Liebhaber des Vulkans* genau dies gelungen. Sie hat dazu aber keine Didaktik benötigt, sondern Sammlung, Leidenschaft und Stil.

Liebe, Kunst und Katastrophen

Über Julian Barnes

Als der englische Romancier Julian Barnes, geboren 1946 in Leicester, der sich mit seinen Romanen (und einigen unter dem Pseudonym Dan Kavanagh verfaßten Kriminalromanen) schnell internationales Renommee erworben hat, 1987 mit *Flauberts Papagei* dem deutschen Publikum präsentiert wurde, gab es nahezu ungeteilten Beifall für den originellen Romanessay über das intrikate Verhältnis zwischen Werk und Leben eines Autors, über die Widersprüche zwischen Legendenbildung und Wirklichkeit. Danach erst erschienen deutsche Ausgaben der Bücher, die Barnes vor *Flauberts Papagei* schrieb: *Vor meiner Zeit* (früher unter dem Titel *Als sie mich noch nicht kannte*) und *Metroland* – Werke, aus denen sich ablesen läßt, wie jedes Buch gewissermaßen immer schon seinen Nachfolger in sich trägt. Beide Frühwerke führen jedenfalls konsequent auf den Flaubert-Roman zu.

Erstlingswerke sind häufig verkappte Autobiographien. Die jungen Autoren wenden sich einem Stoff zu, den sie ohne langwierige Recherche am besten kennen oder doch zu kennen glauben: sich selbst – was nicht heißt, daß solche Debüts automatisch zu distanzloser Bekenntnisliteratur werden müssen. Zudem lassen sich in Erstlingswerken rückblickend oft Motive erkennen, die noch das spätere Werk eines Autors strukturieren. Beides gilt für Barnes' Debüt *Metroland*, das wesentlich auf autobiographischen Erfahrungen seines Autors beruhen dürfte; als Distanzierungsmittel zur eigenen »Betroffenheit« bediente sich Barnes bereits hier einer lakonischen, witzig-unterkühlten Ironie, eines dichten, scheinbar dahingeplauderten Tonfalls, den er inzwischen weiterentwickelt und perfektioniert hat.

Metroland beschreibt die Entwicklung eines jungen Engländers vom pubertierenden Möchtegern-Décadent zum Familienvater in gesicherter, bürgerlicher Position. Metroland ist ein kleinbürgerlicher Vorort Londons, in dem die Freunde Christopher und Toni gemeinsam aufwachsen, die sich nach Kräften bemühen, die Langweiligkeit ihrer vorstädtischen Sozialisation zu verachten: Ihre bemühte Arroganz nährt sich aus einer albern-frühreifen Rezeption der französischen Décadence der Jahrhundertwende. Diese Distanz gegenüber den banalen Anmaßungen des Alltags hat Barnes dann später in seinem Flaubert-Roman auf höherer und komplizierterer Stufe weiterentwickelt. 1968 geht Christopher zum Studium nach Paris, wo er, an den politischen Unruhen der Zeit desinteressiert und von ihnen völlig unberührt, weniger die Literatur als vielmehr das Leben, sprich: die Liebe studiert. Auch diesem Motiv der Liebe als Garant persönlicher Freiheit in einem gesellschaftlichen Kontext, der die Freiheit des einzelnen immer mehr einengt, ist Barnes durch fast alle seine Romane treu geblieben. In *Metroland* blieben Liebe und Welt, Liebe und Literatur noch unvermittelt und unversöhnbar nebeneinander stehen; mit seinem ersten Liebesabenteuer driftet Christopher nämlich nicht etwa ins Lotterleben der Boheme ab, noch treibt es ihn in die Arme radikaler Weltverbesserer, sondern er vollführt erste Schritte in einen bescheidenen, angepaßten Lebensentwurf. Zehn Jahre später läßt Barnes seinen Helden enden, wo er herkam – in Metroland mit Familie, Blumengarten und Hypothek, und mit den Argumenten eines »bürgerlichen Realismus« verteidigt er seine Entscheidung für ein unspektakuläres, unkünstlerisches Leben gegen die inzwischen noch radikaleren, freilich auch hohler klappernden Ideen seines Freundes Toni, der Christophers Erwachsenwerden als die Zeit kritisiert, »in der man sich seine Ideale abhandeln läßt«. *Metroland* war eine moderne *education sentimentale*, geschrieben in dem unsentimentalen Ton, den Barnes Werke durchgehend auszeichnen; es war eine Studie über Selbstbescheidung aus Lebenserfahrung und Resignation aus dem Geiste des *common sense*: »Es hat keinen Sinn, Sachen eine falsche Bedeutung aufdrängen zu wollen« war Christophers Credo – ein Credo, das zum stilistischen Programm des ironischen Realisten Julian Barnes geworden ist.

Vor meiner Zeit ist nicht nur die subtile Studie eines wahnhaft Eifersüchtigen; das Buch, in dem es vor allem um die phantasiefördernde und -irritierende Macht filmischer Bilder geht, ist ironischerweise auch ein Plädoyer für sein eigenes Medium. »Wörter«, heißt es dort einmal, »haben mich immer am meisten berührt. Bilder mag ich nicht besonders; Farben oder Kleider interessieren mich nicht; ich mag nicht einmal Bilder in Büchern.« Diese Bemerkung nimmt nicht nur die witzige Bibliomanie von *Flauberts Papagei* vorweg, sondern auch die außerordentliche Raffinesse, mit der Barnes später in seinem Roman *Eine Geschichte der Welt in 10 1/2 Kapiteln* ein berühmtes Gemälde versprachlichen wird. *Vor meiner Zeit* kann auch als Vorstudie zum Roman *Darüber reden* verstanden werden. Sein einziges Thema: Liebe im Spannungsfeld zwischen Eifersucht und Seligkeit, in der gewissermaßen die übrige Welt versinkt, arrangiert als Montage aus Rollenprosa, die alle scheinbaren Gewißheiten sabotiert.

Unterhaltsam ist Barnes immer, aber es sind besonders diese drei Romane, die man durchweg als intelligente Unterhaltungsliteratur bezeichnen darf; sie erinnern an gute Popmusik: Man hört gern zu, verpaßt aber nichts, wenn man weghört – wie über-

haupt Barnes nicht selten an beste Traditionen britischer Pop-
Musik vom Schlage der Beatles, Kinks oder Who denken läßt,
weil hier wie dort so scheinbar ausgelutschte Trivialitäten wie
Liebeslust und -leid durch den Einsatz von Ironie und Satire
noch einmal einen Schmelz bekommen, der durchaus nicht
kitschig ist; weil hier wie dort aber auch die Katastrophen des
Alltags und der Geschichte zu einer Form des Entertainments
umgewandelt werden, das ohne peinliches Pathos durchaus so
etwas wie Gesellschaftskritik transportiert. Barnes' Ruf, nicht
nur einer der unterhaltsamsten, sondern auch einer der intelli-
gentesten und brillantesten Gegenwartsautoren zu sein, basiert
freilich auf dem Flaubert-Buch und dem Roman *Eine Geschichte
der Welt in 10 1/2 Kapiteln*.

2.

Flauberts Papagei zielt zuerst einmal darauf ab, den spezifischen
Erkenntniswert der Literatur, die ästhetische Autonomie gegen
ihre Verwalter, Interpreten und Kritiker zu verteidigen. In einem
den Roman flankierenden Aufsatz heißt es programmatisch, daß
»der einzige Moment wirklicher Nähe«, der fruchtbare Interfe-
renzpunkt zwischen Autor und Leser also, die Lektüre selbst ist:
»Dies ist der einzig reine Akt: der Rest – vom Fanwesen bis zur
Festschrift – ist Verwässerung, Marginalie, Verrat; die höhere
Sentimentalität.« Im Roman wird die quasi offizielle, akademische Flaubert-Philologie, die weder Nähe zum Dichter noch
Liebe zum Text produziert, sondern bloß fußnotengeile Ab-
surditäten, mit subtilem Witz und schlagender Detailkenntnis
abgebürstet. Die verbreitete Vorstellung, sich einem fremden Leben per Faktenhäufung, die vor allem zur Perpetuierung von Legenden neigt, nähern zu können oder es gar per Biographie zu

rekonstruieren, unterläuft Barnes mit radikaler Geste: »Die Biographie steht feist und angesehen-bürgerlich im Regal, protzig und gesetzt: Ein Leben für einen Shilling liefert Ihnen alle Tatsachen, eines für zehn Pfund noch alle Mutmaßungen dazu. Aber bedenken Sie mal, was alles durch die Lappen gegangen, was mit dem letzten Atemzug des Verbiographierten entwichen ist.«

Damit polemisiert Barnes vor allem gegen Sartres *Der Idiot der Familie*, jenen kollosalen Versuch, Flaubert als Exempel für die These des *on est parlé* zu funktionalisieren. Sartre deutete den Dichter ja wesentlich als Medium, als organisierendes Sprachrohr unausweichlicher Vorgaben familiärer und gesellschaftlicher Deformationen, zu denen auch das Sprachverhalten gehört. Barnes Protagonist, ein alternder, verwitweter Arzt aus der englischen Provinz und glühender Flaubert-Verehrer, führt die Auseinandersetzung mit Sartre nur indirekt, indem er der Position zuneigt, Flaubert vordringlich als »entschiedenen und vollendeten Stilisten« zu verstehen, dessen Werk sich gewissermaßen von der Wirklichkeit abgelöst habe, die es ursprünglich provozierte. Auf dieser Ebene des Buchs wird jener ausgestopfte Papagei, den sich Flaubert im Museum von Rouen entliehen haben soll, um ihn während der Niederschrift seiner Geschichte *Ein schlichtes Herz* vor sich auf dem Schreibtisch stehen zu haben, zur Chiffre für ein sprach- und kunstphilosophisches Grundproblem: »Ist der Schriftsteller denn viel mehr als ein besonders raffinierter Papagei?« Thomas Mann bemerkte gelegentlich des Skandals, den seine *Buddenbrooks* in Lübeck ausgelöst hatten: »Wenn ich aus einer Sache einen Satz gemacht habe – was hat die Sache noch mit dem Satz zu tun?« Es ist genau diese Haltung, die den Papagei vom Schriftsteller unterscheidet – die Haltung, die Barnes gegen Sartre vorbringt.

Im schon zitierten Aufsatz bezeichnete Barnes Sartre als »derangierten Leichenräuber, der Flaubert exhumiert, bloß um ihn dann in einem tieferen, nicht gekennzeichneten Grab wieder zu begraben, beim Buddeln aber nicht merkt, daß er hinter sich einen riesigen Erdwall aufwirft, der die Grabstätte noch deutlicher kennzeichnet als vorher.« Wie aber Nähe zu Toten herstellen, ohne zum Leichenräuber zu werden? Wie den Spuren eines Schriftstellers folgen, ohne ihn in biographischen Beton einzumauern? Barnes' Lösung, die Literatur in ihrem eigenen Medium lebendig werden zu lassen, den Fragwürdigkeiten also mit der würdigen Antwort des Romans zu begegnen, ist letztlich ein romantischer Gestus. Zwar ergeben die Aufzeichnungen von Barnes' Protagonisten keine Biographie Flauberts im engen Sinn, aber es sind eben doch bedeutende Beiträge zu einer Biographie, montiert aus Zitaten, Zeugnissen, realen und literarisch vorgestellten Situationen. Die Fiktion jedoch, mit der aus dem skeptischen Essay ein Roman gemacht werden muß, damit Barnes nicht in die Grube seiner eigenen, kräftigen Verdikte fällt, wirkt etwas aufgesetzt und halbherzig: Die Geschichte des Arztes wird mit der Handlung von Flauberts Madame Bovary praktisch parallel gesetzt – ein eher matter Einfall –, und die für die Perspektive des Romans notwendige Naivität des Amateurs, die der Autor Barnes ja nicht mehr hat, wird dem Protagonisten einfach umgehängt – ein zu kurz geratener Anzug, aus dessen Ärmeln dann doch immer wieder Julian Barnes hervorlugt. »Meine Lektüre«, heißt es einmal in kalkulierter Selbstunterschätzung, »mag sinnlos sein hinsichtlich der Geschichte der Literaturkritik«, (obwohl sich Kritik anhand dieses Buches vortrefflich fragen könnte, welchen Klischees sie wider besseres Wissen und Wollen permanent aufsitzt), »aber hinsichtlich des Vergnügens ist sie nicht sinnlos.« Genau das ist für Barnes der entscheidende Schreibimpuls und wohl auch seine Bestimmung der Funktion von Literatur heute.

So witzig und vergnüglich Barnes schreibt, so wörtlich und nahezu hybrid will der Titel seines Romans *Eine Geschichte der Welt in 10 1/2 Kapiteln* verstanden sein, versucht er hier doch tatsächlich, die gesamte Menschheitsgeschichte von der Arche Noah bis zur Katastrophe von Tschernobyl ironisch-episodenhaft zu skizzieren. Geschichte, heißt es programmatisch, »ist nicht das, was passiert ist. Geschichte ist nur, was die Historiker uns erzählen.« Gegen die Deutungsdiktatur der Geschichtsschreibung, gleichwohl von ihr profitierend, macht sich Barnes auf die Suche nach dem, was wirklich passiert ist – oder zumindest, in poetischer Extrapolation hochgerechnet, passiert sein könnte. »Die Geschichte der Welt? Nichts als Stimmen, die im Dunkeln widerhallen, Bilder, die ein paar hundert Jahre lang leuchten und dann verlöschen; Geschichten, alte Geschichten, die sich bisweilen anscheinend überlappen; seltsame Bezüge, belanglose Verbindungen.«

Barnes' Episodenroman *In die Sonne sehen* ist übrigens eine Vorstudie zur *Geschichte der Welt*, insofern er dort versuchte, »seltsame Bezüge« und »belanglose Verbindungen« anhand eines einzigen Lebenslaufs darzustellen und ein individuelles Schicksal gegen den Gleichschritt historischer Selbstgewißheit zu verteidigen. Und der journalistische Kurzroman *Das Stachelschwein*, in dem Barnes den Prozeß gegen den ehemaligen bulgarischen Diktator Schiwkow literarisch verarbeitet hat, ist eine Art Adnote zur *Geschichte der Welt*, ein Versuch, räumlich und psychisch ins Zentrum verfallener Macht vorzudringen.

Barnes Bild von der Geschichte bestimmt jedenfalls zugleich die Methode des Romans *Eine Geschichte der Welt in 10 1/2 Kapiteln*, dessen Leistung darin besteht, Geschichte wieder in das zurückzuverwandeln, woraus sie in Wahrheit besteht: in kleine, scheinbar belanglose, vielfältig miteinander verknüpfte Geschichten und Anekdoten. Dieser Roman rettet das Einzelne und Besondere vor der raschen Verdunstung im Nebel allgemeiner Theorien und Geschichtsphilosophien, er rettet persönliche Geschichten vor ihrer Planierung in offizieller Geschichtsschreibung, er mobilisiert den Aufstand widersprüchlicher Anschaulichkeit gegen die historiographische Norm. Auf den ersten Blick scheinen die Kapitel wenig bis keinen Zusammenhang zu besitzen; doch je weiter man liest, desto deutlicher wird die präzise Engführung verschiedener Motive, die sich durch alle Epochen ziehen. Zu diesen Motiven – (meist anthropologische) Konstanten im heillos invariablen Prozeß geschichtlicher Entwicklung – gehört der Widerspruch von Egoismus und Altruismus; dazu gehört aber auch ein pervertierter Sozialdarwinismus, gegen den Barnes energisch Einspruch anmeldet, und dazu gehört das chronisch Katastrophale des Geschichtsverlaufs, verkoppelt mit der Frage nach einem Überleben in Würde und Liebe. Große Themen, pathetische Begriffe, an deren erzählerischer Umsetzung mancher Roman scheitern würde. Dieser nicht.

Die Katastrophe ist nach einem Wort Walter Benjamins nicht das jeweils Gegebene, nicht der einzelne, historische Moment; die Katastrophe besteht vielmehr in der Tatsache, daß die Geschichte immer so weitergeht, immer weiter über Trümmer und Leichen. Die eindringlichsten Passagen in Barnes' Roman geben dann auch denjenigen Stimmen und Geschichten, die sprach- und wortlos unter der Geschichte der menschlichen Bestialität zu leiden hatten und haben: der Natur und besonders den Tieren. Es ist mehr als ein erzähltechnischer Kunstgriff, wenn die Geschichte der Arche Noah ausgerechnet aus der Perspektive eines Holzwurms dargestellt wird; und es ist mehr als ein guter *running gag*, wenn der Holzwurm in anderen Kapiteln in kleineren »Nebenrollen« wieder auftaucht.

Neben dem Eingangskapitel über die Arche Noah, das bereits alle Motive des Romans anschlägt und in dezenter Raffinesse vorbereitet, bilden das Kapitel über *Das Floß der Medusa* und das »halbe« Kapitel, eine essayistische Improvisation über die Liebe, die Schaltstellen des Werks. In ihnen entfaltet Barnes zwei Möglichkeiten, um in der Trümmer- und Katastrophenlandschaft der Weltgeschichte als Subjekt zu überleben: »Die Religion ist jämmerlich prosaisch geworden, oder aber hoffnungslos verrückt, oder bloß noch geschäftstüchtig … Die Kunst gewinnt mit dem Niedergang der Religion an Selbstvertrauen und posaunt ihr Transzendieren der Welt hinaus … Also müssen Religion und Kunst der Liebe den Vorrang lassen. Sie gibt uns unsere Menschlichkeit und auch unseren Mystizismus. An uns ist mehr dran als nur wir.«

»An uns ist mehr dran als nur wir« könnte wiederum auch als Motto über den Monologen des Liebesromans *Darüber reden* stehen. Wenn Barnes, wie schon in *Metroland* und *Flauberts Papagei*, der Liebe gegenüber der Kunst den Vortritt läßt, so tut er das allerdings im Rahmen von Romanen, die selber mehr oder minder gelungene Kunstwerke sind. Und in der Tat wüßte ich keinen zeitgenössischen Schriftsteller, der so unprätentiös, so ironisch, so komisch und dennoch zugleich so rührend ernsthaft über die Liebe zu schreiben versteht wie Barnes. Seine Liebe zur Liebe ist untrennbar verbunden mit seiner Liebe zur Kunst und Literatur – mit Ausnahme des reportagehaften *Das Stachelschwein* gruppieren sich alle seine Romane in unterschiedlichen Gewichtungen und Brechungen um dies Zentrum. Was sich in *In die Sonne sehen* noch tastend andeutete, wird in der *Geschichte der Welt in 10 1/2 Kapiteln* literarisches Ereignis: Barnes löst die Liebe aus ihren rein erotischen und individuellen Bezügen (die *Metroland*, *Vor meiner Zeit* und *Darüber reden* strukturieren), aber eben auch aus ihren ästhetischen Selbstbezüglichkeiten (wie in *Flau-*

berts Papagei und ansatzweise in *Vor meiner Zeit*) heraus und fügt sie einem geschichtsphilosophischen Entwurf ein, der bei aller spielerischen Eleganz des Vortrags von beklemmender Folgerichtigkeit ist.

Géricaults berühmtes Gemälde *Das Floß der Medusa*, dem das zentrale Kapitel des Romans gewidmet ist, wird von Barnes in ein exemplarisches Symbol für den Zusammenhang von geschichtlichen Katastrophen und deren Verwandlung in *goutierbare* Kunst überführt. Wie Barnes im Flaubert-Roman polemisch auf Sartres Rezeption anspielte, so setzt er sich hier ganz offenbar mit Peter Weiss' *Ästhetik des Widerstands* auseinander. Denn *Das Floß der Medusa* wird bei Peter Weiss ja zum Medium eines »realistischen« Rezeptionsprozesses, der sich zwar von der marxistischen Doktrin verabschiedet; das Gemälde wird jedoch verstanden als »Kunde der persönlichen Katastrophe des Malers«, aber nicht so, als ob damit das Gesellschaftliche und Historische zu reiner Subjektivität verdampft sei. Nach Peter Weiss hatte sich in Géricault vielmehr die Revolution »niedergeschlagen gleich einem Wundmal, er hatte die Fähigkeit erstrebt, für die Errichtung einer Herrschaft des Gemeinwohls wirken zu dürfen, doch er besaß nichts als seine künstlerische Sprache«.

Barnes, gewiß der letzte, der historische »Wundmale« unterschlüge, ist freilich an einer Lesart des Gemäldes interessiert, in der das Katastrophale nicht nur zu Kunst als Ausdruck von Leiden wird, sondern in der Kunst durch das Leiden erst inspiriert wird, das Katastrophale verständlich und damit erträglich zu machen: »Schließlich müssen wir sie begreifen, diese Katastrophe; um sie zu begreifen, müssen wir sie uns vorstellen können, daher brauchen wir die Künstler mit ihrer Vorstellungskraft. Doch wir haben auch das Bedürfnis, sie zu rechtfertigen und zu verzeihen, diese Katastrophe, wenn auch nur ein ganz kleines bißchen. Warum ist es dazu gekommen, zu dieser Wahnsinnstat der Natur, diesem Augenblick menschlicher Tollheit? Aus einer Katastrophe ist Kunst geworden, doch das ist kein Prozeß der Reduktion. Es ist befreiend, erweiternd, erläuternd.« In einem Interview mit der ZEIT hat Barnes 1990 seine »amoralische« Position noch einmal erläutert, indem er sich auf Flauberts Reaktion auf den Krieg von 1870/71 bezog. Flaubert denke nämlich »darüber nach, wofür das alles gut sein soll, dieses schreckliche Leiden und Gemetzel. Gibt es dafür irgendeine Rechtfertigung? Nun, vielleicht inspiriert es einen guten Schriftsteller zu ein paar begnadeten Seiten – das ist die Antwort des reinen Romanciers darauf, und manchen kommt sie vielleicht herzlos vor, aber es ist eine kleine, vielleicht nicht Rechtfertigung, aber Erklärung der Katastrophe, nicht Beschönigung, aber eine Einordnung oder ein Verstehen.« Es ist, zumindest bei Julian Barnes, auch unterhaltsam.

Nachweise

»Diese besonders glücklichen Augenblicke«
Erstdruck in: *Gegenwart* 27. 1995.
Der Text basiert auf einem Radioessay, der anläßlich Musils 50. Todestag im April 1992 vom Bayerischen Rundfunk gesendet wurde.

Arche und Archiv.
Erstdruck in: *Die Zeit*. 1. 12. 1989.

Vernarbte Wunden.
Erstdruck in: Wilhelm von Sternburg (Hg.), *Lion Feuchtwanger*. Fischer Taschenbuchverlag. Ffm. 1989.

Ein Weltbürger aus Osnabrück.
Eine stark gekürzte und redaktionell bearbeitete Fassung erschien in: *Der Spiegel*. 22. 2. 1993.

Buchten aus Hirnrinde.
Erstdruck einer früheren und kürzeren Version in: *Süddeutsche Zeitung*. 5./6. 9. 1992.
Die hier abgedruckte Fassung basiert auf einem Vortrag, den ich im Dezember 1998 im Heinrich-Heine-Institut in Düsseldorf gehalten habe.
Eine Rundfunkfassung hat der Deutschlandfunk im Mai 1999 ausgestrahlt.

Im Innern der Revolte.

Eine gekürzte Fassung erschien in: *Rheinischer Merkur*. 19. I. 1990.

So frisch, so grau.

Erstdruck in: *Humus. Hommage an Helmut Salzinger*. Kellner Verlag. Hamburg 1996.

Wo bleibt das Negative, Herr Gernhardt?

Erstdruck in: *Frankfurter Rundschau*. 11. 10. 1997.

Kirchlein und Kätzchen.

Erstdruck in: *text + kritik* 107. 1990.

Das große Ausatmen.

Erstdruck von Teil I in: *Gegenwart*, April 1994.

Erstdruck von Teil II in: *Rheinischer Merkur*. 5. 10. 1990.

Inbilder.

Erstdruck in: *Merkur* 529. 1993.

Eine Radiofassung ist 1993 von Radio Bremen gesendet worden.

Schritte vom Weg.

Laudatio anläßlich der Verleihung des alemannischen Literaturpreises an Hermann Kinder, 12. 5. 1996.

Ein Schatzgräber im Lavafeld.

Erstdruck in: *Merkur* 502. 1991.

Halb über Bord.

Erstdruck in: *Frankfurter Rundschau*. Dezember 1997.

Der Text basiert auf einer Rundfunksendung des Deutschlandfunks im November 1997.

»Mein Bett ist ein Boot«
Eine stark gekürzte Fassung erschien in: *Frankfurter Rundschau*, 22. 7. 1995.
Erstdruck dieser Fassung in: *Gegenwart* 31. 1996.
Eine Rundfunksendung hat Radio Bremen am 10. 9. 1997 ausgestrahlt.

Amerikanisches Heilsversprechen.
Eine Rundfunkfassung hat der Deutschlandfunk im Juni 1998 ausgestrahlt
Erstdruck in: *Merkur* 592. Juli 1998.

Elektronische Nervosität.
Erstdruck einer stark gekürzten Fassung in: *Merkur* 494. 1990.

Was Amerika ausmacht.
Eine gekürzte Fassung erschien in: *Frankfurter Rundschau*, 31. 8. 1996.
Eine Radioversion hat Radio Bremen im Juli 1996 ausgestrahlt.

Kaleidoskop der Leidenschaften.
Erstdruck in: *Merkur* 533. 1993.
Der Text basiert auf einer Rundfunksendung des Deutschlandfunks aus dem Jahr 1993.

Liebe, Kunst und Katastrophen.
Erstdruck in: *Merkur* 544. 1994.

Anregungen und Unterstützung bei der Produktion dieser Essays habe ich von vielen Seiten erhalten. Mein besonderer Dank geht an: Dr. Gudrun Boch, Prof. Manfred Dierks, Ralph Gätke, Dr. Volker Hage, Wend Kässens, Dr. Peter Laemmle, Dr. Helmut Mörchen, Alfred Paffenholz, Denis Scheck, Kurt Scheel, Wolfram Schütte, Dr. Hajo Steinert, Dr. Hubert Winkels und Dr. Harro Zimmermann.

K. M., Sommer 1999